谷根千、ずーっとある店

森まゆみ
mori mayumi

朝日新聞出版

まえがき

この本は、私たちが地域雑誌「谷中・根津・千駄木」（通称「谷根千」）を1984年に創刊する以前から、この地域にあったお店のライフヒストリーである。

雑誌「谷根千」1号は、この町に住む若い母親であった私たち3人が、1984年秋の「菊まつり」を企画する中で創刊された。以来、2009年の終刊まで、季刊ペースで発行を続けた。江戸の面影を残す寺町・谷中、かつては遊郭も栄えた職人の町・根津、鷗外や漱石ゆかりの千駄木、芸術家の卵を育てた上野桜木、日の暮れるのも忘れる風雅の里・日暮里など、ふるさとの町に根ざした特集を組み、人々の記憶を聞き書きによって記録に変えた。狭い町は掘っても掘っても新しい水が湧き、新鮮な驚きにみち、私たちは町を旅して飽きなかった。

町の人に会って話を聞き、できあがった雑誌を配達して、その帰りにまた別の人に話を聞く。こうして雑誌は町の人々に親しまれるようになり、雑誌の略称だった「谷根千」は、いつのまにか、この地域を指すようになった。

やがて、谷根千の町がさまざまなメディアに載るようになり、外来者が増えた。インバウンドで外国人観光客も増えるなか、新しいおしゃれなお店はよく取り上げられるが、地道に何十年もやっているお店が埋もれているような気がしていた。

本書の取材は2018年から、コロナ流行をはさんで2025年に及んだ。最初20〜30軒を考えていたが、あの店も、この店も、とどんどん増えていき、60軒を超えてしまった。長く続けた理由はこの仕事が楽しすぎたからだと思う。電動自転車で界隈をめぐった。26年間の雑誌刊行中にお世話になったお店には、久闊《きゅうかつ》を叙すという感じで、昔話に花が咲いた。一方、気になりながら取材し損なっていたお店にも勇気を出して訪れ、新しいつながりができた。

本を出すにあたり、この数年のうちに閉店したお店も数軒あったが、載せることにした。この本は「どこの店がおいしい」といった実用書ではなく、あくまで町の人々がなじんだ店のオーラルヒストリーである。そこにその店が存在し、町の暮らしをゆたかにしてくれたことをきちんと記録したい。「谷根千」をはじめたときの思いは「小所低所に徹する」「普通の人の生き死にを記録する」ということだった。本書もまたそれに従っている。

谷根千、ずーっとある店

目次

第二章 根津 235

◎本書は「仕事旅行」ウェブサイトで連載した「森まゆみの『谷根千ずっとあるお店』」に書き下ろしを加え、再編集しました。
◎本書での人物の年齢や肩書、店内の様子、価格等は取材時のままとしています。ただし2025年2月現在での状況も適宜記載しました。
◎取材年月は、各項の冒頭に記しました。

第一章

谷中

谷中は上野の山から田端《たばた》、駒込へと続く細長い台地、いわゆる上野台の上から西側の崖下にかけての町である。かつては初音町《はつねちょう》、三崎町《さんさきちょう》、真島町《まじまちょう》、天王《てんのう》寺町《じまち》、茶屋町《ちゃやまち》といった個性的な町名で呼ばれていた。それがいまは谷中1～7丁目になった。都内には珍しく寺が密集し、いまも「江戸のある町」といわれるほど昔の面影を残す。台地上に朝倉彫塑館や大名時計博物館もあり、上野公園から散策に足をのばす人も多い。上野桜木町は、寛永寺の境内を縮小し、貸地をこしらえて住宅地としたもの。徳川家の庇護を失い寛永寺が衰微しかけたのを、渋沢栄一らの肝煎りで借地経営したという。

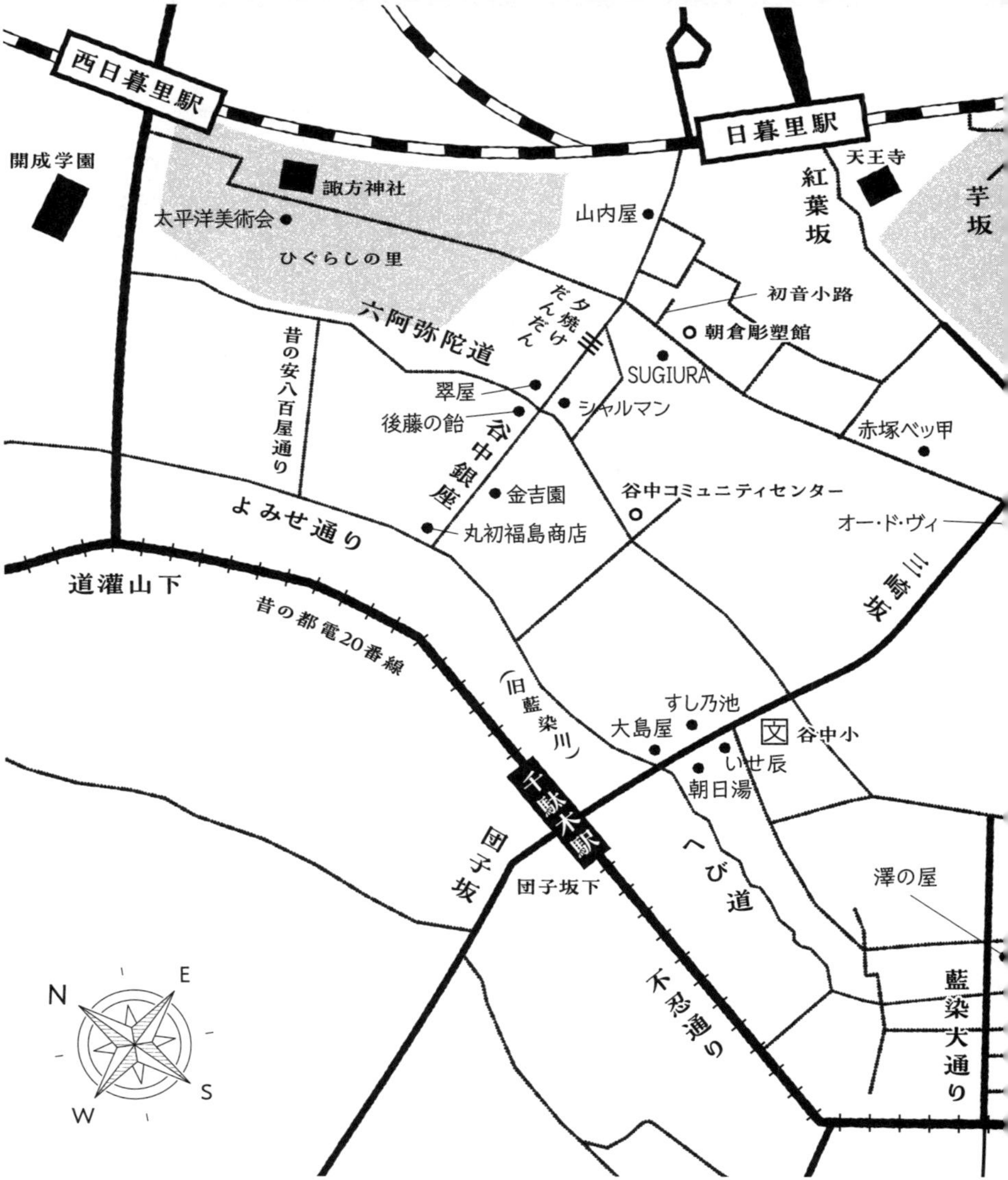

（台東区谷中１～７丁目、上野桜木１・２丁目、荒川区西日暮里３丁目内）

鉄道員から役者へ
そして寿司屋に

すし乃池

（取材日　2019年2月8日）

すし乃池《のいけ》の大将、野池幸三《のいけこうぞう》さんとは40年の付き合いである。50代の野池さんと20代の終わりに出会い、一緒に歳をとったはずなのに、野池さんは90を過ぎても若々しく元気だ。相変わらず声が大きくハリがある。歌がうまい。手品ができる。なんといっても華のある人。

「私は信州の生まれ。兄は戦死して、本当は家の跡を取らなくちゃいけなかったんだが、弟に託して出てきた。この前、弟が死んだときには涙が出たね。親が死んでも出なかった涙だ。ああ、こいつにみんな背負わしちゃったな、ってね」

野池さんは大正末年（1926）生まれ。「ひとつ上の連中は戦争でゴロゴロ死んでるよ。私んときは徴兵検査は受けたけど、ギリギリで行かずに済んだ」

長野で最初、勤めたのは国鉄。いまのJR。機関士を目指したが、戦後、労働運動が激しいときだった。

「いやね、最初はアメリカの占領軍、GHQが日本の民主化のために組合を作れと言ったんだ。それがどんどん盛り上がると、今度はマッカーサーも怖くなっちゃって弾圧をはじめた。私ら『職場離脱』という戦術をやった。いまでいうストライキだな。運転手と車掌を山の中に連れ込んで、汽車を走らせなかったりしたんだ。それで昭和23（1948）年、マッカーサー書簡に基づく公務員の労働運動を制限する政令201号でやられて配置転換。いやになって国鉄やめたんです」

知らないうちに寿司職人になっちゃった

「あのころは職場演劇というのが盛んでね。長野でやってたから、上京して役者になろうと劇団薔薇座《ばらざ》にも入ったが、なかなかうまくいかず、映画のエキストラなんかで食いつないだ。そのときの仲間が日本橋の吉野鮨の息子。店を再建するのを手伝ってくれろと。それでなんとはなしに寿司職人になっちゃった」

まあ、無鉄砲な生き方とも言える。鉄道から芝居へ、さらに寿司へ。

「40までは日本橋。寝る場所と食うものはあったが、給料なんてろくに出なかった。カミさんが百貨店に勤めていて、金を貯めてくれたんだ。ありがたかったね。

昭和40（1965）年に谷中で独立。寺町なら、法事とか葬式で注文がどっととくる、そう見込んだんだが、来てみたら谷中にはもうたくさん寿司屋があった。大人数の法事の帰りは、ミニバスで上野の東天紅とか広小路の大きな店に行っちゃう。当てがはずれたね。そのころは谷中なんて寺町で薄気味悪い、と。文京区のほうがずっと格が高かった。それで団子坂下乃池と名乗ったわけ」

たしかに、谷中三崎町という地名はあるが、知られてはいなかった。知られるようになったのは野池さんの功績が大きい。

「ここの店も1年以上空いていて、近所の人に言われたよ。元すり横丁によくきたもんだと。資金を投資しても回収できずにやめていく、そんなところだった。ただ、広い大きな道に面して、歩道があったのがよかったね。寿司屋はどうしても生ゴミが多く出るし、歩道があれば配達用のオートバイも置いておける」

商売をするには目玉がなくちゃ

昭和59（1984）年、私と野池さんは出会い、三崎坂に面した大圓寺で「谷中菊まつり」を始める。単なる菊の仕入れと販売では芸がない、江戸の茶店の美女笠森お仙、明治の末まで続いた団子坂菊人形の記憶を復活することにした。

――私たちは毎日、おせんの手毬唄《てまりうた》（「向う横丁のおいなりさん」）を練習して。野池さんはどこからか菊人形の頭《かしら》を借りてきて、自分で小菊で衣装を作ってましたよね。

「菊まつりも今度でもう36回目になる。あのころ、手伝ってくれた町の若手もみんな歳取っちゃって。テントを張るのも業者を頼まざるを得ず、金がかかって弱っちゃうよ。あの次の年から全生庵の和尚さんにお願いして『圓朝まつり』を始め、こっちも35年続いているというわけだ」

――あそこにお墓のある落語家三遊亭圓朝を偲び、全生庵を会場として落語会を催すようになったんでした。野池さんはどちらも長らく実行委員長を務めていますが、自分が先頭に立って体を動かすから、みんなついてきますよね。

長らく三崎坂商店街振興組合会長、三崎町会会長、谷中の14カ町連合町会長、いろんな要職に就かれていますが、名ばかりでなく、いつもお家に行くと夜中にひとりでこつこつお祭りの会計とかなさっている。町のためにつくすばかりで商売は大丈夫なんですか。

「商売は相当前から弟子まかせさ。でもいい子が育ったから。河岸《かし》（魚市場）だけは朝一緒に車で行くよ」

――乃池の目玉は穴子寿司と昆布〆の鯖寿司、築地じゅうの穴子は乃池さんが買い占めているという噂もあるって。

「商売をするには目玉がなくちゃいけない。よそでは食べられないその店独自のものが必要なんだ。穴子寿司を食べたいナ、と思ったらうちにきてくれる」

野池さんは読書家で、圓朝まつりを始めるとなったら、すぐ角川書店の圓朝全集を買い込んだり。お寿司を食べに行っても、いつも何か教わることがある。

「握りずしというのは、江戸のころに両国で華家与兵衛という人が始めたんです。元々は酢や塩を入れた保存食。『鮨』という字はそもそも、紀元前の中国の『爾雅《じが》』という字引きの中に出てくるんだ。そのすしにはご飯が入っていない。何百年かして、ご飯と合わせた

『鮓《すし》』が出てきた。

うちの寿司は江戸前だから、すし飯に砂糖だのみりんだのは使ってない。酢と塩だけ。江戸のころはこんなにネタのバラエティはなかったの。まあ、うちの寿司は明治の寿司だね。マグロなんかより白身の魚を握ったものです。銀座の有名店みたいに、小指の先みたいなすし飯にはしない。谷中の客は口は肥えて懐は渋い。飯もしっかり召し上がるからね。河童巻きとかしんこ巻きは、昔はなかったよ。鉄火巻きはあった。あれは鉄火場で博打をやりながら片手で手を汚さずに食べられるというので、あんな名前になったらしい」

——トランプをしながらつまむサンドイッチみたいなものですかね。

「イクラやウニなんて、形にならないから昔はなかった。ぐにゃぐにゃしたネタでもシャリを海苔で巻いて上に乗せる軍艦は、海軍上がりの寿司職人が考えついたものでしょう」

町がよくなればうちもよくなる

——へえ、なるほど。ところで長く商売を続けるコツはなんですか。

「自分ちの儲けだけを追求しないこと。町がよくなればうちもよくなる。そう思ってやってきた。お祭りのつながりとか、いろんなことで繰り返しきてくれるお客さんが増える。死んだおばあちゃんがこのお店を贔屓《ひいき》だったから来るという人もいる。共存共栄でいかなくちゃね」

——野池さんは付け台の中に最近いらっしゃらないけど。

「握るのは案外力がいるんでね。90では握れません。でもさ、中にいるときは人生をお客さまに晒《さら》してきました。喋りながら作るのは寿司だけですよ。蕎麦屋の主人はおしゃべりしたりしないでしょ。つまり付け台というのは寿司職人にとっては舞台なんですよ」

——野池さんは役者をやって、そのあとも舞台に上がって。名優でした。谷中ってどういうところですか。

「商売で儲けるだけの町じゃない。暮らしがしっかりある。そこが魅力で、外国人もそれを見にくるんだよ。寿司を食べにくるだけじゃない。散歩とか買い物とか、路地で猫と遊ぶとか、ほかに楽しみもあるからね。古い建物がなくなったら谷中じゃない。だから町並みを守りたいんだが、道路計画もあり、計画をはずすとかえってビルが建つ。困ったもんだよ」

昼からカウンターはいっぱい。名代の穴子寿司がひとつ入った特上を注文。穴子ももちろんおいしいが、このマグロの質の高さはどうだ。これで2500円（取材時）。安いと思う。大きな湯飲みには「谷中は寺町花のまち」と書いてあった。穴子寿司をお土産に持ち帰るお客さんも多い。

付け台の中にいる職人さん、少年だった彼もいまは渋い男前。目が真剣勝負で、店の奥にかける言葉にも貫禄がある。

「いつまでもケンちゃんじゃ失礼ね」と言うと、「そのころから知ってるんだから、森さんはケンちゃんでいいです」とにっこりしてくれた。

うちは
町の駄蕎麦屋ですけど

大島屋

（取材日　2019年2月6日）

谷中三崎坂とよみせ通りが交差する地点。藍染川が流れていたころ、そこに枇杷《びわ》橋がかかっていたはずだ。蕎麦の大島屋さんはそのあたり。1階が駐車場、階段を上がって店に入ると、わりと広い。谷中散歩の大きめのグループに昼食を聞かれると、ここを勧めた。谷中ブームには関係なく、淡々と営業を続けている。

「うちは町の駄蕎麦屋だよ。きたって目玉商品もないし、話もないよ」と現主人が忙しく立ち働きながら言う。

「先代がお元気でしょう。そのお話を伺えれば」というと、先代、「俺、やだよ」と言う。そこをなんとか出てきてもらった。近くのカフェで買った青いおしゃれなエプロンをしめ、ジーパン姿の先代長谷川久吉《ひさきち》さんは90歳である。

「この店はじめて60年だな。居抜きで買ったの。その前は千住新橋のあたりで修業していた」とさらりと言う。

「昭和3（1928）年7月19日に、越後の安塚《やすづか》村大字坊金《ぼうがね》で生まれました。家は農家で、きょうだいは7人。私は上から3番目です。親父は頑張ってくれて、貧しい家でボロを着てってもそれほど貧しさは感じなかったですね。あのころ、身に付けるものはみんな作ってました。着物でも鞄でも。村に店なんか1軒もないんだから。尋常小学校の高等科に行くのも一山越えないといけなかった。そこに行くわらじも自分でこさえました。つまり、お金を出して買い物をする必要も可能性もなかったのであります。

卒業すると、あなた方、ご存じないと思うけれども、上京して戸塚の日本光学（ニコン）に徴用になって、軍需工場でレンズを作っていました」

運は金では買えません

——徴用って給料は出るんですか。

「はい、一日78銭もらいました。昭和3年生まれで戦争は行かなくて済んだ。終戦のあと、越後へ戻って、下保倉《したほくら》村印内《いんない》にある農家へ奉公に出されて、2年ほど働きました。そりゃあ、辛い生活でしたよ。そのあと東京に出て、お袋のきょうだいが鐘ケ淵《かねがふち》のあたりで蕎麦屋をやっていたのを手伝うようになって。それから千住新橋の店で奉公。蕎麦やうどんの作り方をみっちり覚えました。独立しようと思って、忘れもしない昭和32（１９５７）年の12月8日、谷中のここで開店したわけです。土地は20坪で１５８万だったのを覚えています。当時、一坪10万もしなかった。それでも当時の私には高かった」

——いまはこの辺は一坪３００万はするようです。２０２０年の東京オリンピックを前に、また地価が上がっていますし、谷中に住みたい人も増えています。

「本当にいいときに買ったと思うんです。金は叔父に借金しました。もう私も28だったし、

そのときに家内も来てくれました。実は私は隣の土地も狙っててね。今度はそこを22坪、1
80万くらいで買いました。それで谷中に42坪の店を持ったわけです」

――すごい。故郷からは何も持ってこなかったのでしょう。ご繁盛だったのですね。

「必死で働いて貯めたお金ですよ。いまみたいに周りに食べ物屋はなかった。谷中に来る人なんて墓参りくらいだった。その代わり大変でしたよ。一日に90軒も配達に行った。

それだけじゃない。昭和39（1964）年、東京オリンピックの年に西日暮里に土地を買い、昭和40年にこの家を木造で新築し、そのあと埼玉の久喜《くき》に土地を買い、そこには2千万かけていい普請の家を造りました」

――そんな遠くになぜ買ったんですか。

「元々が百姓の倅《せがれ》なんで畑をやってみたかったんです。庭もこしらえ、池に錦鯉を買いました。千葉にも土地を買いました。埼玉はバブルのときに売ったら1億1千万になったので、そこから税金を払った残り8千万円で、この店を鉄筋コンクリートで建て替えました」

――一度も損をしたことはないんですか。

「ないですね。身を粉にして働いたことと、運ですよ。運は金では買えません。この家も自分でアイディアを出して、何度もやり直しています。入り口の階段を上がったところの木組みのテラスと入り口の感じがいいというので、お客さまが入ってくださいます。1階は駐車場、地下は蕎麦を打つ工場になっていて、私たちもこの上に住んでいます」

気楽に入ってほしい店です。でも、基本はちゃんと

——地方から東京に出てくる人の夢って、以前は働いて自分の店を持つ。もっと働いて家作を持つ。老後はその家賃で左うちわ、それを地で行くようです。

「まあ、一時、お金が入って、遊びすぎましたかね。母ちゃんに怒られた。うちでは母ちゃんがだしを取るんです。醬油とみりんと酒とかつぶしで。これが一日4斗作って足りなかった。いまはそんなことはありません。出前は人手がないのでやめました。90ですから、そのくらいがちょうどいい」

——潮時というのですか、無理しないから続くのですね。町の仕事はなさいましたか。

「乃池の大将が立派にやってくださってますから。あとに付いていけばいい。あの人は大した人ですよ。僕は商売が第一で、地域や業界団体などの派手なところには行かないが、付かず離れず、ご近所の手前、手を抜かないくらいにはやってます」

久吉さんが野池さんと協力してお祭りのテントを張ったり、後片付けをしている姿は目に残っている。現在、お店を仕切るのは長男の富久《とみひさ》さん。すらりとした渋い男だ。久吉さんが歯医者さんに行くと出ていったあと、話を引き継いでくれた。

「じいさんの不動産の自慢話、聞きましたか」とニヤリ。「やっぱりあの歳の人の話は味があるから、僕ら、かなわない。あの歳で現役というのはそれ自体、リハビリみたいなもんだからね。うちは家内営業で、姉も手伝っています。

さっきも言ったように、うちは町の駄蕎麦屋で、気楽に入ってほしい店なんです。特に材料にこだわったりはしません。でも、基本はちゃんとしたことをやってるつもり。かつぶしを丸のまま洗って、削るのから、冷たい蕎麦のつけ汁は3日寝かせないと出しません。あれはいわばソース。温かい蕎麦のつゆはスープ。まったく別物です」

——お店側として自慢の一品はなんですか。

「カレー南蛮かな、ま、シンプルなたぬき蕎麦とかがおいしいと思いますね。店の味のベースは父と母ですが、いまは僕の好きなようにやっています。

谷中は住みやすい土地ですよ。この上品で来やすい雰囲気を壊してほしくないね。谷中銀座はもう、立ち飲みとかで朝から酒の匂いのする飲んだくれの町になってしまったように思います。町の濁らない雰囲気を大事にしたいですね」

故郷から行李を背負うて一旗あげたお父さんと、谷中育ちの肩の力の抜けた息子さん。対照的な親子である。お蕎麦屋さんなのに、ヨーヨー・マのチェロが流れる。これも富久さんの好みなのだそうだ。

地域にたった
ふたつだけの銭湯

朝日湯

（取材日　2019年2月6日）

雑誌「谷根千」を始めた昭和59（1984）年、地域内に銭湯は15軒あったが、現在では動坂上《どうざかうえ》のふくの湯とここの2軒のみになった。

江戸のころ、湯屋ことと公衆浴場ができ、町の人々の清潔を保ち、癒しと休息の場となってきた。それだけではない。式亭三馬《しきていさんば》の「浮世風呂」に見るように、地域住民のコミュニケーションと情報伝達の場でもあった。銭湯がなくなると、木賃《もくちん》アパートに人が住めなくなり、アパートが壊されてマンションになる。いわゆるジェントリフィケーション、再開発による低所得者層の追い出しが起こり、金持ちしか住めない町に変わる。

前に話を聞いたおばあちゃん、小島ハナさんは亡くなられていた。息子さんの俊男さんに話を聞く。

「母は93まで元気でした。大正2（1913）年の深川生まれです。父が74歳で亡くなった後、母が番台に座っていました。一番のボケ防止だったと思います。入浴料金のわけがわからなくなると、お客さまに電卓を差し出して計算してもらってました」

——ご創業はいつなんでしょう。

「歴史のことを考えたことがないので、さっぱりわかりません。朝日湯という名の由来も。名付け親はおそらく私の父の養父だと思いますが、詳しいことは残念ながら聞いておらずでして。

先祖は田中家といって、新潟の西蒲原郡《にしかんばら》長所村《ちょうしょ》というところの出らしい。屯田兵として北海道に行ったようですから、おそらく農民だったんでしょう。大正10（1921）年に北海道空知郡に本籍が移っています。父は小島三日男《みかお》といい、明治39（1906）年の生まれです。貧しいので、遠縁の谷中の小島家にもらわれて風呂屋の後継ぎになったんです」

——銭湯の場所はずっとここですか。

「いえ、戦前にはもう少し坂上の反対側にありました。和菓子店『谷中ひぐらし』さんがあったところ。ご主人の田辺さんが建て直すときに、風呂屋の土台が出てきたと言ってました。そもそも田辺さんも反対側の谷中小学校のそばにあり、空襲で爆弾が落ちて反対側に移った。うちがここに移ったのはそれより早い。ここは新幡随院《しんばんずいいん》というお寺の本堂のあったところなんです。ご存じ、三遊亭圓朝の怪談話『牡丹灯籠』に出てくるお寺。ここから藍染川、つまり、いまのへび道まではその寺の境内でした」

——新幡随院の話、聞いたことがあります。戦前、歌舞伎などで「牡丹灯籠」をやるとき、役者たちが祟りのないように、主人公のお露と腰元のお米の墓にお参りに来たって。実在の人物じゃないでしょうが。もともと川だから、道が蛇のようにくねくね曲がっていて、これをへび道というのも、私たちが雑誌「谷根千」に載せてから広まったようです。ところで、どんなお父さんでしたか。

「厳しい人でしたよ。父は昭和元（1926）年ごろに徴兵、二等兵からやって、帰ってくると子どもを作りまた出てゆく。最後は軍曹でした。思い出したくないのか、戦争の話は一度もしませんでした。南方に行ったらしいんですが。私の上に82の姉と78の兄がいます。戦争末期には父も40代、兵隊に行く年ではなく、一家で山梨に縁故疎開していました。もう風呂屋どころじゃなかった。疎開先はこの建物を建ててくれた大工さんの実家なんです。行った先で母は相当苦労したようです。私は昭和20年の3月11日に疎開先で生まれました。東京大空襲の1日後ですね」

——谷中あたりは3月4日に爆弾が落ちて大きな被害を受けていますね。

「ええ、これも郷土史に熱心だった『谷中ひぐらし』の田辺さんが持ってきてくれたんですが、空襲のあとの写真に、半分くらい壊れたうちの建物が写っています。戦後の銭湯再開も容易ではなかったと思います」

——子どものころ、この辺はどうでしたか。

「三崎坂も自動車なんて滅多に通らなかったから、道にチョークで絵を描いて遊んだりね。小学生のころから番台に座ったり、薪割りだの、家業を手伝わされましたよ。リヤカーで薪や重油を取りにいくのに、坂なので後押しをしろと親父が言うんです。勉強なんかしなくていいからと。近所の同級生が見るでしょ。それがいやでねえ。いまは都市ガスで沸かしてますが」

「家のそばに銭湯がなくなり、おたくのそばに越してきた」

――次男なのにお家を継がれたわけは？

「長男の兄は早くに家を出ていき、勤め人になりました。僕も大学に行って、ゼミの先生が就職先を世話してくれるはずだったんですが、母がひとりで番台を守っているのを見たら、ほっておけないような感じで。夏は湯気が来て暑いですし、冬は後ろから冷気が這いあがる。こんな商売に嫁いでくれた妻に感謝ですよ。

銭湯の仕事は朝早くから夜遅くまで、長時間労働です。夫婦ふたりでやっていたから、休めなかった。いまは妻は引退、息子が中心で、バイトの方を頼み、私は3分の1くらいかかわっている。まるきり仕事がなくなるとボケますからね。でも数年前、ちょっと難病にかかって、いまは病院通いやリハビリが忙しくて。もともと体が強くないんで」

――周りの銭湯がなくなると、お客さんは増えますか。

「それが不思議なんです。たしかによそさまが廃業すると一時的に増えます。家のそばに銭湯がなくなったので、おたくのそばに越してきた、という方もいらっしゃいますもの。ところがまた減る。これはその方達がこの町で生きられなくて、引っ越すとか、施設に入るからではないか、と思いますね。

行政はそれなりの援助はしてくれます。ただ、大規模修繕などにお金が出るわけではありません。屋根を直したり、配管を直したりするのに何百万、時には1千万を超えますが、そんな投資は怖くてできません。いつまで続く商売かわからないんです」

――廃業をお考えになったことは？

「実はいつやめようか、という毎日でした。ところが3・11の前後にバタバタと近所の銭湯がやめてしまい、やめるにやめられなくなった。チャンスを逃しました（笑）。谷中側では初音湯さん、世界湯さん、根津の山の湯さん。あそこは煙突が壊れて廃業されました。東京でも震度5はあったからねえ。そうすると、お客さまが頼むからやめないでくれとおっしゃいます」

――やめる理由はなんでしょう。

「まあ、経営者の高齢化。それと人手不足」

届け出をして民泊も始めました

――一方、若い人に銭湯好きが増えました。手ぬぐいと石鹸をいつも通勤カバンに入れて、遠くの銭湯に入って歩く人もいます。

「そういう方もたしかに増えています。こういう、ぬくもりがある空間が好きだという方もいます。昔は従業員も多くてね。女湯には、お母さんが赤ちゃんや子どもを連れてくる。私が大学生のときでも赤ちゃんのベッドは5つあった。すぐ埋まってしまうので、赤ちゃんを脱衣籠の中に入れたり、私が番台で抱いていた。赤ちゃんを洗ったあと、番台経由で男湯のお父さんに手渡し、お母さんは自分が洗う番、というようなこともありました」

――私も5つくらいまでは動坂の松竹湯に行き、お姉さんにシッカロールをはたいてもらった。籐で編んだ脱衣かごで一寸法師ごっこをしたり、風呂上がりに扇風機の前に立つのも気持ちよかった。金魚のいる池があったり、背景画の富士山もしっかり覚えてます。

「銭湯は町の社交場でもあり、お互い背中を流しっこしたりしましたね。コワい仕切り屋のお年寄りが、子どもに走るなとか、湯をうめるなとか、水をバシャバシャ跳ね散らかすなとか、あれはいい躾《しつけ》になりましたね」

――これから銭湯はどうやって生き延びていくのでしょう。

「息子がいろいろ考えてね。毎日、薬草湯をやっています。昔は人参実母散だけでしたけど。硫黄分の強いものは配管を錆びさせるのでできません。いろんな薬湯をやってますね。北海道の二股ラジウム温泉とか、岐阜県の奥飛騨温泉から湯の花を直接送ってもらってます。玄関のロビー脇でマッサージもやっています。こんな広い家を遊ばせるのはもったいないというので、届け出をして民泊も始めました」

——お風呂屋さんに泊まれるとは。谷中の木賃アパートをリノベーションして宿泊施設にした「hanare」にもシャワーはあるけどお風呂がないので、銭湯の券を出してますね。外国人のお客さんが、朝日湯さんに来るのではないですか。

「週に数人見えますね。銭湯で日本文化を体験してもらいたいということです。みなさんマナーもいいですし」

——ここの銭湯（女湯）の背景画はヤシの絵ですね。

「30年ほど前に建て替えるとき、ペンキ絵はすぐカビが生えたりするので、タイルにしたんです。どんな絵がいいかな、と考えてたときに、たまたまヤシの絵のジグソーパズルを見て、これだと」

——町のお仕事もされましたか。

「大圓寺の谷中菊まつりでは以前、菊の仕入れ係で、すし乃池の大将、野池幸三さんと江戸川のほうまで菊の仕入れにいきましたね」

タイルの床が磨かれて、気持ちよかった。やっぱりマンションの窓のない狭い風呂より、広いほうが気持ちいい。家に風呂があっても、たまには銭湯に来たい。朝日湯さん、いつまでも続けてくださいね。

創業元治元年の
江戸千代紙

いせ辰

（取材日　2019年2月6日）

「小道具髷づくし」

三崎坂でひときわ華やかに目を引くのが、千代紙の「いせ辰」。間口は二間ほど、奥行きもさしてないが、ガラスのウィンドーには季節を感じさせる千代紙の数々。私は必ず足を止める。外国に行くときに、ここの姉さま人形や小ぶりの風呂敷、なにより綺麗な千代紙をおみやげに買っていくと喜ばれる。雑誌「谷根千」も長らく委託し、毎号広告もいただいて、3カ月に一度は配達集金に伺っていた。

――長年、お母さまにはお世話になりました。

「母が亡くなってもう7年。『谷根千』の終刊後ですね。69歳でした。いつも明るくて、楽しい母でした。店番でどこへも行けませんから、水曜、土曜に体操やプールに行くのが楽しみだったようです」と話すのは長男の高橋元人《げんと》さん。

「うちはまるで家内工業で、叔父が社長の鈴木眞二。その兄は犬張り子を息子たちと作っています。叔母が経理担当、母が長女でお店担当でした。千代紙はこの裏のほうで職人さんに摺《す》っていただいています」

「いせ辰」の千代紙は文明開化のスーベニア

創業した元治《げんじ》元（1864）年とは、水戸で天狗党の挙兵があり、池田屋事件、禁門の変、四国連合艦隊が下関を砲撃する、幕府の衰亡も極まった年だった。そんなとき、初代・広瀬辰五郎は、千代紙という平和で文化的な美しい商品を町に広めた。

初代は鷺沼《さぎぬま》村、いまの千葉県習志野市の農家の出身で、日本橋のうちわ問屋、伊勢屋惣右衛門に奉公し、同じく堀江町に錦絵とうちわの店を開く。明治3（1870）年には、神田弁慶橋の大通り沿いに進出。折しも文明開化の時代、築地居留地や横浜の外国人に千代紙を売り込み、いわゆるスーベニア（日本土産）を商う店として発展した。

明治21（1888）年、初代の急逝で、長男の芳太郎が二代目を継ぐ。これまた34歳という若さで亡くなり、辰五郎の三男鐘三郎が20歳で後を継いだ。三代目は明治11（1878）年神田生まれの江戸っ子で、石井研堂や淡島寒月などの趣味人、歌舞伎役者九代目団十郎や五代目菊五郎と付き合い、自らも江戸趣味の暮らしを貫いた。

この代で、関東大震災に日本橋で遭遇。版木もすべて焼けてしまったが、工場に残っていた千代紙や錦絵の版木から、四代目広瀬辰五郎（正雄）が全部作り直した。そして昭和17（1942）年、谷中に店を開く。

私は四代目を覚えている。黒っぽい粋な着物を着こなして谷中の町を歩いていた。

「よくそう言われます。おしゃれな人だったと。祖父は私が中学のときに亡くなったので、話した覚えはそれほどないのですが。祖母は群馬から嫁いだ人で、もっぱら姉さま人形を作っていました。喘息《ぜんそく》持ちだったので、あまり外に出ませんでした」

日露戦争終戦の翌年、明治39（1906）年に生まれた四代目は早稲田実業を中退後、家業を継いで、江戸千代紙やおもちゃ絵の保存、弟子の育成、古い千代紙の復元と普及に努めた。『江戸の千代紙　いせ辰三代』（1977年刊）という箱入りの本には、昔の千代紙を多数、カラー印刷で口絵に入れている。

元人さんは10枚くらいの和紙を出してきて、見せてくれた。一色一色、色を重ねて完成するまでのプロセスがわかる。大変な工程だ。この手間が多いか少ないかで千代紙の値段は決まる。

古いものでは大名柄といって、武士の鎧甲冑《よろいかっちゅう》の模様から起こしたもの、印伝などの模様となった単色摺りのものがある。これは単純だが色が渋く、力強い柄だ。ほかにも白川楽翁（松平定信）好みなど、渋いが凝ったものもある。

「このあたりは江戸ですね。こっちは明治です」。引き出して一つひとつ見ていくと、時間が経つのを忘れた。

季節と歴史を宿す千代紙の力

大名柄と並行して、庶民の千代紙も隆盛をきわめた。これを「江戸千代紙」と総称する。酒井抱一《ほういつ》の弟子、鈴木其一《きいつ》の署名が入っているものもある。ロングセラー「桜つなぎ」「桜散らし」、団十郎好みの「吉原つなぎ」「麻の葉」は万古不易、なんというカッコいいデザインだろう。大判のサイズは、26センチ×39・5センチが決まりである。

一方、面白いのは「小道具鬘《かつら》づくし」。これは歌舞伎の道具や役者の髪型を散らしてあるもの。この「尽くし」という発想はどこからできたのだろう。

明治の河鍋暁斎《かわなべきょうさい》のデザインは菖蒲、大菊など色艶やかなもの。江戸末期から明治にかけて活躍した絵師だ。イギリス人建築家コンドルに絵を教え、近年、再評価が高まりつつある。墓は谷中の瑞輪寺。

かと思うと大正時代の竹久夢二デザイン、こちらはパラソルとか、マッチやツバメの柄など、モダンなパステルカラー。私たちは雑誌「谷根千」の表紙に、赤い地色に白いカブだの、竹久夢二のパラソルだのを使わせていただいた。いつか自分の本も、いせ辰の千代紙を装丁に使いたいと思いながら、果たせないでいる。

「外国のお客さまも増えていますが、みなさん、この鯉の模様が好きみたい。波間に魚が浮いているデザインはあちらにはないそうです。外国のお客さまはよく調べてこられ、けっこう買ってくださいます。日本では、企業の引き出物に、企業名の入った風呂敷や手ぬぐいを大量注文いただいて助かります」

——縁起物も多いですよね。

「はい、犬張り子は飯田昭三さんという方が作っていたのですが亡くなられ、後を家の者が引き継ぎました。最近は、表情や形にもバリエーションが出てきています。安産祈願、出産祝いなどに用いられる縁起物ですから、お産が軽いようにと、張り子で軽くしているわけです」

――季節感も大事ですね。

「はい、2月の今頃でしたらお雛様、そのあとが5月の節句、それから夏に向けてうちわや扇子、夏らしい涼しげな図案のもの、秋は菊や紅葉の柄、そうこうしているうちに翌年のカレンダーが入ってきます」

鯉のモビールを売り出すと、ネットで大評判となり、地方への発送に追われたという。

――150年以上も続くわけは?

「千代紙の力、これに尽きると思います」

若い元人さんは真摯に答えてくれた。私はここの細かな赤い十字の包装紙が好きだ。暗い気分のときも明るくなれるお店である。

菊寿堂という紙細工の教室を開き、谷中の歴史と文化を継承するべく、地域で「江戸のあるまち会」を立ち上げたのも四代目広瀬辰五郎さん。縞の着物にトンビを羽織って歩く姿が目に残る。

三崎坂上のＢＡＲには〝いのちの洋酒〟がある

オー・ド・ヴィ

（取材日　2023年5月23日）

その名もフランス語で「いのちの水」というバーが三崎坂の上にある。この辺にバーは珍しい。もう長いことあって、建物に這うつたもかなりふてぶてしい。

店主の新田申幸《しんこう》さん、細身だった青年も、貫禄がでてきた。

「いま33年目かな。その前は根津の観音通りの『三三九《みみずく》』に10年いた。その前は湯島の『EST《エスト》!』」

——おお、伝説の店ですね。「エスト」はまだあるんですか。

「息子さんたちがやってますよ。1973年の創業だからもう50年か。創業者のお父さんもまだ現役で、月に一度くらいは店に現れるらしい」

——どこの産なんですか、新田さん。

「秋田。象潟《きさかた》よ」

——芭蕉の「雨に西施《せいし》がねぶの花」。

「お、よく知ってるね。森さんは午年? 僕は兎年。1951年生まれ。有楽町の電気ビルにチボリって店があってね、学生時分、そこでバイトしていて、初めて飲んだジョニーウォーカーにやられた。以来、ウイスキー一筋。それでエストでバイトをした。厳しかったよ。休みなしで、まずは掃除。這いつくばって床を雑巾でふいたりして、真冬は寒くて手が荒れた。あそこの客は東大の先生が多かった。誰が来てもみんな年上。1週間でシェーカーの振り方をマスターしましたね」

——根津の「三三九」のママはわがままだけど面白い人だったね。一緒に不忍池《しのばずのいけ》の地下駐車場の反対運動やったの。

「うん、旦那さんは法律関係の出版社、一粒社の社長でおとなしい人だった。彼だからもったんじゃないかな。3人姉妹の長女でね。次女が一番気が合った。三女は三崎坂で『バオバブ』というバーをやってた。もうずっと会ってないね」

——あの伝説の画家、鶴岡政男の娘たちだもの。無頼な自由人に決まってるわよ。新田さんこそ、よく、三三九で10年保《も》ったわね。

「そうねえ。それからこの場所が見つかって独立した。うちは日本酒やワインは置いてないよ。ウイスキーも国産のはないの。サントリーやニッカは置かない」

——どうして？

「僕が好きじゃないから。ウイスキーは、スコットランドにアイルランド、あとはカナダとアメリカ、日本が五大産地と言われているけど、スコッチウイスキーと出会っちゃったからね。グレンリベット、グレンフィディック。グレンはゲール語で『谷』という意味だね。フランスのブランデーもあるよ。ブランデーといえば、コニャックやアルマニャックが有名だけど、それは産地の名前。ほら、同じブランデーでも値段は全然違うんだよ」

——昔、『コニャックの男』という映画があったな。サミー・フレーとジャン＝ポール・ベルモンド。じゃ、ウイスキーを飲みに来る人がほとんどなの？

「そうだね。あるいはコニャックならストレート。うちのお客さんで、カクテル1杯飲んで、それからウイスキーを2杯、飲んでさっと帰る。この人が一番かっこいい。30分といない」

——じゃ、かっこ悪い客は？

「長っ尻の客。やたらと隣の人に話しかける客。みんな酒をひとりで楽しみたいと思って来るわけだ。それなのに話しかけられてもね」

——カクテルをだらだら飲むのはダメなんでしょ。

「冷たいうちに飲んでもらいたいじゃない。30分もかけて舐《な》めるのはやめてほしいね」

——へえ、じゃ、カップルの客は？

「いいよ。ほっときゃいいんだもん。相手する必要ないでしょ」

——女性のひとり客もいる？

「いますよ。女性はいてくれるだけでいいよ。華があるからな」

——私なんて、夜バーに飲みにいくという文化がそもそもないからなあ。極貧で、子どもも3人育ててそれどこじゃなかった。カウンターに座っても何を頼んでいいかわからなくて。で、なんか適当なカクテルつくって、ということに。

「流行り廃《すた》りがあるからね。僕は女性だからといって、甘くはつくらない。相手の洋服に合わせた色のをつくったりしますよ。はじめたころはジンフィズが流行っていたね。というか、あれはバーテンダーの腕試しのようなもんだから、こっちも緊張するよ。

俺が好きなのはやっぱりマティーニ。これもバーテンダーの腕次第だよ。エストのマティーニはほんとにうまいよ。飲みにいってごらん」

――そういう洋酒に関する勉強はいまさらできるかな。

「本もたくさんあるし、いまの若いやつはネットで調べてよく知ってるの。でも脇が甘いから、ちょっと突っ込むと書物で得た知識なんてすぐはがれるよ」

やめるときは死ぬときだ

――昔は渋い、面白いお客さんていた？

「長かったのは彫刻家の基俊太郎《もといしゅんたろう》さん、そこにもここにも版画があるでしょ」

――ああ、知ってる。碌山《ろくざん》美術館の顧問をなさっていた。谷根千17号のころに彫刻家の中原悌二郎《ていじろう》が谷中で住んでいたところを探したいと来られて。私、地図もってお供して、14カ所突き止めた。

「基さんは、元は藝大の先生でしょ。喧嘩して藝大やめて、アメリカに行ったんだよ。若いときは酒屋でバイトしてたんだって。この版画は全部飲み代だよ。藝大をやめるときの退職金で上野界隈の付けを全部払ったって」

――へえ、そんなの知らなかった。最後は秩父のほうに越されて、「毎日薪割りで日が暮れます」というお手紙をいただきました。歯に衣着せないかっこいい、怖い人だった。谷中のお寺さんは見えないの？

「たまには見えますよ。そういえば寛永寺の塔頭《たっちゅう》の住職で、お酒のコレクターがいらしたな。呼ばれていったら、家がまるでバー。うちは3列だけど、6列ブランデーやウイスキーが並んでいる。天井から床まで酒で。

もうひとりはお医者さんで、こっちは酒のためにマンション買って、一年中クーラーかけて冷やしてた。必ず2本買って、1本飲んで1本はコレクションに入れる」

――コレクターの心境ってわからないわ。私、資料も使えば古書に出すもん。とっとく場所もないしさ。ところで新田さんは、お酒はどうやって仕入れるの。

「歩き回ってですよ。まさか、スコットランドまでは行かないな」

――以前、何かの学会に紛れ込んでスコットランドに行ったけど、発表は数字ばかりでなにがなんだかわからない。抜け出してひとりでシングルモルトの蔵元巡りしてた。どこにいっても歓迎された。「なんでも飲ませてやるぜ」なんて言われて。

「それはうらやましいな。でもそんな暇はないな」

——バブルのころ、お店が満員だったよね。カウンター以外もテーブル席4つが一杯で。

「そう、あのころは藝大の学生、バイトに置いていたからどうにか回せた」

——音楽学部の女子学生なんて、みんなお嬢さんでしょ。

「なにもしたことがない、お姫さまみたいな人ばっかりだったけど、そのうちに少しは覚えるよ。いまはそんなに客は来ないけど、俺の年齢と体力にはこのくらいでいいんだ。値段も何十年と据え置きだし」

——いいねえ、美人の奥さんも据え置き?

「うん。彼女は三三九時代の同僚ですよ。もう店には出さないよ」

——昔はよく谷中墓地で常連さんとお花見やってたでしょ。

「あれも、墓地の管理が厳しくなってできないの。いまは屋形船を借り切って川遊びとか、忘年会とかやってるよ」

——お店をやっていてよかったと思うのは。

「何十年ぶりに訪ねてくれるお客さん。こっちが覚えていないときもあるけど、ウン、この前来た女性は覚えてた。その人は姿勢がいいの。スツールに座ったときの姿勢で覚えてた。変わらないの。アメリカに長く暮らして、帰ってきたんだってさ」

——これからもこんな感じ？

「そうだね。やめるときは死ぬときだ」

——かっこいいなあ。あんまり来られなくてごめんね。

「いいんだよ。近くにいなけりゃ俺だって行かないよ。日曜が休みだけど、家でゴロゴロして、たまに落語に行くくらいだもん」

最初のころ、新田さんに「イスラ・デ・ピノス」というカクテルを教わった。それから馬鹿のひとつ覚えみたいに、どこへ行っても「なににします」と問われれば、それを注文する。ちょっとした脅しみたい。「知らない」と言われれば、バーではずぶの素人の私でもちょっと幅が利く。もちろん、すぐにつくってくれるバーテンダーもいる。

——あれはどういう意味なの？

「スペイン語で、イスラはアイランド、ピノスは松。言ってみりゃ松島だよ」

そうか、なあんだ。

店がはじまるにはまだ間があるが、無理を言って、イスラ・デ・ピノスをお願いした。ホワイトラムとグレープフルーツジュースとグレナデンシロップ。かすれ声のジャズシンガーみたいな甘くて切ない味がした。

文蘭さんの「泣いてる場合じゃない」半生

牧野兄弟商会

（取材日　2019年10月23日）

谷中にはその昔、谷中派といわれるくらい、象牙を用いた細工物の職人が多かった。これを牙彫《げちょう》という。

江戸時代、仏師という職業があったが、明治に入ると新政府が神道を尊重、仏教をないがしろにする廃仏毀釈運動が起こり、寺は衰微した。谷中あたりでも寺が無住になったり、廃寺になったりした。それとともに仏像彫刻を依頼する人はいなくなり、しかたなく仏師たちは象牙に細かい彫刻を施し、根付などを海外に土産物として売ることになった。これを「横浜もの」「スーベニア」と呼ぶ。

私の知っている限りでも、谷中の初音横丁の若菜さん、またその反対側の横丁に植村さんという職人さんがいた。天王寺の七福神のお参りのときには、雑誌「谷根千」と並んで植村さんが露店を出していた。

このたび訪ねた牙彫やアクセサリー類を扱う牧野兄弟商会は谷中の三崎坂の上にあり、「谷根千」を始めたときから気になっていた。しかしコンクリート造の建物の威容に気圧《けお》され、一度も訪ねないまま雑誌は終刊。今回、勇気を持って訪ねてみる。

女性の従業員が「なんとなく入りにくいでしょ」と、家紋が彫ってある重たい引き戸を開けてくれた。現在のオーナーは牧野文蘭《ぶんらん》さん。象牙の話を聞きに行ったのだが、その話は予想をはずれ、別の意味で刺激的だった。

北京で生まれ、アメリカで夫と出会う

――文蘭さんて、珍しいお名前ですね。

「私は中国人の父と日本人の母の間に1943年に北京で生まれました。共産主義革命が起こり、1950年に一家で日本に来ました。幼いころは、北京、上海、香港、日本、中学1年生のときは台湾の国立華僑中学で1年間過ごしました。満12歳から13歳のときで全寮制でした。そのあたりのことは自分の心の中にとどめて、あまり語りたくないです」

中国の社会主義国家樹立の現場に居合わせたとは、なんと波瀾万丈な来し方だろう。「政治、宗教、肌の色、それは口にしない」と文蘭さんは何度も繰り返した。最初、きつい口調に思えたが、たぶん「あらゆる差別を許さない」ということなのだと、聞いているうちにわかってきた。それなら私と同じだが、くぐった艱難辛苦《かんなんしんく》のレベルが違う。

「父は私が小学6年生のときに病気で亡くなりました。母はショックから病気がちになり、9人の子どもたちを抱えて苦労しました。戦後、日本人である母の実家も経済的には大変でしたが、米軍将校の家族に6軒の家作を貸して、その上がりで暮らしていたんです。ボイラーがついていて、すぐお湯の出るような洋風の家ね。私は中学生のころからその家の管理、たとえば、賃貸の切り替え時に掃除をしたり、自転車で家賃を集金に行ったりして、

手伝いをしていました。英語は小さなときから米軍将校とその家族と接して耳から学んでいたので、あまり苦労はなかったです。

21歳でカリフォルニアのビジネスカレッジに行って、卒業後、エアラインの客室乗務員をはじめ、4つも5つも会社から引きがありました。英語も日本語も中国語もできたし、タイプライターもできましたから。

アメリカで一生懸命生きていく準備が整った、と思いました。ところが、あちらで牧野兄弟商会の長男、牧野紘明《ひろあき》と出会ったの。彼の2年にわたるプロポーズに、悩みましたが、彼の優しさを信じて、1967年、ハリウッドの小さな教会で結婚式を挙げ、日本に戻りました。日本で結婚式を挙げなかったのは、私の家族も彼の親戚も皆、この結婚に反対していたからです」

そこまででもう、私にはかなり衝撃的だったが、やはり店の商売のことを聞こう。

200人ほどの彫刻師が出入りしていました

——お仕事のことですが、牧野さんの初代はどういう方ですか。

「牧野隆安というのが初代で、私の舅です。私がここに来たときには、もう姑はいませんでした。義父は千葉のお寺の生まれでしたが、象牙店に丁稚《でっち》に入って独立したと聞きました。昭和8（1933）年ごろ、現在の店の前の広い斜めの道ができ、三角の土地が空いたので、前にいた長屋から移ってきたんだそうです。

1960年代後半、私が嫁いできたころは、ここは象牙の問屋で、200人ほどの彫刻師が出入りしていました。主に置物、根付、装身具などを創作して、納めにくる。明治生まれの古い彫刻師たちの多くは、お日さまを拝んで仕事場に入り、日が暮れると寝る、というような生活でした。かなり大変な暮らしの人が多かった。中には先生と呼ばれるような有名なアーティストもいましたけどね。

仕事を手伝っているときも、義父は『お前が触るのは10年早い』と言って、未熟な私には一切、彫り物を持たせてくれなかった。鎌倉の骨董屋さんにも『こんな小娘とは商売したくない。人間も骨董じゃなきゃいけないんだ。わかったら台所に行け』なんて言われたこともあります。

自立心が旺盛だったから、頭から押さえられるのは苦しかった。でも、そこで泣いてる場合じゃないよね。義父の仕事をそばでじーっと見ながら、作り方だとか、仕上げはどうするのか、この材はどの先生に彫っていただくか、生産と経営の両方を覚えていったんです。

当時、家にはじいややばあやがいました。ばあやから米の研《と》ぎ方、お茶の淹れ方、魚の煮方などを教わって。舅が、そりゃ考えは普通の明治の男でしたが、本質的には慈悲深い人間的な人で尊敬できたから、私は耐えることができた。それでも文化的摩擦はありましたよ」

――たとえば、どんなことでしょう。

「〈嫁は終《しま》い風呂に入れ〉。最初、意味わからなかった。なんで嫁は風呂が最後なのか。それじゃあ、夜中の3時まで寝ることができない。それで、舅に『私、お風呂に入らなくていいから、シャワーをつけてほしい』と言って、つけてもらいました。トイレも和式だったので、洋式に変えてもらった。夫も義父も優しく、言うことを聞いてくれましたね。そのほかにも〈ただ飯食うな〉〈嫁《か》して三年、子無きは去れ〉とか、意味のわかんないことばかり。中国も儒教の国ですからね。〈親を大事にしなさい〉〈先生を尊敬しなさい〉〈兄弟の面倒は見なさい〉、このあたりはわかりますが」

――それを乗り越えられて、強くなられたんですね。

「そりゃ傷つきますよ。傷つかない人間はいないよね。でも、負けてる場合じゃない。自分がどう乗り越えるかで、人生進んでいくと思うしね。

平和になってから、中国のかつて住んだ場所も見に行きましたよ。懐かしかった」

根付を好きな人はナイーブで、悪い人はいません

――この辺の近所づきあいもなさいましたか。

「やれることはみんなやりました。修理工の子とか、共働きで家に帰っても親がいない子は多かったから、面倒見て、ごはん食べさせたりね。娘や息子の友達もよく来て、それぞれ部屋を持っていたから、みんなそこに集まって、夕方までいました。中にはイギリスに渡った子もいますが、『おばちゃん、元気でいてね』といまもメールや葉書をくれますよ」

――まだ保育園も育成室も充実していない時代でした。谷中の坂の上は買い物もあまり便利ではないでしょう。

「昔のほうがまだ近所に魚屋、肉屋、八百屋もあったんだけどね。前は自転車で飛ばしていたけど、いまは行きはマラソンで(笑)。根津の赤札堂とか上野広小路まで散歩がてら行って、帰りは食品をどっさり抱えてタクシーで帰ってきます」

――その中で、日本の文化を守る仕事を続けてくださってるのですね。

「日本人の技術はすごいですから。中国でも象牙の彫刻はありますが、機械彫りが多くて、こんなに繊細なものはありません。日本人はあまり知らないけれど、日本の根付は世界中でブームで、高く評価されています。ここにも、外国からもたくさんの取材が来ますし、い

まも根付関係の美術展や国際的な集まりの通訳を、ボランティアでやっています。

私は結婚される前の鳥取久子さんと知り合いになり、あるとき、久子さんが店に青年を連れて見えたのが高円宮様でした。だから妃殿下のほうが根付と出会ったのは早いと思います。根付を好きな人はナイーブ（感受性豊か）で、悪い人はいません」

——いま、象牙はワシントン条約で新しい材料は入らなくなりました。

「そうです。私は最初からそれに固執しません。象牙の在庫は、ワシントン条約のときに申請してあるのですが、それももうそんなにはないからね。鹿の角とか、柘植《つげ》とか、マンモスの牙とか、代用品もあるんですが、やっぱり仏像のお顔のすべすべした滑らかな感じなどは象牙じゃないと出ないのよね。いまはもう、象牙製品はつくらず、天然石のアクセサリーなどに切り替えました。

碁打ちと同じね。負けたら下がる、勝ったら進む。負けてるのに突っ込むと、うまくいかないじゃない？」

81歳の夫紘明氏は療養中。谷中の会社の切り盛りは文蘭さんが一手に引き受けている。跡継ぎさんは、と聞くと、「それぞれ本当にやりたいことをやればいいでしょ」と微笑んだ。

古い町谷中で、文蘭さんは自分の考えを曲げずに生きてきた。それはいっそ清々しい。そして土地の頭の古い人々は、きっと文蘭さんの迫力に負けてしまったのだろう。

創業明治３年
老舗の花屋さん

花重

（取材日　2022年5月30日）

改修された店舗で

谷中墓地の入り口に花重《はなじゅう》という明治3（1870）年からの花屋がある。建物は国の登録有形文化財。歴史は150年を超える。いまの店主は四代目の中瀬いくよさん。店舗改装中のため、根岸の仮店舗に伺った。

——お父さま、三代目関江重三郎さんにはお店の歴史を伺ったことがありましたが、いくよさんにゆっくりお話を聞くのは初めてですね。

「あのころ、私は上野にあったフローリスト養成スクールや、フラワーデザインの教室のほうを任されていて、谷中の店に立つようになったのはこの14年くらいです」

店ができたのは谷中墓地よりも早い

——お父さまの話では、初代の関江重三郎は天保12（1841）年生まれ、西新井の出で、三崎坂にあった花長の養子となり、明治3年にここに生花問屋花長を開いた、と。

「そうです。はじめは花長、名字も国井だったのですが、役場の戸籍係の人が間違えて記載してしまい、同時に名前のほうも長兵衛改め重三郎として名乗った、と聞いています。店ができたのは明治7（1874）年の谷中墓地の開設より早い。江戸の終わりごろ、大八車に野菜と花を載せて、谷中の、いまの店の前あたりに並べると、花のほうが売れる。天王寺の墓地があってお墓にお供えするから。それで現在の場所、旧天王寺門前で店を始めました」

——二代目はどんな方ですか。

「初代はそんなわけでまじめに働いたのでしょうが、実子がいなかったので葛飾の農家の次男を養子にした。これがまるで遊び人。妾が5人いたというのですから。私が中学生のときに亡くなりましたが、知らないおじさんが出てきて、父はその人たちにも遺産を分けたようです。

そうは言っても二代目は趣味の多い人で、書もうまく、花にも詳しく、絵も描いたようです。東和華道という生け花の流派を立て、茶道も教えていました。

この東和華道は遠州流と池坊《いけのぼう》を基としているんですが、とても姿のきれいな線と空間を生かした活け方なんです。96歳になる叔父の関江松風が後を継いでおり、私も習いに行っていました。

おばあちゃんは長生きして、私を可愛がってくれました。七五三などもおばあちゃんに手を引かれてお諏方《すわ》様に行きました」

——お父さんが三代目ですね。いつも蝶ネクタイを小粋にしておられました。

「父にとっては祖父が反面教師で、まじめでした。大正8（1919）年生まれで、谷中小学校から京北中学。店の建て直しのため大学も行けないうち、兵隊に取られました。戦後は近くの上野精養軒の結婚式や、文化会館のコンサート用のお花を納めたり、洋花も手広くやっていました。近所のおじさんからは、三代目はよくハーレー・ダビッドソンに乗って花を配達してたよと。

母のきよは昭和2（1927）年生まれ。湯河原から嫁にきました。8人きょうだいの6番目にできた初めての女の子で、お姫さまみたいに育ったので、ばりばり店の仕事はしませんでしたが、住み込みの店員の食事の世話をしていました。そのころは番頭さんはじめ、20人以上、従業員がいましたからね」

――子どものころの思い出はありますか。

「今回の修復で、地下室が出てきています。子どものころにふたつ違いの兄と懐中電灯をつけて怖いけど探検したことがあった。そこは墓前にお供えするあせみ（あしび、あせび）を置いておく場所でした。福島の業者から取り寄せていたんですが、小さいころはよく父に連れられて福島まで買い付けに行きました。

私は初音幼稚園から谷中小学校。遊ぶのはもちろん墓地ですね。ターザンごっこ、かくれんぼ、おままごと、みんな墓地でやりました。女の子のお友達はほとんどお嫁に行ってしまいましたが、男の子はお寺のご住職とか、石屋さん、寿司屋さんとか、まだ近所に残っています」

屋号と伝統花の技術を残してほしい。父はそう言い遺した

――同じお花の道を歩んだきっかけは。

「私は植物や装飾に興味を持ったので、恵泉女学園の園芸科で色彩やデザインを学びました。22のときにアメリカに『フローリストリー』という学問があると聞いて、ロサンゼルスから始まってニューヨークまでひとまわり、1カ月ずつ短期のスクールで学びました。フラワーデザインだけでなく花の手入れや経営学など、すぐビジネスに役立つような花屋学でしたね。帰って24で結婚し、娘が2人、孫が3人います」

――それからスクールをなさって、お店を継ごうと思われたんですね。

「兄は父への反発もあり、後を継ぐ気がなかったので、私が両親を守らなくちゃという気になりました。なによりこの仕事が好きでしたから。

父が81歳で亡くなってから20年以上たちます。最後まで頭ははっきりしていましたが、体が言うことを聞かなくなって。最後に頼まれたのは花重を残すことと、伝統花の技術を残すこと。いくべえ、お前が好きなやり方でいいから、『じかもり』も伝えてくれ、と言われました。卓上に、じかに生えているように花を盛る技法なんです。

亡くなる少し前に、『おとっつあん、どんな葬式がいい』と聞きまして、そうしたら、『鶴

が好きだから』と言うので、菊鶴というのを1千羽、父が立ち上げたフローリスト養成スクールの生徒とスタッフでつくりました。正面の花祭壇は、大鶴が広げた羽の先がピンと空中に伸びるフォルムを主人とつくりました。父も本望だったと思います」

――この数年もたいへんだったのではないですか。

「父がかなりの借金をこしらえたまま逝ったので、主人とやりくりしてきました。3年前、社長であった主人が他界し、私は相続を放棄し、借金を返すのに財産を処分しました。従業員さんもみんなやる気と力のある人ばかりでしたが、涙をのんで縮小しました。今回、うちの土地を買って、なおかつ店の建物と花屋の営業を残してくださる方にめぐりあったことに感謝しています」

最近ひまわりがよく売れる

――墓地やお寺さんとお花屋さんの関係というのは。

「谷中のお寺さんは古くからあせみの需要が大半ですが、根岸のお寺さんの墓参客はおしきび（しきみ）を使われたり、地域の違いを感じます」

――あ、俳句の雑誌で「馬酔木《あしび》」というのがありました。

「そう、その字です。またお墓にお供えするお花は一対3千円くらい、仮店舗の間は、谷中花重の前の無人スタンドに置いています」

——そんなことして、お金を払わないで持っていく人はいませんか。

「前に一度あったので、『せっかくお墓参りにいらしたのに、そんなことをしてはご先祖さまが悲しみますよ』と張り紙をしたら、それからはありません」

——お供えはどんな花で作るんでしょう？

「保《も》ちが一番ですから、菊が主流ですね。真ん中に『真《しん》』といってまっすぐな長い花を置き、『胴』は目立つ華やかなもの、また専門用語では『副《そえ》』などと申しますが、それらを組み合わせます。

うちでは伝承9種といって、真に菊を使い、あとはカーネーション、アナスタシア、リアトリス、ピンポンマム、粟《あわ》、デンファレというラン、ソリダゴ、スターチス、これで9種かな。季節感を大事に、その方の希望も入れて好きな花を組み合わせます。若い方の場合はブーケ風にしたり、最近は洋墓も増えていますので、そうするともっと短く、軽やかに作ります。

これで一対3千円ですが、一対が基本ということを知らない方も増えましたね。また仕入れの値段が上がる一方で、買う方の懐も厳しいというのが苦しいところです」

——市場に仕入れに行くんですか。

「大田区に市場がありますが、あそこまで行くと半日潰れちゃう。いまはそんなに量を多く扱ってないので、基本的にはネットで注文して届けてもらっています。ときどき大きな仕事が入ると行くこともあります。最近、大企業の新入社員歓迎会の卓上花140個の注文をいただきました。退職する社員に花束をというお話もあります。そうなると娘も手伝いますし、てんてこ舞いです」

——最近はどんな花が売れますか。

「いま店のある根岸はマンション住まいの方が多くて、仏壇も小さいですから軽くて小さなものが出ますね。それと自分のために1本だけ好きな花を買っていく方も多い。楚々とした草花も人気です。このところウクライナの戦争が始まってからひまわりがよく売れます。国旗に合わせてブルーのリボンを結んで差し上げたりしています」

江戸っ子らしく、率直ないくよさん、たくさんの知識を惜しみなく教えてくださり、隠し立てせずに話してくださった。

谷中墓地入り口の花重は2023年、立派に改修され、いくよさんはそこでお店を継続している。その裏にはマル・アーキテクチャの設計した伸びやかな庭とカフェがある。ついでながら、登録文化財部分の改修の棟梁は私の息子がさせていただいた。

観光地値段にあらがう
洋菓子店

マルグリート

（取材日　2023年5月23日）

谷中にはせんべい屋、和菓子屋は多いが、洋菓子屋は少ない。その中で長らく営業しているのが、谷中墓地入り口のマルグリート。奇をてらわないおいしいケーキはどれも安い。300円とか350円。いま、ケーキひとつ500円を超える店がざらな中で本当に貴重。シフォンケーキは180円（取材時）。

創業者の小日向《こひなた》京子さんにお会いしたら小柄な細身の女性だった。店の入り口にある「ケーキ屋さんのソフトクリーム　200円」というのぼりが目を引く。

創業57年目。喫茶店が結局、ケーキ屋に

——きれいに建て直されましたね。

「実は一時期、お店をやめたんですよ。主人が亡くなりまして。いまの店長の新里《しんざと》（智洋《ともひろ》さん）が戻って、『もう1回、昔のケーキ、やろうよ』って言ってくれて、結局、また開店することになりました」

——よくこのお値段でやれますね。

「だって、ソフトクリームが450円もしたら、家族で来てもひとつ買って舐めることになるでしょ。わたくし、そういうの嫌いなの」

下町的な気っぷのよさと、上品できりっとした言葉。

「わたくし、青山育ちで鶯谷《うぐいすだに》に嫁いだのですもの。昭和16（1941）年生まれ、いま81歳よ」

——とてもとてもそんなに見えません。

「実はわたくし、満州からの引き揚げなんです。大連では隣が有名な水泳の選手の橋爪四郎さん、その隣が山口淑子さんのうちでした。父は呉服商をしていて、品物の仕入れで東京に来ている間に終戦になり、父だけ戻れなくなって。

戦後すぐ、ソ連兵が侵入してきた日のことは幼心に忘れません。大人たちは2階の窓から屋根づたいに逃げてしまって、子どもだけが1階に取り残され、こわかった。騒ぐ男の子は口にタオルを詰め込まれて。どうにか難を逃れました。

母ひとりで子ども7人を連れて引き揚げ、みんな無事だった。大変だったと思います。母には本当に感謝しています。わたくし、体が弱かったので、空気のいいところでということで、下の子ども4人、母の田舎の山口県の防府《ほうふ》で5年間過ごしました。青山に戻ったのは小学校4年のころです」

——それは大変な体験をなさいましたね。その後、学校を出られてからは？

「どういうわけか日産の秘書課に入りました。主人はそのときの同僚です。優秀な販売員でした。

主人の母は栃木の人で、学校は出てないんですが頭が切れて。もともと九段の4階建てのビルで軍靴の製造をしてました。そこが戦時で引き払いになって、銀座と鶯谷とどちらかに代替地をくれるというので、鶯谷にしたそうです。鶯谷の北口の駅を出た真ん前の土地をもらって、戦後は不動産会社をしていました。主人は根岸小学校の卒業です。

――お店を開いたのはいつですか。

「結婚したのが1967（昭和42）年かな。お店を始めて今年の10月で57年目になります。結婚して鶯谷に住んだら、あまりに青山と雰囲気が違うので『実家に帰らせていただきます』と言ったくらい。結婚したら退職という時代だったので、会社を辞めた私に姑は『京子ちゃん、喫茶店でもやれば』と言うの。でも喫茶店なんて、あのころ足下が見えないほど暗かったでしょう。そんなのやーよと、明るいガラス張りの喫茶店を始めたら、お客さんは誰も来ないんですよ。それで、お友達に来てもらったりしているうち、ひとり、ふたりとお客さまが増えて、あれよあれよという間に忙しくなって」

ほんとはね、どっちかっていうと和菓子のほうが好きなのよ

――お店の名前はどこから？

「喫茶店の名前は、主人と辞書を開きながら、『プラターヌ』にしようか、『マルグリート』

にしようかと考えて。結局、『椿姫』の主人公から『マルグリート』と名付けました」

——喫茶店がなぜケーキ屋さんに？

「結婚した次の年に、ヨーロッパに1カ月くらいお菓子作りの研修ツアーがあって、主人に行ってもらったんです。結局、主人は作るまではいかなかったんですが、そのツアーでお会いしたプロの方たちとのお付き合いができまして。人付き合いはいい人でしたから、そのご縁が役に立ちました。

わたくし、ケーキなんか作れないずぶの素人、はじめは、マドレーヌというケーキ屋さんに半製品で納めていただいて、うちで仕上げだけしていたのですが、そこの上手な職人さんがうちに来てくれることになりました。

お店を始めて3年くらいしたら、喫茶よりケーキが本職になっちゃった。それから主人にも日産を辞めてもらいました。従業員も使いますし、女性ひとりでは無理ですよね。

そしたら遣《や》り手の義母が、谷中にいい物件を買ったからそこを工場にしなさい、と言うの。それがここ。母がそっちに越しなさい、というから来て窓を開けたら裏がお墓でしょ。うわあ、怖いと思って、また『わたくし、帰らせていただきます』と言ったの。どなたが建てたか知りませんが、木口《きぐち》のいい古い家だったんですけどね。それで家を手前側に建て増ししてもらいました。墓地が見えないようにね。

ご近所の方たちが、鶯谷までケーキを買いにいくのは大変だとおっしゃるので、ケーキのケースを置いて、谷中でも買ってもらえるようにしたんだけど。わたくしほんとはね、どっちかっていうと和菓子のほうが好きなのよ」

——まあ、なんて正直な方でしょう。

「鶯谷のお店をやめたあと、ケーキの卸《おろし》の仕事を始めたら、売れに売れて。わたくしの人生、こんなふうに行き当たりばったりなんです」

——それで薄利多売ということでしょうか。

「でも質は高い。うちのアイスクリームは味が濃いので有名よ。そうだ、みんなでケーキを食べましょ。なにになさる？」

ということで、私はモンブラン、同行者はロールケーキ、それに味見にアイスクリーム、カフェオレまで出ました。

——本当だ、濃くておいしいです。モンブランも渋皮栗が載っています。

「いま、ケーキを作ってくれているのはふたり。店長の新里は沖縄の出身で、長く勤めてくれています」

わたくしの代はこれでいい。趣味みたいなもんだから

――そういえばうちの姪はマルグリートさんでお菓子を修業してました。

「まあ、仰木《おおぎ》ゆず子ちゃん、よく働くかわいいお嬢さんでした。うちは娘がひとりで、もうそこの孫も小学生になって、店を継ぐ気満々です」

――それにしても観光客も多くなった谷根千で、このお値段でやってくださっているのはありがたいことこの上ないです。

「わたくしの代はこれでいいの。趣味みたいなもんだから。みなさんが喜んでくだされば。観光のお客さまが増えるでしょう。店内で召し上がりたい、少し休みたいという方が多いので、カフェ併設にしました。ちょうどコロナでお客さまのいない最中にお店の改装ができました。おかげでまたわたくし、この年で借金増やしちゃったわ」

――では谷中に越されてもう五十数年になるのですね。

「はい。その中で、主人を見送り、姑も、姉も見送りました。人の世話をするようにできてるみたい。

近所のお付き合いもしてますよ。うちの隣は江戸の風俗研究家の太田臨一郎先生、その隣が妙雲寺さん、その隣に魚屋さんがありました。そして古垣電気さん、大久保美術さん、

この2軒は古いです。道を挟んで柏湯——いまのスカイザバスハウス、靴の修理屋さん、ここは越されましたね。岡埜栄泉さん、おせんべいの嵯峨の家さん、シンプルヘアさん、カヤバ珈琲さん。70軒ほどの小さな町会で、婦人部はよくカヤバに集まっていたんですが、あそこもずいぶんデザインが変わって、観光客が増えて地元の人は入りにくくなりました」

——みなさん、仲良しなんですね。

「ええ。いまはもう若い方にバトンタッチしましたが、三十何年、町会の役員をしていました。積み立てをして2年に一度の旅行が楽しみでした。一度は青森まで行きましたよ。もう、最後は豪勢に使っちゃえというので、津軽三味線を聴いて、いい気持ちで青森空港に向かったら、霧で飛行機が飛ばないんです。もう幹事だったので真っ青。みんなからお金をかき集めて、寝台車で帰ってきたんですが、みんな夜行列車が初めてで喜んじゃって……。結局一睡もしないで騒いでました」

——ほんとにこの辺の人たちはおもしろくて、のんきですねえ。

「苦労もしてます。でも、顔に出ないだけですよ。そんなことを表に出したからって、人生変わるわけじゃないしね」

家族経営で
五代続く骨董店

大久保美術

（取材日　2019年2月6日）

上野桜木から谷中にかけては骨董屋さんが多い。もともと藝大が近く、美術品や器に興味がある人が多いこともあろう。森鷗外の「青年」は明治43（1910）年の作品だが、ここにも主人公が暮れの一日、谷中の骨董屋を冷やかして歩く一節がある。日暮里の駅前では、作家田村松魚《しょうぎょ》が妻の俊子と骨董屋をやっていた。

大久保美術は明治から五代続く骨董店で、茶道具につよい。四代目、大久保満さんの話。

「元々は三河の大久保家、と言ってもいろいろあるらしいんですよ。徳川の譜代で、江戸に水道を引いた大久保主水《もんと》もその一族ですね。一族で宗教戦争をした。うちの大久保はそれで負けて三河から新潟に行ったほうです。お墓は浄土真宗の西徳寺。その本堂の真裏、ご本尊の後ろに墓があるってのがちょっと自慢なんですがね。中村勘三郎さんのお墓も同じお寺です」

――骨董屋さんの初代はなんという方でしょう。

「大久保嘉平治《かへいじ》だと思います。それが私の曽祖父。もともと日本橋あたりでやっていて、初代は長崎経由で入ってくる中国のヒスイなんかを扱っていたらしい」

――江戸時代、日本橋には長崎のオランダ人が泊まる長崎屋という旅館もありましたね。長崎は唐人貿易もしてましたね。なるほど、ヒスイですか。

「それから風雅の人が多そうな等々力《とどろき》渓谷に越し、さらに根岸に。谷中にいつ来たのかはわかりません。大正２（１９１３）年にここの新築の長屋を買ったという書付があります」

――根岸も風雅の里で骨董や茶道具を好きな人が多そうですが、高村光太郎の父・光雲は、下谷の空気がよくないというので、高台の空気のきれいな谷中の、ついこの先に越していいます。そういうことかもしれませんね。

「二代目は春之助と言いまして、あまり長生きしませんでした。その妻がまさと言って、埼玉の騎西町《きさいまち》から来たんですが、これも元々、大久保家があのあたりに領地を持っており、その因縁らしいです。三代目はうちの父平吉、大正14（１９２５）年生まれです。これについては母のほうが詳しいと思います。母を連れてまいりましょう」

銀行で通帳を見せられて。あれがプロポーズだったのかな？

お母さま、幸子《ゆきこ》さんの話が面白かった。

「私、上根岸の根岸小学校のそばにあった鉄舟庵《てっしゅうあん》という蕎麦屋の娘なんです。昭和６（１９３１）年の生まれで、戦後、女子美を出まして、高校・中学の美術の先生を一時していました。鉄舟庵は山岡鉄舟先生が贔屓で来られて、お蕎麦を何枚も召し上がったというので有名な店で、料亭みたいなこともしておりました。中庭で盆踊りができるくらい広かったし。入り口には柳が垂れさがっているような。父も母も坊ちゃん嬢さんでのんびりしてまして。一応、私も調理師免許もとって店を継ぐ用意はしていたんですが。

でも、私は嫁ぐなら苦労した気概のある人のところがいい、と思って、店の手伝いをしながら、ひそかにお客の観察をしておりました。これと見込んだのが主人の平吉なんです。7人きょうだいの末っ子で五男でしたが、兄たちが満州のNHKに入ったりと外に出たもので、骨董店を継いで、自分で京都や奈良にも出かけて猛烈に勉強をしまして、なんでもよく知っておりました。あ、この人だ、と思って。

向こうもそう思ったのかもしれません。銀行でバッタリ会ったとき、『あの、骨董屋さんって知らないでしょう？　僕はこうやって、ちゃんと月々預けて、真面目にやっています。僕の通帳を見てください』と言うんですよ。そんな人います？　正直な人だなと思いました。いま思えばあれがプロポーズだったのかな。本当に主人を尊敬しておりましたし、なんでも優しく教えてくれる人でした」

幸子さん、その名の通り、本当にお幸せな結婚生活だったようだ。

――戦後、昭和30年代くらいからここにおられたわけですね。

「はい。そのころはなぜか仏像のブームで、仏様が人気があり、それを仕入れましてね。もともと私は、お茶、お香、お花、お習字など、細かいことを勉強するのが好きだったんですが、仏像は勉強してこなかったので、まあわからなくて、一年泣いたんですよ。

そしたら主人がね、『一緒に仕入れに行って勉強すれば大丈夫だよ』と言ってくれて。それこそ、当時は宅配便もありませんから、九州だ、北海道だとあらゆるところへ大きな袋を持って、仕入れに行ったものです。それが、勉強になってよかったんですね。いまでも、今日はこれを勉強しようと決めたら夜遅くまでやっています。そうすると、頭に入って、お客さまにも『これはこういうものです』と説明できますから。信頼を受けないと、この商売は絶対できないです。

主人はお客さまとお話しするのが好きで、お買いにならない方とでも、『まあお上がりなさい』とお茶を出して。お話ししているうちに鎌倉や世田谷からもお客さまがお見えになって、何か買っていただけるようになります。そのころ、美校（東京藝大）の方も古美術に興味を持ってよくお見えでしたが、いまの方達はあまり見えません。古いものを見ると自分の個性が消されちゃうと思うのでしょうか」

そしてお店は父から娘へと継がれていく

息子の満さんは四代目。

「僕は大学を出て旧大倉財閥本社の大倉事業に勤め、平成不況で信託銀行に移り、長年会社員でした。父が79歳で亡くなってから早期退職して後を継いだのです。本当は母が実質四代目なんです」

「ええ、そうなんですの。主人が亡くなりましてから、8年くらいはひとりでやっておりました。『あれ、奥さんてお話しされるんですか』とお客さまに何度言われたか。主人がやっているときは、出しゃばらず秘書役に徹していましたから」

――お店を継ぐために、そんな大きな会社を辞められたんですね。

「一大決心でしたけど。父の代に仕入れたものがいっぱいあるので、もう仕入れはしなくていい。谷中にはインバウンドというんですか、外国人の方がたくさんいらっしゃる。それでここを建て替えるときに、1階は母の縄張りで香道のお教室。上は喫茶で、気軽に靴のまま上がっていただき、椅子席の立礼《りゅうれい》のお茶室にして、父の集めたお茶碗で、抹茶を召し上がっていただこうと。畳の部屋のほうが高いので、正座をしたくらいの目線で見られますでしょう?」

――月替わりで、時代物の彫唐津《ほりからつ》から、大樋焼《おおひやき》(加賀・前田侯の御庭焼)に黒薩摩、三浦乾也《けんや》の作など、垂涎《すいぜん》のお茶碗から好きなものが選べて、お菓子付き1000円だなんて。ちょっと怖いですね。お茶碗が割れたりはしませんか?

「それが一度もありません。外国のお客さまの方が礼儀も心得ていて、道具の扱いも慎重です。壊しそうな扱いをされる方には英語ですぐにお教えします。私は絵も描きますので、お使いになった茶碗の絵を描き、説明も英語で書いた紙をプレゼントして喜ばれます。いろんな国の方と交流するのがこちらも楽しいし、あちらも喜んでくださいますので」

――それは大サービスですね。

「本当に意義のある仕事だと思います。週に4回は下谷の茶道の安藤美幸先生に来ていただいて。今日もお見えです。先生がうちの看板娘です」

五代目はお嬢さんの敦子さん。ご両親と同じく慶應の経済学部を卒業して企業勤めをしたのち、家を継ぐ気持ちを固めた。小さなころから茶道や香道も学んでいる。

「後を継ぐ決心にいたるまでは、紆余曲折ありまして。卒業後は不動産会社で事務をしていたんですけど、このままでいいのか疑問が湧いてきたんです。

それで、日本の伝統工芸やものづくり、産地を応援する事業を展開している会社に転職しました。作り手さんと対話しながら一緒に考えていけるやりがいのある仕事でした。ただ、あまりに忙しくて体調を崩してしまって。ちょうどそのころ、お店が新しくなり、父が『ギャラリー大久保』という新しい形を考えてくれたということもあって、気持ちが動いたんですね。3年間、茶道具に限らず、全国の民芸品や地域産品に携わったことが、いまの知識の基盤になっています。

せっかくできたお店ですから、これからまた100年続くお店にしたい。祖父がやっていたころのような茶道具の骨董屋で続けていくのは厳しいですが、新しい試みで骨董の敷居を下げることができると思っています」

2階のギャラリー大久保では、和菓子と抹茶をいただいたあと、続く洋室で、ランチもできる。こちらはお母さんの真知子さんの担当。「メニューはキーマカレーとキッシュのふたつ、家庭料理です」と控えめだが、大変おいしかった。谷中らしい、心やさしい、ゆとりのある家族経営だ。

*2025年2月現在、陰点て（点前拝見なし　1500円）、お点前付き抹茶（3千円）のほか、合わせて和菓子作りも体験できるコース（5千円）もある。

平吉さんと幸子さん

創業290年の畳屋には職人の意地がある

クマイ商店

（取材日　2019年6月11日）

谷中で創業290年目。町名は上野桜木2丁目。東叡山《とうえいざん》寛永寺出入りの畳屋さん。30年ほど前に、先代の熊井正孝さんに聞き書きした記録がある。懐かしいのでちょっと引く。

「私どもの熊井家は創業二百六十年ということになっていますが、はっきりしたことは分らない。（略）うちの墓には『谷中中門前八軒町、善光寺連中』と書いてあります。善光寺坂の上で、昔は八軒しか家がなかったらしいですね。（略）

屋号は山田屋松五郎といい、『越後から出てまず山田屋にワラジを脱ぐ』という風にいったもんでございます。その当時の寛永寺といえば将軍様の菩提寺でもあり、お大名が参拝なさる装束替えの塔頭が三十以上、その一つ一つが今の寛永寺くらいの大きさで、今の寛永寺が大体五百畳ございますから五〇〇×三〇としても、まあ一万五千畳ほどの仕事をさせていただいたわけなのです」（「寛永寺出入りの畳屋　熊井正孝さん」「谷根千」23号）

言問通りの善光寺坂の名は、その坂上に信濃善光寺の別院があったことにちなんでつけられた。寛永寺一山《いっさん》の畳を扱う山田屋は、各地からの奉公人を寛永寺に世話するようなこともしていたという。そのときにお話を聞いた作業場は足立区の梅島に移り、上野桜木はきれいなショールームになっている。おかみさんの千代子さん。

「父は森さんに話を聞いていただいて、とてもうれしかったらしいです。私が嫁いできたのは昭和50（1975）年。おばあちゃんのほうが先に亡くなって、おじいちゃんは94まで元気でした」

――本当にお詳しかったですねえ。こんなことも言っておられました。

「明治以降は寛永寺も小さくなってしまいましたが、それでも畳替えは毎年一度。上野駅から東北へ鉄道が延びたので、その煤煙が畳に降り積もり、畳替えをしてからでないと、法要が営めなかったそうなんです。明治以降、町方では根津に遊郭ができまして、いいお得意でした。明治21（1888）年に深川の洲崎に移転させられるんですが、洲崎までも畳替えに行ったということです」（前掲）

息子さんの現社長、熊井芳孝さんは大きな人だ。

「父のころまでは東叡山寛永寺出入りの職人たちで東叡会というのがあって、一山のご葬儀とか、巳成金《みなるかね》（9月の巳の日におこなわれる不忍池弁天堂の大祭）とか、暮れの除夜の鐘のときは、職方衆がお手伝いにいってました。何か記念行事があったりすると、シルクの半纏をお仕着せでくださったものでした。当時でも25万円くらいしたらしいです。音頭をとるはずの工務店の棟梁も廃業され、いまはありません。残っているのは畳屋のうちと塗装屋さん、経師屋《きょうじ》さんくらいですね。

それでもおかげさまで、谷中あたりの社寺のうち、50軒ほどは、熊井で仕事をさせていただいています。藝大もうちのお得意さん、邦楽科とか日本画科はお教室に畳もありますし、寮の畳もさせていただいていました」

千代子さんも話す。千代子さんも背が高い。

「畳を自分の彫刻をのせる台にしたい、なんていう藝大生もたまに来ますよ。面白かったのは、藝大の卒業制作で、畳のい草の表情を木材に細かく彫った作品をつくった人がいてね。銀座のギャラリーで展覧会をやるので、木の畳の周りに本物の畳を敷きたいというオーダーを受けて、お手伝いしました。いまは彫刻家として頑張ってやっていますよ」

——社長は長男ではないそうですね。

「うちは兄と姉がいたのですが、兄は藝大を出て建築家になりました。それで、私が継ぐことに。父は根っからの職人気質でしたが、ちょっと変わり者だったかな。書類や経理にも強く、昭和36（1961）年には早々と会社組織にしました。公共建築の畳を入札で取るのも得意でしたね。書類も自分でこしらえて、朝4時半くらいに起きて風呂敷に包んで、有楽町の役所まで持っていったりしていました。

昭和30〜40年代には、高島平団地や光が丘団地の畳なんて随分入れたもんなんです。団地サイズの畳ですが、一棟請け負うと2千畳くらいですから、あれは大きな仕事でした。競争入札で、一年に大きな仕事が2回くらい回ってきたでしょうか。ああいうのもゼネコンが受けると、私たちは下請けになり、そこで何割かマージンを取られてしまいますから、お願いして、畳や襖《ふすま》などは分離発注にしてもらったんです」

――へえ、面白い話です。このへん、畳屋さんも少なくなっていますか。

「以前は三崎坂の上のほうにも1軒ありましたが、そちらはやめてしまいました。真島町に1軒、お父さんの代から続いているお店があります。

当時に比べると、うちの職人も少なくなりました。畳以外にも襖《ふすま》や障子、クロス張りからカーペットまで。内装もしますし、新築の家を建てたり、リフォームもやっています。

日本人の生活が変わりましたからね。高島平団地だって、6畳・6畳・4畳半とキッチンで一軒16枚半、仕事があったわけです。それが憧れの文化住宅でした。いま、マンションでも和室はせいぜい1室、あとはカーペットとかフローリングになっちゃって」

「これが熊井の仕事か、たいしたことないな」とは絶対、言われたくない

――お父さまは谷中斎場で、関東大震災のすぐあとに殺された大杉栄と伊藤野枝の葬式をしたときのことも覚えておられたし、昭和初期に桜木町に住んでいた川端康成さんの家の畳も替えたと言っておられました。上野桜木も変わりましたか。

「古い方は2割くらいでしょうね。お屋敷を相続しないで息子さんが売っちゃうと、あとは細分化されて小さなおうちが建ちますね」

――ところで、こんな元気でどんとこいのおかみさんをどうやって見つけたんですか。

「紹介してくれる人がいまして。彼女は葛飾の立石出身で、実家は衣料品屋なんです。だいたい畳屋には嫁が来ません。職人が7、8人いて、おさんどんもしなければならないし。舅、姑はいるし。商売の手伝いもしないといけないし。でも世話好きがいましてね。車を売る人が、入谷の酒問屋のヤマロクさんと相談して、あそこの畳屋の次男坊に誰かくっつけちゃえというのでね」

――本当にいいコンビで、仲良くてうらやましい。後継ぎの息子さんもしっかりしているし。畳そのものも変わったのですか。

「父にお話を聞いていただいたころは店先で、太い縫い針で、父が畳の芯に、畳表を縫い付けていたでしょう。そういう時代は終わりましたね」

――お父さまからは、こんな話を聞きました。

「職人はまず畳床《たたみどこ》を、藁《わら》を積み重ね、糸を繰りながら縫い固め、かかとで踏み固めて作ります。畳床を1枚作るのにベテランの職人が2日かかります。これは寒中、襦袢《じゅばん》ひとつでも脂汗をかくような激しい労働なんです。畳替えは夏に近づくと多いので、春までには畳床を作ってストックします。

また畳表を貼って縁をつける仕事がベテランでも1日2枚が限界です。

畳床の藁はどこでも手に入りますが、畳表に使うい草は広島の特産でした。7月15日のお盆の頃に刈り取り、干して織り上げたものを船で江戸湊まで運び、日本橋に伴伝《ばんでん》と西川という大きな問屋がふたつあって、そこに買い付けに行ったものなんです。いまは熊本産が多くなりましたね」

これもこの30年で変わったのでしょうか。

「機械化された部分も多いですね。省力化され、重労働ではなくなったのはいいことです。いまは畳の芯も、木質繊維や発泡スチロールなどを用いた建材床《どこ》と呼ばれるものが増えました。でも、やっぱり藁の畳床にはかないません。寝心地も座り心地も違います。畳表も我々はい草のものをおすすめしたいが、機械でこより状にした和紙に樹脂コーティングをしたものや、ポリプロピレンの樹脂素材を用いたものなど、色褪せしない畳もあります。色や柄も多様で、いわば〝敷物〟的な畳ですね。でもやっぱり、新しいい草の畳の自然の色や匂い、色褪せたときの風合いもまったく違いますよ。

昔の家は施主が大工と丁々発止、相談しながら作ったものです。大工は簡単な平面図さえあれば、家が建てられる。板金屋の仕事なんかものすごく複雑なんですよ。いまは雨樋も銅ではなく、ガルバニウムという錆びにくい鉄ですが、そうした最良の組み合わせ方とか、銅板葺《ぶ》きの戸袋とか、あれこそ日本の職人の究極の技なんですが、そんなものを頼む人はもういません。

たまに坪400万～500万円なんて豪勢な仕事が入ることがあり、それは技術を磨くチャンスなんです。注文産業ですから、普通の仕事だけやっていたのでは、その技量で終わってしまう。やはりレベルの高い仕事をやればやるほど、腕は上がっていくわけです。いい仕事があれば、これでもか、これでもか、と持っている技術を入れ込むのが職人ですから。でも、そんなふうに職人が腕を磨ける機会は本当に少なくなってしまいましたね。

職人は他人の仕事になかなか感心しません。でも私は、自分のした仕事を何年か後に別の人がメンテナンスすることもある。そのときに『これが熊井の仕事か、たいしたことないな』とは絶対、言われたくない。人に負けたら悔しい。その意地で仕事をしているようなものです。

こんな時代に、我々はどうやって畳の世界でやっていくか。うちは寺町に近く立地がいいので、まだなんとか持ちこたえています。本来の畳をきちんと作っていける店ということで、これからもやっていきたいと思っています」

フローリングの上で昼寝をしたいと、ゴザを買った。畳表に渋い美しい色の縁を選んでつけてもらって、8千円。申し訳ないような値段だった。

谷中のオアシス
炭火焼のせんべい屋

嵯峨の家

（取材日　2019年6月11日）

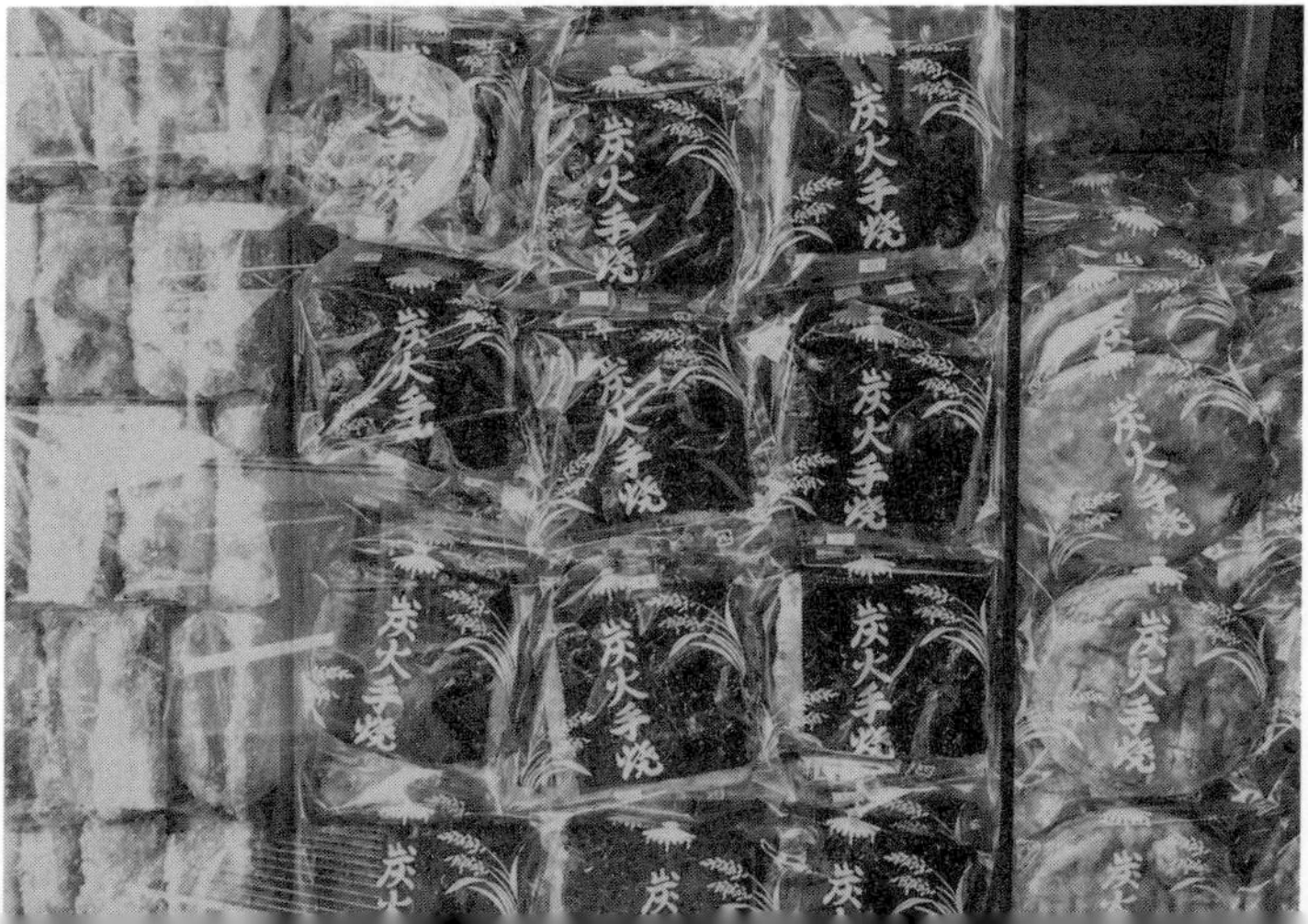

『舞踏会の手帖』というフランス映画があった。昔、パーティーで踊った男を一人ひとり訪ね歩く。さまざまな思いが去来する。いま私も、1984年から2009年まで続けた地域雑誌「谷根千」でお付き合いのあった人々のところを、ノートを持って経巡《へめぐ》っている。旧交を温めたり、代替わりに驚いたり、当時言えなかったお礼を伝えたりする。

谷中6丁目は、いま住んでいる家から遠く、坂を下り上がらなければいけないので、このところご無沙汰が続いていた。あられ・せんべいの嵯峨の家さん。かつて「谷根千」配達中はここがオアシスだった。いつもニコニコ、「谷根千」はたいてい売り切れ、さっとお金を払ってくれる。清志《きよし》さんはそんなすてきなお兄さんだった。

「うちはなんでも現金取引だからね。あの雑誌、休刊になって何年経ちますか。お兄さんだなんて、もう72ですよ。そうだね、35年前には30代だったものね」とまったく体型も変わらずに、白いシャツに白いズボン、爽やかだ。

「嵯峨の家は、もともとは千駄木の須藤公園の近くの不忍通りにあって、最初に始めたのは小野田嘉八郎《かはちろう》さんという京都の人。だから『嵯峨』の家。僕のおじいさんがそこで働いていたの。おせんべいは江戸のものだが、あられやおかきは関西のものらしいね。せんべいはうるち米で作る。あられはもち米で作ります。

祖父は石川県の人で、小神清三郎《こがみせいざぶろう》というんだけど、珍しい名字でしょ。嵯峨の家に明治時代から勤めて、番頭までやって、谷中で暖簾《のれん》分けさせていただいたのが大正3（1914）年。いま思うと、よくそんな近くに暖簾分けを許したな、と思うんですが。祖父が女房にもらったしまというのも、小野田の親戚筋です」

——へえ、いまは本店を名乗ってらっしゃる。

「千駄木の嵯峨の家は、十何人も人を使っていたような大きな店でしたが、戦後、閉店したのでね。作り方は、嵯峨の家譲りですね。海苔を巻いた磯巻は、その嵯峨の家が発祥だとか。

うちのおじいさん、清三郎て人は、謡《うたい》なんかやってわりと趣味人でした。森田桐箱店のおじいさん、風呂屋（柏湯）の松田力治《りきじ》さん、岩城《いわき》石材のおじいさんなんかが仲間でね。あのころは町内の付き合いも濃かったですからね。

父は正雄、銀座の入船堂でしばらく修業したので、そこで覚えたものも商品には入ってますね。父は真面目で仕事一途でした」

——ところで、このお家はいつごろの建物ですか。

「祖父がここに来たときにあった家ですから、もう120年以上経っているんでしょう。直し直しで原形をとどめませんが。いま思えば、昔のままにしといたらよかったね」

——売っているのは、あられとおせんべいだけですか。

「戦後、おせんべいの原料が入らなくて、豆はあったんで、それを売ったらしいんですよ。それでいまも落花生がひとつだけ残っています」

一番遅れたように見えた手作りの店が残っている

――このあたり、豆腐屋や酒屋、銭湯などはずいぶん減ったんですが、なぜか、おせんべい屋さんはこの35年、みんな健在です。

「谷中だけでも、谷中せんべい、都せんべい、うち、大黒屋、文京区に菊見せんべい、八重垣煎餅、たしかにみんな残ってます。同業者のお付き合いもあります。谷中せんべいさんとは、うちの父親がいいお友達でね。いま、せんべいの組合の台東支部はただの親睦団体で、入っていてもメリットがないと辞める人もいますね。うちはお米を組合経由で買っていますので」

――どちらのお米ですか。

「宮城、秋田、岩手の米を使っています。あられ、かき餅は、まず餅をつくんです。それをうちは手で切ってるんですよ。あられはこの大きさ、かき餅はもう少し大きい。それを3日や4日くらい、家の屋上で天日乾燥させます。そこまでで全体の半分の工程」

――そんなことやっているところ、いまどきあるんですか。

「個人で全部やっているところはないと思いますよ」

――それでファンが多いんですね。でも、宣伝が嫌いでしょ。

「というか、忙しいから宣伝する暇も必要もない。手作りだとそんなに作れませんから。そしてあそこの道具で、炭火を入れて、丹念にあられを煎《い》るんです」

――この上にある木の箱はなんのためですか？

「これは『ホイロ』といって、できたあられにお醤油を塗って、乾かしているんです」

――下で焼いて上で乾かして、一挙両得というわけですね。そういえば、焙炉《ほいろ》って、「元犬」という落語に出てきますね。焙炉がサゲなのに、暮らしの中に焙炉がないので、最近やらない演目ですけれど。

「知らなかった（笑）。カタカナだと思ってた」

――子どものころはどうでした。

「団塊の世代でね。うちはたった12坪の家に、家族7人。両隣の家には8人ずつ。家が狭いから、谷中墓地で遊び呆けていました。谷中小学校、上野中学、上野高校です。昭和22（1947）年生まれのベビーブームなので、谷中小学校は僕のころ、1600人もいたんですよ。上野中学は3学年で2千人いた。弟の学年なんか、16クラスもありました。

私は長男で、父からも継いでほしいと言われていたのと、わりと体が弱かったこともあって、高校を出て迷いなく店を継ぎました。父も体が弱かったのでね。僕が28のときに59歳で亡くなりました。だから高校を出るころにはひと通り、仕事はできました。

この辺は、暮らしよかったですよ。パン屋が2軒、八百屋が2軒、魚屋が2軒、肉屋もあったし、雑貨屋もあった。隣が食料品店と寿司屋でした。そういうお店はみんななくなって、いまでは和菓子屋やせんべい屋など、一番遅れたようにみえた手作りの店だけが残っています。買い物は上野ですね」

――おせんべいの売れ行きはいかがですか。

「法事も減ったしね。お客は外国人の方も多いです。ジャパニーズ・ライス・クラッカーと説明していますけど。英語はできないけど、どうにかなります。味見させてあげるんですよ。食えばわかる。辛いのが好きみたいですね。抹茶を塗ったのをわさびかと聞いてきたり。青海苔は茶色くなるからチョコレートか、とかね。日本の若い女の子もよく来るけど、何見ても『カワイイ』だね。店頭に置いてあるはかりまで『カワイイ』」

――「カワイイ」と「スゴイ」と「ヤバイ」。語彙《ごい》が少ないんですかね。

そこに飛び込みの取材クルーがきた。派手な模様の服を着た女性が「ショーケースの内側で写真撮ってもいいですかあ」と聞く。「ああ、いいですよ」とご主人はこともなげだ。「うちの家内はマスメディアが嫌いでね。でも、ジャニーズのカレンダーにうちの店が写り込んでいたら、場所も店名も書かれていないのに、ファンが探して来るんですよ。それも縁じゃないかと思ってね」

――あられを焼いているのは、息子さんですか。

「婿です。うちは娘3人で、長女とその旦那が店を継いでくれてうれしいです。彼も近くにあった八百屋さんの息子で、地域の人です。うちの家内は家で小さな孫を見てます。両親と同居だと、なかなか保育園には入れないんですね。私の代のほうが入りやすくて、うちの子はみんな、谷中保育園で育ったんだけど」

――お仕事で一番大事にしていることはなんですか。

「味を落とさないことですね。米の品質も来るたびに違います。焼きあがるまでわかんない。でも、気を緩めずに一から丁寧にやっています」

あられ、かきもちのおいしさは折り紙つき。しかも、値段もとてもリーズナブル。初めての人には、それこそカワイイおせんべいやかきもちの入った「ミックスあられ」をおすすめしたい。

話の背景に、婿の智之さんがあられを揺するザザザザーッという音が聞こえる。まるで波の音のよう。店は娘の麻子さんが守る。

「若いころはお彼岸やお盆で、あられが売れればうれしかった。でも60を超えると、あまり忙しいと疲れるね。気力と体力がなくなってくる。60歳定年とはよくいったものだな。いま、また定年を延ばそうとしているけど……。でもいままで、私は本当にいい時代、いい場所で商売させてもらいました。運がよかった。感謝しています」

嵯峨の家のマークはあずまや。これは上野公園の中にあるのを模しているらしい。

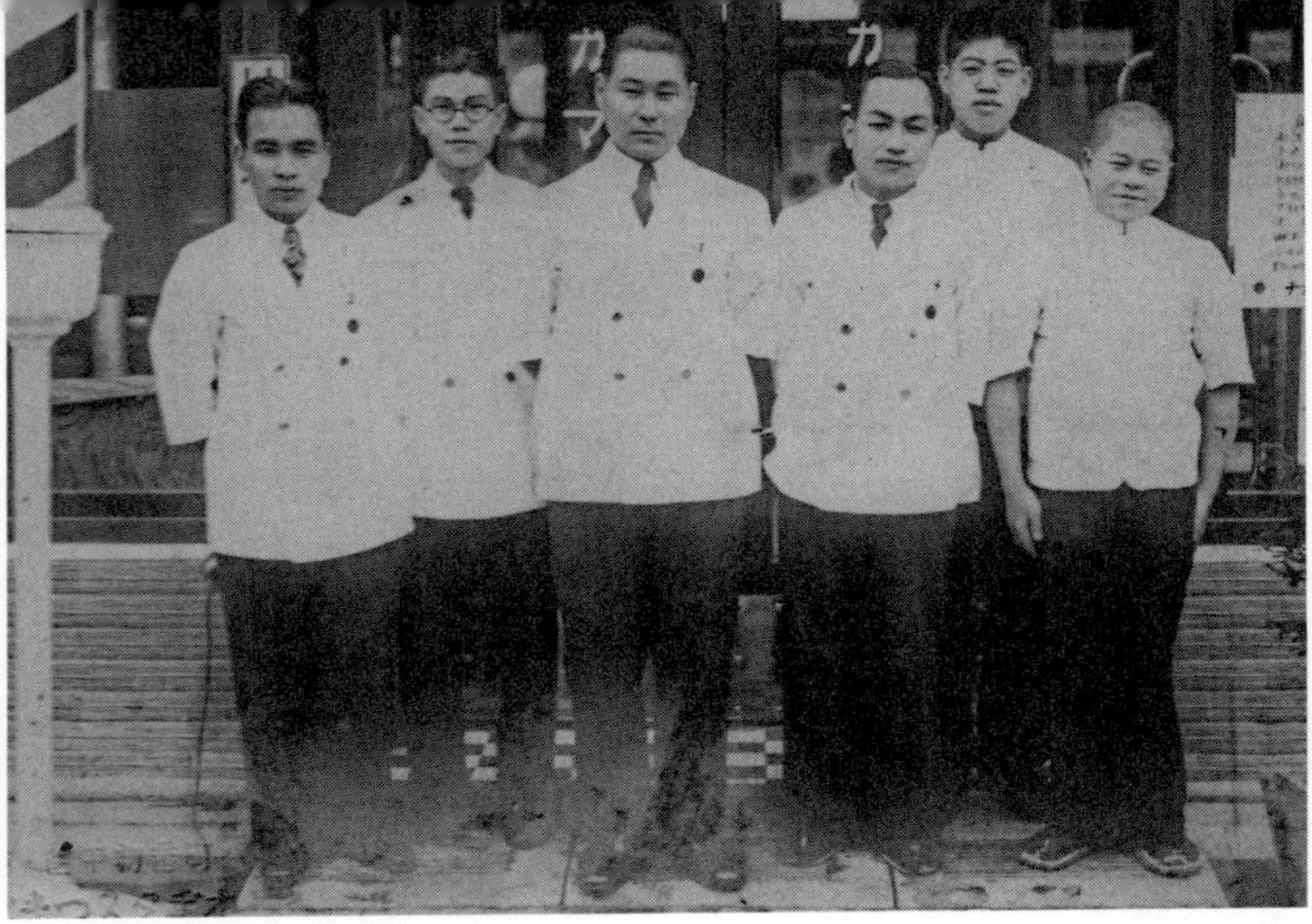

永松康雄さん提供

藝大の先生方も お坊さまもスッキリ

シンプルヘア

（取材日　2022年2月9日）

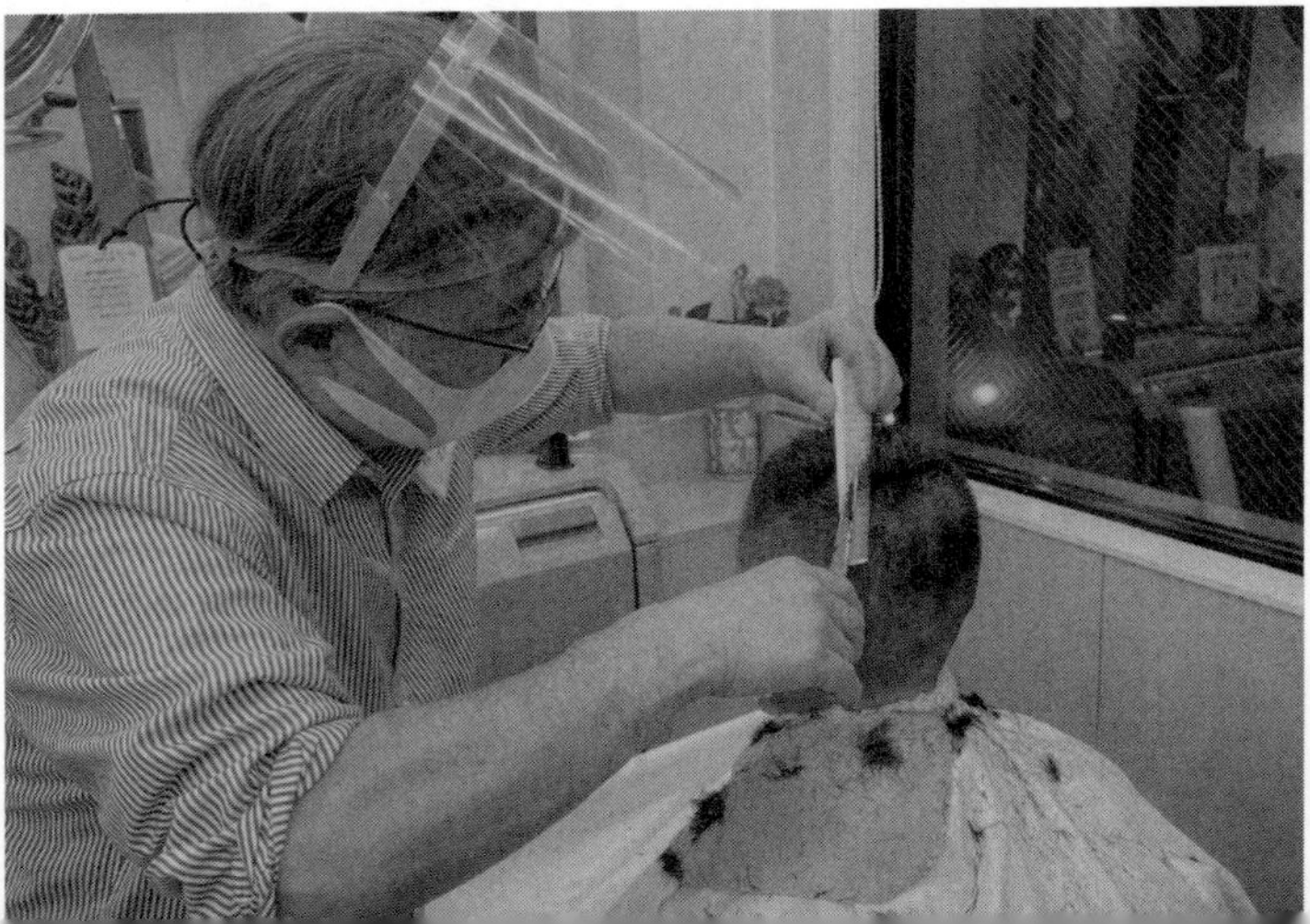

シンプルヘアはカヤバ珈琲の隣で、明治から続く。たしかに見覚えのある店構えであるが、バーバーなので女の私には関係ないかと思っていた。店主の永松康雄さんは穏やかで優しそうな方。同じく理容師の奥さんと、お弟子さん、息子さん、4人で紺と白の縦縞のシャツを着て働いている。今日は、同行したウェブ編集者の河尻さんの髪を希望通りソフトモヒカンにしてもらった。

「刈り上げがいのある髪ですね。コシがあって。モヒカンというのは、アメリカの先住民の一部族の名前ですね。バリカンというのも、これを発明したフランス人の名前からきているんですよ」と康雄さん。へえええ……。バリカンできれいに刈り上げた部分にポンポンとシッカロールのような粉をはたいた。

「刈り上げた面のでこぼこを見やすくするために用います。うちは小麦粉を使っています。シッカロールは鉱物系なので」

丁寧に櫛《くし》ですきながら、はさみで毛の長さを調整していく。見事なソフトモヒカンのできあがり。黒いジャケットの河尻さんはまるでアーティスト。

はあ、髪型で違って見えるものだな。あとのひげそりやシャンプーも実に気持ちよさそうで、ちょっとうらやましい。

「女性のカットも得意ですから。ぜひ、森さんも来てください」

理容と美容の違いとは

——式亭三馬《しきていさんば》の代表作に『浮世床』がありますが、床屋さんには人が集まり、情報も集まったといいますね。

「ええ。昔から理容はまちの社交場でもあって、風俗というか文化を表していますよね。江戸時代には男性は武士も町人も月代《さかやき》を剃って、髪を髷《まげ》に結い上げていました。明治に断髪令が出て髪を切る西洋床屋というものができた。初代勝太郎は西洋理髪の先駆けでしょう。昔から床屋、散髪屋、理髪店ともいいますが、正式には理容店。私たちは理容師です」

——女性のほうは、日本髪を結うのに、髪結いさんが来てくれたんですよね。昔は髪結いさんを「かみいさん」なんて言ってました。

「うちも祖母のナカは髪結いでした。祖母のころは、岡持ちみたいな道具箱を持って各家庭に出張していたそうです。祖母は信心深くて、お師匠さんのお墓や親戚のお墓など、子どものころに連れていかれたのを覚えています」

——やがて洋髪が流行るようになって、昭和30年代に母たちが通っていたのは「パーマ屋さん」でした。それから美容院になって、いまではヘアサロンとか、カットハウスとかいいますね。

「ええ。理容師に対して美容院は美容師ですね。ひところカリスマ美容師が話題になりましたが、あれから男性で美容院に行く方が増えました。いまは美容師のほうが10対1くらいで多い。理容師と美容師では専門学校も違いますが、そのうち統合されてしまうかも」

——理容と美容はどこが違うんですか。

「法的に言うと、理容とは『頭髪の刈込、顔そり等の方法により、容姿を整えること』となっています。一方、美容は『パーマネントウェーブ、結髪《けっぱつ》、化粧等の方法により、容姿を美しくすること』となっているんですね。

細かく言えば、カミソリが扱えるかどうか。美容師ははさみは使いますが、カミソリは基本、使わないことになっています。習うのも、理容のほうはショートカットから、美容はロングカットから入りますね。

たとえば、刈り上げできれいにそろえて、我々は色彩とかぼかしとか言いますけど、短い毛から少しずつ密で細かい段差をつけてグラデーションにしていくのは技術がいります。美容の方にはなかなか難しい。短い髪は0・1ミリの世界ですから。

女性もパーマをかける方は減り、いまはカットや染めが多くなりました。カラーリングもいいんですが、金髪やシルバーなどは、何度もブリーチしないといけないので髪を傷めると思います」

明治から続く理容店

――歴史が長いそうですね。

「私で三代目、息子の森雄《もりお》で四代目になります。初代の祖父・勝太郎は文久3（1863）年の生まれ、新潟の出身です。糸魚川《いといがわ》のほう。上京して、神田でお店を持った。なんで東京に来たのかはよくわからないんですが。創業は明治14（1881）年。それからこの道の反対、上野桜木側の横町に越して、その後、現在地に移りました」

――二代目の春男さんは？

「初代の勝太郎が61歳で亡くなり、ひとり娘のイキに養子を迎えたのが、同じく新潟出身の父です。明治41（1908）年生まれ。うちに下宿しながら上野の岩倉鉄道学校に通っていたんですが、勝太郎が亡くなる前後に理容の道に入ったようです」

――では、初代に学ばれたんですか。

「よくわからないんですが、仕事をした時期が重なってはいないようです。昭和12（1937）年に私の姉が生まれ、そのあと戦争になり、兵隊で海南島に派遣されました。理髪師ですので衛生兵をしていたようです。

父が戦地へ行くと、母はその間に免許をとって仕事をしていました。父も母も理容師と美容師、両方免許を持っていて、奥でパーマの仕事もしていましたね。

父が復員して、私が昭和23（1948）年に生まれました。父はもう40近くでしたね。真面目ですが社交的なところもあって、酒は弱いながらも陽気なお酒でした。昭和44（1969）年に61歳で亡くなりまして。私がまだ21歳のとき。私は大阪に修業に行く予定だったんですが、父にほとんど教わる暇もなく、半人前のうちに店を継ぐことになりましてね。先輩の職人から習ったり、講習会に参加したりして学びました」

――このあたりは、お寺からのお客さまも多いですか？

「谷中は寺町、お坊さまも多いですね。剃髪《ていはつ》される方も、宗派によってはスポーツ刈りにされる方もあるし。谷中に日蓮宗の学寮があって、日蓮700遠忌のときには、40人を3日間かけて剃髪しました。父のころ、彫刻家の平櫛田中《ひらくしでんちゅう》先生も見えていたそうです」

――康雄さん、小学校は？

「台東区立忍岡《しのぶがおか》小学校です。もう谷中小もありましたが、この辺は忍岡に行く人が多かったんですね。三段坂を下りて、不忍通りを渡って。中学は上野中学。子どものころから谷中墓地と上野公園が遊び場だったんですよ。我ながら、東京の中では自然にあふれたいいところに生まれ育ったなあと」

――それで写真を撮って「しのばず自然観察会」のホームページに載せていらっしゃる。

私がお名前を知ったのはあの写真からでした。

「上野公園は自分の庭のように思っています。小さいときから昆虫採集が好きで、手ぬぐいで網もつくって蟬《せみ》を捕まえました。蟬を捕るのは小さい網のほうがいいんです。僕の子どものころはミンミンゼミは貴重でしたが、最近はすごく多くなりました。クマゼミは静岡までしかいなかったけど、いまは温暖化なのかな、上野にも結構います。トンボはオニヤンマやオニグルマ、ギンヤンマを追っかけました。それから、不忍池で四つ手網で魚釣りもしましたね。あそこは警備の人がいるので、誰かを見張りに立てて、来たらそれっと逃げる。昆虫採集は4人の子どもともよく行きましたし、いまは孫と一緒に行っています」

――それは夢のような少年時代でしたね。この辺は買い物には不便ではないですか。

「昔はこの辺で生活できたんですけどね。八百屋さんは2軒あったし、魚屋さんも魚安さんと魚金さんと2軒あり、みんなが玉子屋さんと呼んでいた肉屋さんもありました。そこのコロッケがおいしくて、いまでも懐かしがってる方がいます。

子どものころの食べ物で思い出すのは、鮭の皮ですね。昔の鮭はしょっぱかったでしょう。その鮭の皮をご飯にのせて、海苔巻のようにして食べるのが好きでした。それから母親が漬けた大根の古漬けとしょうがを入れた漬物。白菜の塩漬け、あれも先っぽの葉っぱでご飯をくるむとおいしかった。年の暮れには近所でお餅をペッタンペッタンつきましたし、コンニャクを醤油で煎り煮したり、里芋を煮たりして、近所で交換して」

——四季折々の行事なんかもありました？

「寛永寺の護国院大黒天で節分の豆まきがありました。あのころは雪が多くて、傘をわざとおちょこにして、豆を受けたものです。雪が降ればそり滑りもしましたよ。それから日蓮宗のお坊さまたちの寒行、除夜の鐘もあちこちから聞こえますし」

理容のはさみは世界に誇れるもの

——この建物はいつごろ、建て替えられたのですか。

「いまから27年前、1995年に建て直しました。以前は二軒長屋で、80年か100年かそこらは経っていました。

この辺は、関東大震災にも空襲にも遭ってないので、古い建物が多いですよね。関東大震災のときは、家の畳が波立ったと母から聞きました。谷中は無事だったので、祖母のナカが罹災者への炊き出しをしたと。

二軒長屋のうちもう一軒は藤崎さんという雑貨屋さんで、なんでも売っているので、『谷中デパート』なんて言われていました。藤崎さんが引っ越されてから、うちが2軒分使っています。この御神輿《おみこし》の写真は、諏方《すわ》神社のお祭りのときですね。谷中、上野桜木14町会のうちで一番大きい。うちの谷中町町会は70軒くらいしかなくて、町会は小さいんだけど、お神輿は大きいの（笑）」

——木造2階建ての浜野病院が、中銀マンション（中銀上野パークマンシオン）になったのはいつごろでしょう。あれはこの辺のマンションのはしりでしたね。

「11階建てで、当時としては高いなあと思いました。いまより規制が緩かったようです。不公平だと思うのは、中銀マンションなどが並ぶ言問通りの南側は規制が緩和されていて、どんどん高い建物が建つのに、日影規制があるためか、うちのある北側は建てられないんです。環状3号線（言問通り）のこちら側（北）を拡幅する計画もあります。

環状3号線は全体の3分の2程度できていて、この辺だけできていません。文京区の播《はり》磨《ま》坂のところはできていますね。そこから本郷、根津神社、根津教会、谷中の寺町を抜けていくという計画。あれが実現すると、うちはなくなってしまいます。道幅が30メートルになるわけですから。父が『俺の目の黒いうちにはできない』と言っていましたが、そっくりそのまま息子に言うかな」

——奥さまはどこから？

「妻の文子《ふみこ》は埼玉の熊谷出身です。同じ理容学校の友人の紹介で、初めてデートしたのは上野動物園でした。彼女も住み込みで仕込まれて腕を磨きましたから、いい仕事をしますよ。年配のお客さまからのご指名も多いです」

——理容師の仕事に向いているのは、どういう方だと思いますか。

「どうでしょう……人間相手ですからね、ある程度、コミュニケーションがとれる人ですよね。私、よく思うんですが、生きがいというか、この仕事の楽しみは、お客さまの髪を切ったり、顔を剃ったりして、気持ちよく帰っていただくこと。お客さまの要望を伺って、頭のかたちや毛質などを見ながら、あ、このお客さまはこういうふうにしたいんだなと、考えるプロセスが楽しいですね。だいたいお顔のかたちを見れば、経験でわかりますが。

一方、短時間の1000円カットの店も増えました。たしかに名人のカットは速いです。でも速い人が上手なわけではない。日本の理容は明治に始まって、技術にしても、刃物にしても、ものすごく研究されている。理容のはさみ、世界に誇れるものです。そういう連綿と続いた技術の継承が断ち切られるのは残念ですよね」

——いまも毎朝、上野公園に？

「ええ、朝早く写真を撮りに行きますね。それで家に帰るとご飯が炊きたてで、熱い味噌汁があって、ああ、幸せだなと思いますね。作ってくれる家内には申し訳ないけど。床屋のカミさんって仕事も家事も本当に大変ですから。なかなか口に出しては言えませんが、本当に感謝しています」

絵描きたちに親しまれる額縁づくり

浅尾拂雲堂

（取材日　2022年1月21日）

浅尾さんの店は言問通りから東京藝大へ抜ける細い道にある。緑色の木枠の洋風の喫茶店と、右のほうに額縁屋さんの作業場の入り口と事務所のドア。

30年前に先代の浅尾丁策《ていさく》さんにお話を伺った。「谷中の生き字引」であった浅尾さんは三代目金四郎を名乗り、谷中あたりに住んだ戦前戦後の絵描きたちのことに詳しかった。今回は子息、四代目の浅尾空人《あきひと》さんに聞く。

「うちの父と上口愚朗《かみぐちぐろう》（テイラー、陶芸家）、星谷安久利《ほしやあぐり》（「れ組」の頭、鳶職）が谷中の三奇人といわれていましたよ。僕に言わせれば父はハイカラな自由人でしたね」

――空人という名前をつけたのはお父さんですか。しゃれた名前ですね。

「くうじんとみんな呼ぶけど、ほんとうはあきひと。昭和13（1938）年12月1日生まれで、ちょうどその日にドイツから初めて無着陸飛行機が日本に来たらしいんです。空から人が来たというので、空人」

――以前、雑誌「谷根千」23号の取材で伺ったとき、丁策さんはお店の歴史について、こうおっしゃっていました。

「私の祖父、浅尾曽平は高崎藩の藩士でしたが、ご一新後、二君に仕えずというので、武家の商法で、士屋敷の整理や古道具の整理を手がけたところ、目が利くので、けっこう成功したらしいんです。そのうち書画に凝《こ》って、筆も自分で造り、拂雲堂《ふつうんどう》と屋号をつけた。そのとき名前も商人らしく金四郎を名乗ったんです」と。

「そのとおり。もともとは武家で、文書や記録をつかさどる右筆《ゆうひつ》のような仕事で。拂という字は中国語で筆という意味だそうです」

――丁策さんによれば「二代目金四郎である父浪治は12歳で上京し、九段下の玉川堂という筆匠に厄介になりました」と。

「一時は銀座の鳩居堂でも修業したと聞いています」

――「そのころ、洋画が始まり、みな筆が輸入物なので、山本芳翠《ほうすい》、黒田清輝《せいき》の両先生に励まされ、輸入筆を借りてバラして、国産の洋画筆の第一号を作って売り出しました。下谷《したやに》二長町《ちょうまち》、市村座の真裏で『浅尾拂雲堂』のパレット形の看板を掲げ、たいがいの先生方に使っていただいて美術学校御用となりました」と。

「油絵の筆が日本にないのでなんとかならないかということで、向こうから持ち帰った筆を黒田先生に提供してもらったそうですよ。祖父は筆を分解して、筆に使うブタ毛を探しに鎌倉ハムまで行ったと聞いています。それが洋画筆製作を始めたきっかけで」

――関東大震災には遭わなかったのですか。

「遭いましたよ。当時は下谷二長町にいましたから。丸焼けでこちらに引っ越してきて、店を構えたんです。歯医者さんのあとが空き家になっていたので。それがいま隣の喫茶店になっている建物で、以来、直し直し、使っています。仕事場にしているこちらの建物は、昭和34、35年ごろに建て替えたものですが、僕が結婚するからと建て直したはずなのに親父が住んじゃった（笑）。お前は角のボロ家に行けと」

――父上、丁策さんは明治40（1907）年生まれ、学校を出て、一時は火災保険会社に勤めたが、体を壊して神田駿河台の竹見屋という画材屋に。それで上野桜木町に移ると、美術学校の先生方が、筆だけではなく、画材全般を扱ってくれというので、キャンバスや額縁まで扱うようになった。「額縁は松下直義という青年に頼まれたのがきっかけではじめたんです。同じ桜木町に住んでいた川端康成さんがデッサンを持ち込まれ、あわせて額を作ってほしいと言われたこともある」と話していた。

「当時は一子相伝《いっしそうでん》で、長男が継いで筆職人になったので、次男だった親父は教われない。それで竹見屋という画材屋でいろいろなことを覚え、お客さんをもつくようになって、ここに引っ越してきたわけです」

大空襲で広島に疎開。原爆のキノコ雲も目にしました

――お母さまはどこから来られたのですか。

「稲子といって、向柳原《むこうやなぎはら》の経師屋《きょうじ》の娘だった。お見合いです。母方のおばあちゃんが面白い人でね。品川で荒神さまの会を作ったり、成田山に大きな石塔を寄付したり、それから小さな花らっきょうを東京で初めて作って売ったと言ってました。

顔の広い人で、花井お梅とも知り合いでね。花井お梅というのは芸者さんで、殺人事件を起こしてそれがいろんな舞台や小説にもなった人ですよ。うちのおばあちゃんは仲居で、お梅さんと一緒に住んでいたことがあったらしい」

――へええ、「箱屋の峰吉殺し」と言われ、明治の毒婦と新聞に書かれた人ですね。それで終戦のころは？

「昭和20（1945）年3月、僕が国民学校に入る前、寛永寺幼稚園が閉鎖になったころに、この辺は空襲を受けました。3月4日の空襲は爆風がすごかった。家がすごく揺れてね。爆弾を40発くらい、日暮里から谷中小学校のところを抜けて根津のほうへダダダダダダッと落としていった。

雪が降った日です。電信柱に死体がぶら下がっていたとかいいますよね。7歳の僕は店の防空壕に入ってたのですが、敵機が行ったので、おそるおそる外に出てみると、この近くの浜野病院、いまの中銀マンションのところにリヤカーに乗せた病人がどんどん運ばれてきた。車寄せのところで院長先生がこれはだめ、これは診る、と選別していました」

――いまでいうトリアージですね。

「この辺で一番大きな病院でしたからね。結核病棟もあって。亡くなった人は谷中大行寺に穴を掘って埋めたと聞きました。3月10日の東京大空襲のときは、うちの店の2階から周りが真っ赤になるのを見てましてね。根津のほうも爆撃で明るかった。その後、たしか4月23日に広島へ疎開しました。母と祖母と僕と妹と」

——父上、丁策さんは疎開しなかったんですか。

「そのころ、絵の関係で、親父は飛鳥山の東京陸軍造兵廠《ぞうへいしょう》に勤めていましたから、東京にとどまっていました。そこでは、以前からお付き合いのあった藤田嗣治《つぐはる》先生ともご一緒させていただいたようでした。週末になると、造兵廠から父がおいしい栗まんじゅうを持って帰ってくるのが待ち遠しかった。その記憶がいまも鮮明によみがえってきます。

昭和21年に東京に戻ったのかな。戦争が終わるとこの辺にも進駐軍がジープで来ましたよ。いま上野桜木会館になっているところに、登村《とむら》ヘンリーという、日本人で進駐軍の通訳をしていた人が住んでいて、面白い人でした。うちの親父とも親しくしていてね。進駐軍の将校たちが来ると、おふくろもダンスを踊ったりしていたんですよ。宝塚が接収されてアーニー・パイル劇場になったでしょう。母も近所のおばさんたちと一緒に着物を着て、アーニー・パイルでショウをやったりしていました」

——お父さまからは、この一帯の地主は小林孝子《こうこ》というおばあさんで、田中光顕《みつあき》伯爵の後妻さんだったとお聞きしました。

「上野桜木町は『お妾人道《めかけじんみち》』といわれるくらい、多かったね。大店《おおだな》のご主人なんかが、上野や浅草の花柳界の女性を住まわせて、通っていたようですね」

――小学校は谷中ですか。

「池之端の忍岡小学校に通っていました。家の隣にカトリックのドミニコ修道院ができて、そこの神父さんが父に『学校は大事だよ、暁星に入れたらどうですか』と紹介してくれたので、中学から暁星に行きました」

芝居に明け暮れた学生時代。黒柳徹子さん、宮城まり子さんとの舞台も

――空人さんは、いつから店を継ごうと?

「僕は大学時代4年間、劇団をやっていたんです。浅草松屋デパートの6階にあったスミダ劇場の『かたばみ座』に入って、いろいろなことをやって遊んでた。その当時の仲間の、歌舞伎役者になった中村東蔵や『落語大百科』を書いた川戸貞吉、ドリフターズの脚本を書いていたのと4人で『さぼてん・ぐるうぷ』という劇団をつくって、九段の千代田劇場で公演したり。2回目の公演には、まだうら若い黒柳徹子さんを引っ張り出してね。4年間、芝居に明け暮れた。NHK草創期の連続ドラマ『事件記者』にも、僕、出てるんです

よ」（当時の資料を見せてくださる）

――へええ。すごいメンバー。こっちの写真は、宮城まり子に三木のり平、藤間紫《ふじまむらさき》、越路吹雪！　八波《はっぱ》むと志もいる！

「それは新派、新劇、全部集まって新橋演舞場でやったときのもので、素人は僕と3人しかいない。僕は宮城まり子と絡んで芝居をやったりしてるんです」

――その道に進もうとは思わなかったんですか？

「大学卒業して芝居はすっとやめちゃったの。それで家に帰ってきた。でも何もわからなくてね。絵もわからないし、何がよいのかもわからない。とにかく絵を見て歩いた。ピカソの青の時代を見て、すげえなあと思ったのが最初です。そのあと小出楢重《こいでならしげ》の裸婦の後姿を見てガツンとやられて、そのあたりから少しずつ」

――空人さん、ご兄弟は？

「4人兄妹で私は次男、兄の陽太郎は銀座の彌生《やよい》画廊にいました。俺はうちを出るからあとはお前がやれって、こっちは残されちゃって。妹が千絵子、絵理子です」

額縁は絵にとっての洋服みたいなもの

――額縁作りは、お父さまから？

「いや、一切教えないですよ。見りゃわかるだろうと。それでやりながら考えて。うちでは画家が作ってくれというのをそのまま作りはしないんです。絵を見せてもらって、それに合わせて作る。注文のまま作ると、こんなもの頼んでない、ってなってしまう（笑）。たとえば、人に洋服を着せるときも合う、合わないってあるでしょ。その人に合う服を着せて、いいね、スタイルよく見えるねって。本人よりよくわかる。額縁も同じこと。見栄えがよくなるんです。

もちろん絵描きは100点満点と思っている。でも、僕は70点くらいじゃないの、と思っているわけ。だから、絵に合う洋服を着せて魅力を100パーセント、120パーセントに引き出して、ああ、いい絵だねって思わせせなきゃ」

——面白いですね。額縁も最近は、昔のようなロココ調というのか、金ぴかの装飾的な派手なのは少ないですね。額縁もシンプルなものに変わってきているんでしょうか。

「建物がシンプルになっているから。西洋風のオークとかでできた豪華な室内なら似合うが、いまのコンクリートとガラスのすっきりしたオフィスビルに、あの金ぴかの額は合わないでしょ。いまの現代美術は壁紙みたいなものだよね。ビルに合う絵です」

——この界隈に縁ある方たちのことで何か面白い話はありますか。

「思い出すのは大河内信敬《のぶひろ》さん。高崎の殿様でうちの旧藩主に当たる。理研の総帥大河内正敏の次男。すごく品のいい人。暇があると遊びに来て、出入りする画家たちと話してました。そのお嬢さんが女優になった河内桃子さんと姉の紅子さん、世が世ならお姫さまですね」

——料理研究家の阿部なをさんも、このあたりに住んでらっしゃいましたね。太宰治と仲のよかった絵描きの阿部合成夫人の。離婚されたようですが。

「同じ青森の出身なので、なをさんは棟方志功と仲がよくてね。棟方志功は一時、寛永寺圓珠院の門の脇に住んでいましたよ」

——田端には寺内萬治郎、天王寺の裏には阿以田治修《あいだじしゅう》、上野桜木町には野間仁根《ひとね》とか。

「ああ、野間先生は面白い先生で、可愛がってもらったなあ。なんでも瀬戸内の水軍の子孫で、島を持っていてね。射的、撞球《どうきゅう》、麻雀など勝負事が好きで、釣りも得意な元気な先生でした。谷中にいた画家たちが集まっている写真も残ってますよ。鶴岡政男とか、朝倉摂さんとか。

小さいころ、一番覚えているのは東山魁夷《かいい》先生ですね。先生がまだ藝大の学生だったころ、店が混んでいて待っている間に、僕に漫画みたいな絵を描いてくださいました。

親父も東山先生から2枚絵をもらったんだけれど、ある人に頼まれて貸したら返ってこなくて。そうしたら、先生から電話がかかってきて『君の持ってた絵がうちにあるよ』と。

慌てて飛んでいって、実は貸した人が売ってしまったんです、と説明したら返してくださって。本当に温かい気持ちの方で。親父は2000年に92歳で亡くなりましたが、最後までお付き合いしていました。

林武先生は、藝大の学生たちに俺のまねをするな、と言ってましたね。俺が一番うまいんだからと。それで林教室の学生たちは伸びましたよね」

——フレスコ画（壁画技法）で若くして亡くなられた有元利夫さんも林教室でしたね。モディリアーニもドガでもルノワールでも、一見してあの画家とわかる個性があることは大事なんでしょうけど。それを模倣してもね。

「でも、それでずっと描いていくといつか飽きられる。ピカソのすごいところは、青の時代から始まって、長い一生のうちに画風がどんどん変化していくことでしょう。絹谷君もうまい人だが、やはり作風を少しずつ変えてますよね。腕をもっている人は変えられるんです」

——絹谷幸二先生のことですか。

「彼は僕より5歳くらい下。藝大のころはすぐ近くのアパートに住んでいたんですよ。汚い部屋で、汚いなりをしててね（笑）。でも油ですごくいい絵を描いてた。高校生のかわいい彼女がいて、いま奥さんになってますよ（笑）。

イタリアに留学してフレスコ画を学んで、向こうから最初送ってきたのがブルーと白の波の絵。そのうち、波の上のりんごの皮むきの絵ができてきて、だいぶ変わってきたなと。で、藝大の先生になって描いている絵を見て、あるとき『先生、身体の調子悪いのかい』と聞いた。『いや、元気だよ。なぜ』って言うから、『なんであんな暗い絵を描いてるの？』って言ったら怒ってね。でもそれでガラッと変わったの。真っ赤な太陽を描いてね」

――篠田桃紅先生とも。

「この間107歳で亡くなられましたが、父の代から長いお付き合いでした。紙を前にずうっと考えていて、しゃーっと書いて、おしまい。渋くて細い額がお好きでした。いつ伺っても昔のことをよく覚えていてね。浅尾さんのお父さんはきゅうりが嫌いだったね、とか(笑)。1時間ぐらい話すの。で、今度は息子が伺うようになって。額縁屋の仕事は次男が継いで、五代目です。長男のほうは隣で喫茶店をしています」

自分で買わないと絵のよさはわからない

――最近はこれという画家はいますか。

「藝大はねえ。どうだろう。いまの試験のやり方じゃ、山下清みたいなのは入れっこない。男の子も昔みたいなバンカラはいないね。藝大生にもいつも『暴れろ』『壊せ』って言うんだけどね。いまは武蔵美のほうが元気で、おもしろいかもしれない。

他人におもねって、こうしたら喜ばれるだろうって描くのはダメね。薄っぺらくなっちゃう。昔の絵描きっていうのは絵が好きで好きで、とにかく毎日描かないと気が済まない。それが画家だった。売れる売れないじゃないんですよ。

あと、素人が見ていいと思うのはいいんですよ。素人が見て、すーって通り過ぎちゃうのはダメ。展覧会で流しながら見て、ふっと目が留まる作品。絵の前で人が30秒止まったら勝ちですよ。うちの父もそんなふうに、いつも自分で見つけては身銭を切って買っていた。自分で買わないと絵のよさはわからないよ」

——ところで以前は、こちらのお店の前に「プールヴーモデル紹介所」の表札もかかっていましたね。

「あれは父がやっていたのですが、いまは父と仲のよかった女性の、また姪御さんが近くで別にやっています」

——明治時代の宮崎菊さんのモデル紹介所とは関係ないのですね。

「まったく別物です。うちがモデル紹介所を始めたのは戦後、昭和24（1949）年ごろですから。宮崎モデル紹介所は、谷中の領玄寺の路地を入ったところにあったでしょう」

父上、浅尾丁策さんが本に書かれているように、谷中と画家たちのエピソードはたくさんある（『金四郎三代記』谷中人叢話）。お話を聞いている間にも、次々と仕事の電話がかかり、額の相談、予定、色、納期などを打ち合わせしている。

浅尾さんはそのほか、2005年から上野桜木町会800軒をまとめる町会長、また30代から、谷中コミュニティセンターの住民委員会の会長を務め、町の仕事にも熱心に参加されてきた。地域の活動についてはこう話す。

「谷中から上野桜木にかけては震災でも戦災でも焼けずに古い住宅が残っています。でも、持っている方は相続税や固定資産税に苦しみ、兄弟で分けなければいけないときもあり、残したくても残せない。文化財クラスだから残せといわれても困るというのが本音でしょう。何か全体に保存の策を講じて、行政の補助金でも出ればよいですが。伝建（伝統的建造物群保存地区）には文化庁から予算が出るといっても微々たるものです。

いっぽう木造密集地域なので、防災面も考えなければなりません。バラックも多いですし、古いからすべて残せともいえません。頭の痛いところです。

だけどさ、古い町だからこそ、ちゃんとやらなきゃいけないこともあるじゃない。それで、我々は行政側と話をしながら、谷中地区景観形成ガイドラインを3年掛けてつくりました。町並みとともに住む人の安全を考えてどうするか。谷中の住民は町をいまこうしたいんですよ、という指針が大事だと思ってね」

にがりで固める
正直豆腐

藤屋
（取材日　2019年6月11日）

上野桜木1丁目、言問通りに面して、藤屋という豆腐屋がある。久しぶりにお訪ねすると代が変わって、娘さんが「古いことならお父さんのほうがいいわよね」と、先代の高橋敬《ひろし》さんを呼んでくださった。「店も狭いし、なんだから2階に上がってください」と言うので、あとについて急な階段を上った。

「森さんが23号の桜木特集で来てくれたのは、もう30年以上前だね。私はあのころは50そこそこの働き盛りだったが、もう83歳。カミさんは亡くなるし、私もあちこち具合が悪くて、豆腐の仕事は娘婿にやってもらってます。もう譲ったからにはあれこれ言いません。見ると口を出したくなるから、下にはいかない。私はこの家の2階に住んで、ご飯も自分で作って、空いた時間にはこんなふうに木の細工物をこしらえて遊んでいます」

棚の上にはすばらしい木工品がいっぱいだ。

「若いころは、木の根っこを見つけてきてはノコギリで引いて、豆腐を作る燃料にしてました。そのころの癖が抜けないんですね」

——豆腐屋さんは、35年前は谷根千に23軒ありましたが、いま、谷中・上野桜木では藤屋さん1軒です。

「豆腐屋はどこも跡取りがいないんだ。根津の越後屋さんもない。谷中銀座の武蔵屋の杉田さんも奥さんが後をやりたいと、うちにちょっと教わりに来たけど、女の人ひとりじゃ無理です。朝倉彫塑館の並びにあった石川屋さんもない。三崎坂近くの小松屋さんもない。よみせ通りにも1軒あったでしょ、あの黒川さんもない。豆腐屋は朝早いと思われているから、嫁さんも来ないでしょう。

うちは娘が3人で、娘の婿が継ぎたいというから。3年前に『俺、明日からやんないから』と言っておしまいです。もう彼も20年はやってるけどね」

高校のころから売りに出ていた。路上で勉強できることはたくさんあります

――なんで藤屋さんだけ続いているんでしょう。お店の歴史を教えてください。

「うちは親父の高橋藤吉が新潟の小出《こいで》の出身。小出の駅から一里ほど歩いたところです。板木という村がありましてね。越後湯沢のちょっと先です。私も小学校3年くらいで縁故疎開したので覚えていますが、雪の深いところでね。

父は若いころ、何年か、冬に東京に出稼ぎに来たようです。新潟は米どころだし、最初、お米屋に勤めたようですが、どうも面白くない。豆腐屋なら、夏は冷奴、冬は湯豆腐、春、秋はいなり寿司用の油揚げなどが売れ、四季を通じて変化がある。それで豆腐屋になった。修業したのは根津の越後屋の星さんのところです。

ここに店を開いたのが大正3（1914）年。あちこち引き売りして歩いてみて、このあたりはいいところだと。いい客がいる。そのとき、ちょうどこの角地が空いていたんですね。もとは人力車屋さんだったのが売りに出た。父としてはなんとしても角地が欲しいと。やがて、お袋を郷里から迎えました」

――貧乏なころの菊田一夫さんがご近所で、おからをひと握り1銭で買ってゆかれたとか。作家の尾崎一雄さんは玄関を開けるとたらいで行水してらしたって、伺いましたけど。

「まあ、上野桜木町は門構えのご大家も多くて、女中さんが買いに来ましたね。昔は朝早くから味噌汁の具に、お鍋や目ざるを持って買いに来たり、お客さんが絶えなかったですよ。

やっぱり初代は頑張ります。初代が頑張って、二代目楽して、三代目は橋の下、とかよく言ったもんですよ。父は農家の次男だから骨惜しみしないでよく働きました」

――なぜ敬さんが継がれたんですか。

「私は7人きょうだいの上から6番目なんですよ。一番上は戦争で負傷して、手が曲がったので豆腐は作れなかった。次男はシベリアで抑留されて、遅く帰ってきた。その次に姉がひとりおりまして、三男も初めから家を継ぐ気はなかった。私は勉強は嫌いなんですけど、体を動かしたり何か作るのが好きだった。

疎開から帰ってきたら、忍岡小学校の区域なんですが、戦争で焼けていたので、根岸小学校に行きました。それから上野中学、上野高校の定時制に入りましたが、家業が忙しくて1学期でやめました。当時は朝2時、3時に起きてましたね」

――それじゃ朝でなくて、夜じゃないですか。「朝2時に起きて、豆腐を作ったら、それを天秤に担いで、朝売り、昼売り、夜売りと何十丁も売りました」と以前伺ったような。

「天秤は戦前、父の代の話で、私のころは自転車でしたけど、一日に100丁売ったこともありましたね。数人いた使用人が引き売りに出るのを見て、私も面白そうに思い『行ってみようか』と父に話したんです。そしたら『道具を揃えろ』と言われましてね。ラッパを買いにいった。のちに小遣いも上げてもらってうれしかった。

相手はこんな子どもが売るのかと思われたでしょうね。売り歩いていると学校の同級生に出くわすなんてこともあり、少し恥ずかしかった。10年ラッパ吹いてましたよ。

でも、学校に行かないでも、路上でたくさん勉強できるもんですね。面白いんですよ、いろんなお客さんとのやりとりが。谷中真島町の高台のお屋敷に住んでる大会社の社長が謙虚で愛想のいい人だったり、かと思うと、根津の路地でラッパ吹くと、『豆腐屋うるせえぞ』なんて怒鳴られたり。世の中の勉強になりました」

作る人によって味が変わる。買う人の気持ちになって作ってますよ

――戦後は食糧難で大変だったでしょう。

「戦時中はそんなわけで兄たちも兵隊に取られているし、休業してました。戦後はおからですよ。山のようにおからが出て、父が困っていたので、上野動物園に持っていった。まあ、ウサギくらいは食べるだろうと思って。そしたら餌も手に入らないときで、向こうは大喜び。カバが一番よく食べるって。キリンもサイも、クマも食べたと思いますよ。

動物園の入場券をたくさんいただいて、自慢げに親父に見せたんですね。そしたら『券があっても動物園にばかり行ってられない』って言うので、園の人に話したところ『そしたら一貫目いくらでよいか？』と言われてお金をいただくようになりました。以来60年、毎日おからを届けることになったんです。親父が喜んだので私もうれしかった。

豆腐があまり売れない時代になって、動物園からはもっと持ってきてと言われたんだけど、おから作ってるわけじゃないから。いまはやめました」

――なんで売り上げが減ったんですか。

「もちろんスーパーが仇《かたき》ですよ。でも、いや、敵を味方にしなけりゃいけない、とスーパーにも豆腐を卸すことにしました。そのときのスーパーは仕入れ値を叩いた。その近くにも豆腐屋があるんです。そこに迷惑かけちゃいけない。だから、仕入れ値を下げないで、うちの値段にマージン乗っけて高く売ってください、と言いました。それは昔の話ですよ。いまは千駄木の『のむらや』さんに置いてもらっています」

――それじゃ千駄木で買えますね。ここまで坂を上がって買いに行くことを考えたら、少し高くてもいいです。

「いや、うちは遠くから来る人が多いんです。昔は女の人ばかりだったのに、いまは男のお客さんが多い。女の人より多いかも。のんべえの人が多いですね」

――豆腐はいまも井戸水を使っているんですか。

「いえ、最近は保健所がやかましいからね。でも、正直言って、井戸水の豆腐と水道の豆腐の味を区別できる人はいない。うちは豆腐を固めるのは、にがりを使っていますよ。スーパーの充塡《じゅうてん》豆腐はいろんな凝固剤で固めているけれど。

まあ、豆腐が売れなくなった理由は、スーパーができただけじゃないね。おかずの数が多くなって、冷奴だけで飯食う人なんかいないもの」

――樋口一葉の「にごりえ」に、主人公が豆腐1丁に香り高い紫蘇をのせてご飯を3杯食べるシーンがありますね。ほかに卸しているところもありますか。

「前は上野高校に定時制があってそこの食堂に卸してました。谷中小学校の給食にも」

――子ども達がちゃんとした豆腐を食べているのはうれしいな。仕事でどんなことを大事にしていますか。

「買う人の気持ちになって作って売る。そしたらただになっちゃうか（笑）。要するにマトを絞ればいいんじゃないか。『手作りの正直な豆腐』、それを目指してきましたよ」

――敬さんも家の豆腐を召し上がりますか。

「もちろん。そのままが好きだね。冷奴におかかとひねしょうがをのせて、お醤油をかけて。でも、料理屋なんかそれじゃお金取れないから、味付けちゃうんです。50代が一番働いたね。一日16時間働いた。そうするとあとは8時間しかない。横になったらバタンキュー。疲れが布団に溶けていくような感じでね。いまはご飯食べたら、風呂に入って、目方はかってね。体使わないから、夜中に起きちゃうよ」

――奥さまはいつまでお元気でしたか。

「2年前までです。うちに来て苦労したね。会社で秘書の仕事をやってたんですよ。豆腐屋に嫁に来るのはずいぶん反対されたらしいね。本もよく読むし、お習字もうまかった。お茶やお華の免状も持ってたけど、他人には絶対言わなかった。豆腐屋の女房に徹しようと思ったんじゃないの。寛永寺に妻のお墓があるから、毎週、お墓参りに行ってますよ」

そう広くないお店だが、絹や木綿豆腐のほか、がんも、厚揚げ、いろいろと並ぶ。車で買いに来た女性はどっさり買って、千円札を何枚か払っていった。遠くから見える常連さんみたいだ。

（休業）

100年以上続く 日本画材の老舗

得応軒

（取材日　2024年4月24日）

宮内由紀子さん提供

根津交差点から谷中善光寺坂を上り切った右手に、「得応軒《とくおうけん》」という白いすがすがしいビルがある。入ると左手に岩絵具という日本画の絵具が並び、その美しい色を見るだけでうれしくなる。

「岩絵具のほか、筆、和紙、箔、墨、硯はじめ、日本画材は一応すべて扱っております」と四代目の由紀子さん。私が雑誌「谷根千」を配っていたころは、父上の宮内盛雄さんが店にいた。盛雄さんは、不忍池の地下駐車場建設計画に反対する環境保護の市民活動の先頭にも立っていらした。運動が分裂もせず20年も続いたのは、主に盛雄さんの人格と働きによる。

——95までお元気でしたよね。2010年に亡くなられたのでしたか。

「本当に『谷根千』のみなさんには葬儀までお手伝いいただいて。父のことを話せるなんて本当に懐かしいわ。父が亡くなったときは、まだ呼べばいるような気がしていました。やっと少し気持ちの整理がつきましたが」

——とても健脚だったのを覚えています。どこまでもスタスタ歩いてらして、あとをついていくのがた大変でした。

「亡くなる10日前まで店に立ってたんです。生涯現役で、病人にも年寄りにもならないで死んだ人です。すい臓がんでしたが、病院で管につながれて死ぬのはいやだと言いまして、家にしがみついていた。最後まで頼りになりました。

歩くのは唯一の趣味でしたね。子どものときより、晩年のほうが父と歩いた気がします。山手線をひと回りしたこともありますよ。不忍池の周りはもちろん、東大の三四郎池の中を抜けて後楽園まで行ったり、六義園も好きでした」

——ほんとに池や樹木を愛されてましたよね。散歩の途中においしいものを食べたりもなさったんですか。

「いいえ、外食は嫌いでした。いつもリュックサックにお水とバナナとおむすびを入れて。甘い物が好きで、喜久月さんの和菓子とか。芋羊羹《いもようかん》とかね」

——戦争は行かれたんでしたっけ？

「大正4（1915）年生まれで乙種合格。ひょろひょろで弱いもの。最後の数カ月、内地で材木なんか運んでいたようです」

——たしか、奥さまは佃煮の老舗、日本橋鮒佐《ふなさ》のお嬢さんでしたね。

「ええ、母は優しくてかわいらしくて。ほわっとした人で、頼りにはなりませんでしたけど。母は父より10歳若かったんですがふたり仲が良くて、母が認知症になってからは父と私で介護をして、最後は谷中の特別養護老人ホームに入れていただきました。両親のことは、いいことしか思い出さないですね。そういう家に生まれたのはほんとにありがたい」

初代得応とその妻

――もう少し遡って。初代はどういう方なんですか。

「そこに写真がありますでしょう。お被布《ひふ》を着て、長いひげを生やしたのが初代の得應で、筆師です。得心応手、心を得て手に応ず。心のままに手が動くという意味です。初めて絵画専門の筆を創った人で『画筆の祖』といわれています。それまではみんな書筆で絵を描いていたんですね。

大阪生まれで、田中という姓なんですが、下級武士で、維新で扶持《ふち》がなくなり、東京に出てきた。筆を作るのはうまいんですが、変人で愛想がないから商売はしない。一所に暮らさなくて、画家の先生方のところを回って歩いて、最後は寛永寺で暮らしていたようです。息子たちはみんな家に来てくださいと誘ったようですが、ひとりがいいといってね。変わった人で『浪速畸人伝』という新聞連載にも出ています」

――自由でいい人生ですねえ。奥さんはいないんですか。

「いえ、奥さんがすぐれもんなんです。稼いでこない夫を当てにせず、磨《す》りガラスに絵を描いて、ひとりで6人の男の子を育てた。この人が宮内という大阪の豪農の娘なんで、そちらの姓を名乗っているんです。息子たちも筆師になり、兄弟で六枝会という会をつくって仲良くやっていました。

うちの祖父は三男で大助と言います。谷中坂町に来たのはうんと古いですよ。大助も筆作りはうまかったらしいんですが病弱でね。大助の妻がサクといって群馬の人なんですが、とても貧しい家庭で、生まれたときに親が出生届も出してなかったんで、学校に行く年になっても行けなかったんですって。やっと行けるようになったとき、もう大きくて嫌になっちゃって、ろくすっぽ学校も行かなかった。それで夫の大助が読み書きや算盤《そろばん》を教えたんですが、地頭がよかったんでしょう、経理も覚えて表に筆や紙を並べて商売していました。

病弱な大助さんの代わりに税務署に行って、『ちゃんと税金を払いたいんだけど、私は字が書けなくて』と言ったら署員がほだされちゃって、帳面の付け方から何から教えてくれたとか。根性の人です。

おばあちゃんは私が小学校3年のときまで生きてましたが、私には頑固でいじわるでしたよ。可愛がってもらった思い出がなくて、ちょっと苦手だったんですけど、あとあとエピソードを聞いたらね。すごいおばあちゃんです（笑）。頭の回転がよくて、横山大観先生や速見御舟先生なんかにも可愛がられて、通りがかりに買ってくださったり。木村武山先生も見えてましたよ」

――横山大観の時代は、手すき和紙の職人さんや、表装の寺内さん親子（寺内遊神堂の銀次郎さん・新太郎さん）をはじめ、職人さんたちが作品を大きく支えておられたようですね。

「谷中の寺内さんは日本一の経師《きょうじ》ですからね。古美術の修復などもなさったりして、いまもみなさんが頼りにする存在です。一方、いわゆる町の表具屋さんがなくなりました。襖《ふすま》を張り、絵を表装する職人さんが、昔は町にたくさんいたんですが」

――それで画材屋の三代目が、私たちがお世話になった父盛雄さん。

「父はきょうだい6人いたんですが、成人したのは3人、しかも男の子は父だけ。父が小学校1年のときに祖父の大助が46で亡くなったんですね。父は谷中小学校から安田学園を出て、神田で筆を作っていた伯父のところに修業に入って、この店を継ぎました。

まあ、父も商人というよりは職人肌ですね。子どものころは怖かったですよ。頑固で。戦時中に生まれた長女は早く亡くなって、次の姉は普通に勤め人に嫁ぎましていまは鎌倉にいます。そのあとが兄で、母の実家の日本橋鮒佐を継ぎました（＊浅草橋の鮒佐とは異なる）。跡継ぎがいなくて困ってたんで。時代の波でコロナ流行の前に店を閉じてしまったんですが。そんなわけで得応軒はおのずと私が後をやることになったんです」

――由紀子さんはもしかして盛雄さんに似てる？

「そう、完全に父のほう。字もそっくりだとよく言われます。悪いところもみんな似ちゃって。やることなすこと、なんか似てるんです」

――盛雄さんの代で見えた画家の方は。

「東山魁夷先生はうちの両親が結婚するときには色紙を持ってきてくださいました。それから田中一村《いっそん》先生。あの方も藝大を中退して、千葉時代はよく見えていました。奄美大島にいらしてからは絵絹《えぎぬ》など郵便でお送りしていましたよ」

――一村さんは、熱帯の鳥や植物を描いて、最近はすごい人気ですねえ。

「ほかにも加山又造先生や、平山郁夫先生はしょっちゅう。思い出一杯ありますね。気さくな方で、威張るところはまるでない。絵描きさんには厳しかったかもしれないけれど。とにかく、お客さまとの距離が近いお店でした。おしゃべりしていて、お客さまがお腹すいた、なんて言うと、そうめん煮たからどうぞって上がっていただいたり。両親がちょっとそこまで出ているときは、留守番しながら先生方とおしゃべりしたり。そういう楽しさは小さいときから身に沁みて、商売って楽しいなあって」

もっと職人さんを大事にしてほしいですね

――お父さまが亡くなられて困りましたか。

「それは悲しいですよ。父は教えたがりだったのに、もっと聞いておいたらよかったんだけど、父がいつまでもいると思ってたんですね。ノートを取っていたらよかった。でも父の声が耳の底に残っていますね。ありがたいことに。

先生方が教えてくださるんです。これね、知ってる？って。本当にありがたいなぁと思いますね。買っていただくだけじゃなくて。で、こちらの先生に教えていただいたことを、別の先生がわからないっておっしゃっているときに、人から聞いたんですけどって、仲介役みたいになって。そういうのも面白いです」

——岩絵具も何千色もあるんでしょうねえ。

「そうです。せっかく遠くから見えたお客さまに、あいにく切らしておりますとは言えませんから、たくさん在庫抱えているんです。裏のほうにはこの何倍もあります。先祖が広い家にしておいてくれてよかったと思いますよ。家賃払っては合う商売じゃないですから。同業は、東京にもう数軒でしょう。

売るのが大変なだけでなくて、絵具を作る職人さんも大変。紙だって楮《こうぞ》とか三椏《みつまた》、雁皮《がんぴ》を山に分け入って採る人がいなくなったし。筆を作る獣毛もないですよ。政府はいろんなこと言うけど、官僚はこういう現場の状況がわかってない。もっと職人さんを大事にしてほしいですね」

——いまは、床の間や襖のある家も少なくなりましたね。

「軸をかけたり、屏風を置けるような場所は減りましたね。代わりに額装にしたり、モダンな洋間にも合うような日本画が売れています。龍や富士山といったモチーフなども変わらず人気がありますね。

お能の海外公演などで、舞台の代わりに屏風を使ったり、という話も聞きます。持ち運びも便利ですしね。とくに海外では、岩絵具で描かれた、油絵とは違う照りのない絵は珍しいんじゃないかしら。

この間、寛永寺根本中堂天井絵奉納を前に、手塚雄二先生が描かれた龍の天井画が日本橋三越で特別公開されましたが、本当にすばらしかった。助手として制作を手伝われた若手3人（加来万周氏、永井健志氏、松下雅寿氏）の作品展示も別フロアで開催されていて、そちらもまたすばらしい。若い方たちも負けてないですよ。

たしかに、前田青邨《せいそん》、平山郁夫、加山又造といった誰でも名前を知っているスターがいなくなったようにも思うけれど、若くても展覧会ではっとするすごい絵を描かれる方もいます。まずは見てほしい。応援してあげてほしいですね」

――店を継ぐということについてどう思われますか。

「後継ぎだからとぼおっとしてちゃだめね。親の苦労なんかわかりませんからね。なんとなく継ぐのではなく、やっぱり外の世界を見たり、別の仕事もしたりして、本当に自分のやりたいことを見つける。何がしたいのか考える。やっぱりこれだと思って跡を継ぐならいいんですけど。

男の子がいると、後継ぎがいていいわね、という言い方もいやね。うちは私が継ぎましたもの。私はこの店が大好きで、三女の自分が継げるとは思わなかったけど、やらせていただけた。夫とは一緒に店をしていたけど、41で早死にしまして、あまり商売向きじゃなかったですね。父がいなくなったときのほうがこたえました。

子どもは3人いて、いまは息子の琢哉とお姉ちゃんの彩子が協力してやっています。彼らも別の仕事をしてからうちに戻ってきた。切磋琢磨してやってくれればと思います。この辺も書道具屋さんもふたつなくなって寂しいですよ。どんなにがんばっても世の中の流れがありますから」

裾野を広げようと、得応軒では日本画教室もやっている。

お客さんが見える。「どうもありがとうございます。またどうぞお越しください」という声の涼やかさに気持ちが洗われるようだ。お店を手伝う若い女性は藝大出のサックス吹きだという。「クラシックのサックスってそれはすてき。一度聞いてみてくださいね」と彼女への心づかいも忘れなかった。

宮内盛雄さん

岩絵具の奥ゆかしさに惹かれて

金開堂

（取材日　2019年10月23日）

根津駅から上野桜木方面へと向かう言問通りの中腹、徳川家光から山号を賜ったという望湖山玉林寺の少し上に、日本画材の金開堂がある。

こちらと、道を隔てて反対側に位置する得応軒も同じく日本画材屋さんで、このふたつの店には地域雑誌「谷根千」を早くから置いていただいたし、配達が楽しみだった。美しい色の岩絵具がずらりと並んでいる店の雰囲気が楽しく、お店の方がいかにも鷹揚で、気高く感じられたからである。

久しぶりにお訪ねすると女主人、杉田桂子さんはちっとも変わらなかった。「森さん、懐かしいですね」と笑顔になる。

長年配達していたのに、お店の歴史は存じ上げず。

「うちはね、父が店を始めたのが昭和10（1935）年と聞いています。父が亡くなった後、母がちょっとやって、その次が私。いまは息子が後を継いで、四代目になります。

父は植田堅治といって、関西の有馬温泉のあたりの生まれなのですが、家が貧しく、たまたま奉公に行ったのが、京都の六角通りにある老舗の筆屋さん。宮脇賣扇《ばいせん》庵という有名なお店の並びにあったそうです。

その奉公先のおばあさまがしつけに厳しい方で、父が足をちょっとでも崩したりすると、物差しのようなものでバチーンと叩かれたんですって。ですから私が物心ついたころ、店は座売りでしたが、父が足を崩すのを見たことがありません。きちんと正座して、お客さまとお話ししていました。奉公先では食事も粗末で、冬の朝は、凍ったご飯にお湯を注いでかっこんでいたとか。

当時は日本画家だけでなく、たとえば、京都の南座の役者さん方も絵を描かれたり、と筆に親しんでいらしたんですね。顔をつくるのにも筆が必要で、父も楽屋まで筆を納めに行っていたそうです。そうしたら、(五代目 中村)歌右衛門さんから『可愛い小僧さんだね』と頭を撫でられたとか。そんなことを、たまにぽろっぽろっと話してくれましたね。

そんなふうに京都のお店で修業をしながら、筆のこと、絵具のことを覚えて、二十歳過ぎてから暖簾分けしてもらって東京に来たんです。金開堂という名前は、父の言によると、上京するときに、京都のお寺のお坊さまがお祝いに額を書いてくださったと。それを風呂敷に包んで抱えて出てきたとか。

最初は根津の仕舞屋《しもたや》(商売をやめた家)に住んで、画材を担いで売り歩いていたとか。その後、2、3年ぐらい経ってから、藝大に近いほうがいいのではと、この並びに店を出したようです」

――桂子さん、ちっともお変わりありませんが、何年のお生まれですか。

「私は昭和15(1940)年です。商売は継ぎたくなくて、勤め人と結婚したんですが、私ひとりしか後継ぎがなかったもので。上に男の子と女の子がいたんですが、小さいときにふたりとも疫痢で亡くなった。可愛い盛りでしたので、母は亡くなる最後までずっと、心の底に亡くしたふたりの子どものことがあったように思います。私は年が離れてできた末っ子。生まれ代わりだといって姉の名前を付けたようです。母は新潟生まれ。昔風の女性でした。家事もして、店も手伝って」

――この辺は藝大があり、日本美術院があり、それで美術関係の材料屋さんも多かったんでしょうね。

「前っ側の得応軒さんは、うちよりずっと老舗です。先代の盛雄さんはなんでもご存じで、いろいろ教えてくださいました。本当に立派な方で、こころから尊敬していました。以前、画材の組合の会で、盛雄さんのお話を伺うチャンスがあって。すごく詳しく覚えていらっしゃいましたね。絵具や筆というより絵を描く絹屋さんが多かったとか。

筆では、動物園の裏門の前あたりに晩成軒を号とする金田さんという絵筆の名人がいらして、奥村土牛《とぎゅう》先生とか、横山大観先生の筆を作っておられました。子どものころ、そこを通ると、その方が端座して論語とか読んでおられるんです。まるで映画のワンシーンを見るようでした。もとは旗本の御家柄で、維新後、禄を失って、得応軒さんにいらした有名な筆の職人さんのところに弟子入りして、そこで修業をした方、本当の教養人でしたね。

ここにその方の作った筆があります」

と奥からすばらしい筆を出してこられる。「晩成軒江南作、八十歳」とある。

「さまざまな毛を割合で混ぜて作るわけですが、使う先生方からも『こんなふうに』『こういう感じに』といろいろと注文が多くて、大変なようでしたよ。

得応軒さんの上のほうに、飯坂作助さんという、天然の岩絵具を作る職人さんもいらっしゃいました。藝大の先生方の注文を受けて、天然の緑青とか、群青とか、いろんな色の絵具をつくって納めていらして。もう亡くなられましたが。

『日本画の先生方は有名になって、文化勲章をもらったりして脚光を浴びるけれど、私たちみたいな職人は下積みだなあ。職人には光が当たらないなあ』なんて、おっしゃることもありましたね」

――この辺にいらした画家はどなたですか。

「谷中清水町に望月春江《しゅんこう》さん、岩田正巳《まさみ》さんがおられました。千駄木には巨匠の児玉希望《こだまきぼう》先生。たくさん内弟子さんがいて、雑巾掛けからやっていましたよ。絵描きさんでも地方から出展なさる方には、谷中のお寺をご紹介して、その広いお座敷に作品を持ちこんで、最後の仕上げをしてから、都の美術館に搬入する……なんて時代もありました。

印象に残る先生方では、松林桂月さん、金島桂華さん、山口蓬春さん。それから、小松均さんという京都の先生、大きなリュックを背負って、列車を乗り継いで山形の最上川のあたりまで出かけて本画（清書）まで仕上げてきて、帰りに上野駅からリュックを背負ったまま必ず立寄ってくださいました。ご自分のイメージが湧くんでしょうね。この色と、この色と、この色を送ってくださいとおっしゃって。そういうのは覚えています。

いまは、お店に来られるのは場所柄、藝大の学生さんが多いです。あとは、メールや電話で注文を受けて、発送しています」

商売の奥深さから離れられなくなりました

——絵具がガラス瓶に入って並んでいて、本当にきれいで見とれてしまいますね。いったい何種類くらいあるんでしょう？

「1500色ほどありますかしら。絵具の色数は圧倒的に増えましたね。昔はこんなにはなかったんですけど。

岩絵具はもともと、天然に産するミネラル、鉱石をくだいて絵具にしていた。これらの鉱石が、日本の銅山や銀山から採れた時期もあったんです。たとえば、あそこにある『松葉緑青』というのは、天然のマラカイトという鉱石からつくったもの。それから、上のほうにある群青の青い色、あれは、アズライトからつくった絵具です」

——使うときには、水で溶いて？

「お水だけではとれてしまいますから、接着剤にあたる『にかわ液』というものを入れないとダメなんです。岩絵具をにかわ液で溶いて、よく混ぜこんで、それを水で薄めて、筆で描くわけです」

——こうした絵具はどこから仕入れておられるんですか。

「京都の宇治に岩絵具の大きなメーカーがあって、天然のものは、そこがインドやアフリカ、南米など、世界各地から鉱石を仕入れてつくっています」

——「鶸色《ひわいろ》」に「珊瑚《さんご》」「紅樺《べにかば》」……きれいな名前ですねえ。同じ名前の色であっても10段階くらいの濃淡があるんですね。こういう微妙な色合いの違いは、どうやって生まれるんですか。

「製造する過程で、非常に手のこんだことをするんです。鉱石をくだいて、機械の力でものすごく細かくしていきます。それを今度は大きな水瓶のなかにぽーんと入れる。そうすると、中の粒子が沈殿していくわけですが、速く沈殿するものは重い、ということになりますね。水の力と時間によって粒子が分別され、こうしたグラデーションになるわけです。

濃淡だったら、混ぜて中間色をつくってもいいんじゃないか、と思いますよね。でも、岩絵具は混ざらない。水に入れると、分かれてしまう。油絵や水彩の絵具のように、これとこれを混ぜたらこの色、ということにはならないんです。

お客さまは、自分がここに使いたいのはどの色か、というのを特定して、買っていかれる。あるいは、下にこの色を塗って、その上からこういう色をかけると、こういう色合いになる、こういう効果になる、ということを経験上学んでいらっしゃって、これだけの色数のなかから選ぶわけです」

——絵具を選ぶときから、もう絵づくりが始まっているわけですね。これを売るときはどういうふうに？

「ここにね、古いタイプの秤《はかり》がありますから、瓶ごとこちらへ持ってきていただいて。最小単位が15グラム。一両目と、私どもの業界では呼んでいます。一両目、15グラムという単位でお売りしています。

——アズライトを使った群青色は……15グラムで3400円！　わあ、大作で、川なんかこの色で描こうと思ったら、どのくらい要るんでしょう。

「ねえ、大変ですよね。群青のアズライトもすごく希少な石なんですが、ラピスラズリを原料とする青はもっと高くて、5グラムで3900円します。中には水銀が原料の辰砂《しんしゃ》や、火がつくとパッと燃えるものもあるので、扱いには注意が必要ですね」

——色数が増えた背景には、色の流行り廃《すた》りなどもあるんですか。

「もともとは天然の鉱石でつくるだけでしたから、色数も限られていて、たとえば、群青とか、緑青《ろくしょう》とか、朱とか。新しい鉱石が海外から入手できるようになり、また、人工でつくる技術も発達して、限りない種類の色ができるようになってきました。

大きな絵を描くということになれば、やっぱり絵具の種類も必要になりますから。そうした世の中のニーズに応えて色数が増えていった、という面もあると思います」

――岩絵具でないものもあります？

「土系のものや、金属製のメタルを粉にしたものもありますし。それから、あそこに棚にある『藤黄』からは、黄色のきれいな色が出ます。東南アジアのゴムの樹みたいに、枝に切り傷をつけて、たらりたらりと樹脂が落ちてくるのを拾って固めたもので、それこそ、平安時代からあったようです。あちらにあるのは、絹を染める丁子《ちょうじ》とか皂莢《さいかち》ですね。皂莢は洗剤にも使われて、ぶくぶく泡が出ます」

――丁子は香辛料のクローブのことですね。これ、虫除けにもなって重宝なんですよ。松の実油とウォッカに浸して、シュッシュッとやっておくと、蚊が寄ってこなくなって。日本画にも使うんですね。

「これで和紙に古色をつけます。洋画の方も油絵具でなくアクリル絵具を使う方が増えていますが、日本画でもアクリルを使う方は多いですよ。となると、何をもって『日本画』

というのか。論議が出はじめていますね」

――以前、私たちが配達に来るといらした旦那さまは？

「主人は会社勤めで、時々店を手伝ってくれていたのです。いまは退職して、日本画材についてのパンフレットを作ってくれたりしています」

――『「土佐派家伝書」に見る彩色顔料1000年の洗練』『丹青のこと』……1冊200円でいいんでしょうか。

古くは古墳時代、九州地方の壁画に、土を用いた彩色がなされていたこと。7世紀の高松塚古墳の壁画では、おそらく中国からもたらされた孔雀石などの鉱石を用いた絵具が使われていること。秀吉時代の豪華絢爛な文化は、管轄地の多田銀山から採掘された鉱石に支えられていたことなど、桂子さんは奥深い歴史も丁寧に説明してくださった。

「商売は、最初は嫌いだったんですけど。入っていけばいくほど、地味でもいろんなことに出会ったり、歴史を知ったり、その奥深さから離れられなくなりました。

おそらく人を使っていたら、経済的にも大変で、あくせくしなきゃならなかったと思うんです。でも、幸い最終的には家族でまとまって、こぢんまりと商売をするかたちになりましたから、自分で考えたり、集中して調べたりしていくうちに、さらに面白いと思うようになりました」

最初の１秒で
歓迎されていると思ってもらう

旅館 澤の屋

（取材日　2018年11月8日）

根津の藍染大通りを入って、旧藍染川の流れていた通りを渡って谷中に入るとすぐ右側に旅館澤の屋はある。ご主人の澤功《さわいさお》さんと初めて会ったのは、雑誌「谷根千」を始めてすぐ。若い主婦の私たちを信用して、最初から広告も出し、応援し続けてくれた方だ。

「お互い若かったですよね。もう今年で82になりました」と、いつもにこやかな澤さん。髪の毛こそ白くなられたが、とてもそんなお年には見えない。

澤の屋は年間5千人以上の外国人が泊まる宿として、現在の日本政府の「観光立国」にとってもお手本のような宿、数々の賞や表彰を受け、講演を頼まれることも多い。

「ここは妻の母親が始めた宿で、創業は昭和24（1949）年、令和元年で70年です。私が家内と結婚したのは昭和39（1964）年、オリンピックの年でした。婿養子に入ったわけですね」

そのころの澤の屋のお客といえば、地方から農林省にお米の値段の交渉や陳情に来る人々、柔道やバドミントンなどの全国大会に出場するスポーツ選手たち。

「製薬会社の方が毎月6、7名で使ってくださいました。いまでいうビジネスユースでね。日中は営業に回って、夜は係長さん中心に宴会やって、お酒飲んで麻雀やったり。『麻雀できます』なんて謄写版《とうしやばん》（ガリ版）で切ったチラシを撒いたりしましたよ。いわゆる商人宿というんですか。

旅館の全盛期でしたね。最初、和室8室で始めたのですが、16部屋に増やし70〜80人泊めて儲けようなんて時代でした。それから修学旅行もきました。上野駅まで迎えに行って、旗を立てて、生徒たちは荷物を担いでここまで歩いてきたものです。もちろん、朝、夜の食事を出して、一部屋にギチギチ10枚も布団を敷いて、枕合戦が楽しかったなんて言ってもらってね」

「ウィー・ハブ・ア・ルーム、それだけ言えればいい」と教わって

ところが、昭和47（1972）年に都電がなくなり、昭和57年、ついに3日続けてひとりもお客が泊まらなかった。

「頭抱えちゃいました。上野公園山下から根津八重垣町まで来る都電がなくなり、足が切られて。上野駅から遠いと言われるしね。

商用がビジネスになり、ビジネスホテルというのができはじめていました。もう営業マンも、仕事が終わったらひとりになりたい。上司とお酒や麻雀なんかやりたくない。新幹線ができると、出張も泊まりじゃなく、日帰りになった。修学旅行の生徒たちもホテルのほうがいいという。みんなでご飯食べたり、大きなお風呂に入ったりするのもいやだと。旅のニーズが変わったんです」

同じころ、本郷も旅館街で、全国から来る中学生、高校生が泊まり、東大を見学し、ここを目指せと言われたり、後楽園ゆうえんちで遊んだりしていた。大通りにバスが何台も停まっていたのを覚えている。本郷の宿も一つひとつ廃業していった。

「かといって、どうしたらいいのかわからない。そこに新宿百人町、いまは韓国料理屋街になっている大久保の矢島旅館さんのご主人が、知恵を授けてくれたんです。外国人を泊めたらどうかって」

そのころまだ、日本に来る外国人観光客は年間100万人くらいだった。でも英語は喋れないし、外国人を見たこともない。第一うちは畳の部屋だ。そんなところにガイジンが泊まってくれるのだろうか。

「電話がくると怯えました。でも矢島さんが言うんです。ウィー・ハブ・ア・ルーム、それだけ言えばいいって。オーケーオーケー、それでどうにかなると」

澤の屋は戦略を変えた。せっかく建てた宿の半分はアパートに転換。そして、ジャパニーズ・イン・グループという団体に登録して、小規模な旅館どうし連携しながら、お客の相互紹介や、ノウハウの共有に努めた。

「お風呂のない部屋が10室、お風呂トイレ付きが2室、いまはそれだけです。それでもほぼ、92パーセントくらいの稼働率です」

——それはすごい。予約はどうやって受けるのですか。

「うちは一切、旅行社のサイトを使ってない。直接のメールとファックス、電話です。最初のころ、予約したのに来ない、泊まらないお客さんがいて困りました。これも矢島さんが教えてくれ、予約時にカードで決済することを覚えました」

ただ、いま、カードへのサイバー攻撃が多いので、その保険に入ったりしている。

お客は最初の1秒で、歓迎されているかどうかわかる

私は谷根千を見学に来た国連職員のグループが、都心の超高級ホテルを断って、澤の屋に泊まったのを知っている。それと、わが北海道の義父が来たときには、家が狭すぎて泊められなかったので、澤の屋さんにお世話になった。義父は「ひとりで気楽でいい。お風呂が大きくて気持ちがいい」とお気に入りだった。そのころは一泊素泊まりで3千円台の安さ。

「外国の方は見栄を張るより、町でお金を使いたい。日本人と逆で、日本に来たからには、日本式の畳と布団がいいとおっしゃいます。最初はなんとかおもてなししなけりゃ、サービスしなくちゃと力が入っていましたが、いまは自然体でやっています。頼まれないことはしません。その代わり、お客さんから頼まれたら、親身に世話します。自分の家に帰っ

て過ごしているみたいだと言って、1カ月泊まっていく方、リピーターも多いです」

ちょうど昼の12時を過ぎ、客達が到着しはじめた。

「最初のひとことで、お客さまは自分が歓迎されているかいないか、ぱっとわかります。国籍や見かけで差別されているかどうかもわかります。それは言葉ができるかどうかじゃない。目を見て話すことが大事です。うちは欧米豪のお客さまが90パーセントですが、どこの国のお客さまにもどんなお客さまにも同じ対応です。フライトの到着時間も読めます。彼らは朝〜昼に来ると、荷物を預けて町に出て行きます」

うーん、わかるなあ。私もひとりで世界中泊まるが、最初の1秒でその宿に歓迎されているかいないか、わかる。それは日本の飲食店や医院でもおなじこと。

澤の屋は、料理を必要とする朝食、夕食をやめ、朝は300円で卵料理とパン、コーヒーが飲めるようになっている（取材時）。客は自分でパンをトースターで焼き、コーヒーを淹れる。夕食には、ご近所にあるおすすめの飲食店をのせた地図を配っている。みなさん、町を使い倒していますね。

「町にはお世話になっています。近所の飲食店からは最初、外国人が来てもどうしていいかわかんねーよ、といった反応も多かった。それで英語のメニューを作っていただきました。お客が来るようになると、お店も外国の方との交流を楽しむようになります。お客さんも澤の屋に泊まるというより、あの店にもう一度行きたいとか、居酒屋の親父の顔が見たい、ということになる。それでいいんです」

ということで、年間5千人が泊まる澤の屋と谷中、根津、千駄木の町の間には、共存共栄のいい環境ができている。

イタリアの過疎地の山岳集落で、若い人が多く都会に出て行ってしまうなか、踏みとどまって、空き家を改造し、朝食のとれるバール、夕食のレストラン、寝るところと機能を分け、村ぐるみで協力して宿を経営しようという試みが盛んだ。アルベルゴ・ディフーゾという。いま、日本でも関心が高まっているが、澤の屋さんはこれと同じことを30年以上前からやっていた。

「旅館業はブラック企業。朝早くて、ご飯出して、お布団片付けて、掃除して、お風呂も洗って、お客さんを迎えて、夕食を作って出して、いろんなトラブルに対応する。もはやそれじゃあ、誰も後を継いでくれません。うちは飲食は簡単で、布団もあらかじめ敷いておきます。長いフライトで、疲れて到着する方もありますし、部屋はあくまでプライベートで寝るところ。万が一、怪我したり、体調を崩されても、この藍染大通りの中に、テート薬局さんもあるし、その隣に谷根千クリニックもある。いろんな意味で助けていただいています」

現在、澤さん夫妻と息子さん夫妻で経営、融通しあって世界のあちこちを旅行するのも楽しみだし、勉強になるという。息子さんは「谷根千」終刊イベントに現れ、獅子舞を舞ってくれた。その獅子が1階のリビングに飾ってあった。

「宿は情報蒐集《しゅうしゅう》の場でもあるんです。お客さん同士、ここでコーヒーやお茶を飲みながら、どこがよかった、あそこ行ってみればと話に花が咲く。また日本中の宿や名所のパンフレットも用意しています」

このスタイルに変えてから、19万人以上の外国人が澤の屋に泊まって日本の楽しい印象を刻んだと思う。小さな宿でも、長年のうちにこの数字になる。澤さん、世界平和のためにも大きな力を発揮しているといえる。

*2025年2月現在、朝食のみ、770円で提供している。洋食（トースト と卵料理）、和食（おにぎり2個と味噌汁）から選べる。

谷中銀座の貝屋さん

丸初福島商店

（取材日　2019年2月8日）

谷中銀座のよみせ通りからの入り口近い左側、大きな間口の貝屋さんがある。魚屋ではなく、主に貝を商う。カキ、バイ貝、みる貝、赤貝、とり貝、ホタテ、ホヤ、ナマコ、晒《さら》しクジラ、稚鮎……そんな変わったものも売っている。貝のめっぽう好きな私は、この近所に住んでいたころはよく買っていた。

というか、子どものころから知っている。母が買い物をする間、大きな木樽の中にドジョウがいて、水の中を上がったり、下がったりするのが面白くて、飽きずに見ていた。そのドジョウを割いて、ホイル皿のごぼうの上にのせたものを買ってきて卵でとじて、家で柳川をする晩はうれしかった。

主人は福島佳行《ただゆき》さん。若主人の正行さんは現在、谷中銀座商店街の理事長を務める。取材は基本お断り、今日は森さんだからいいけど、写真だけは勘弁して、と大旦那はいう。

「うちの父、福島正次《まさつぐ》は大正元（1912）年生まれで、浅草の田中小学校卒業。去年十三回忌をやったからね。93まで長生きしてくれたんだ。父は着物が好きで、息子の私が言うのもなんだけど、粋な人だったな」

――浅草の田中小学校は関東大震災で何百人も生徒が亡くなったところです。そこを乗り越えられたんですね。

「私にとっては祖父にあたる初太郎《はったろう》という人が、初太郎の初の字をとって浅草で丸初福島商店を始めて、父もそこで働いてたんだね。兄が後を継いだんで、次男の父は本郷あたりを探して、いまのよみせ通りにある宝家さん（大阪寿司）の場所で、昭和9（1934）年に独立したの。もう85年になるのかな」

――へえ、そのときから貝屋さんなんですね。

「そう。ところが、親父が戦争に取られちゃってさ。行ったのはインドネシアのハルマヘラ島。南方の島で、激戦地だったらしいよ。爆撃で左肩を負傷し、マラリアにもかかって帰ってきました。5人の子どもを抱えて、親父もお袋もよく頑張ってくれたなと」

――それで戦後、こちら（谷中銀座）へ移ったんだ。

「そうです。戦前、谷中幼稚園の横丁が安八百屋通りといって、大変栄えた。夫婦でよく働く安八百屋があって。安八百屋時代からあるのは、前のスガイさん（生花店）もそうかな、魚亀さんはやめちゃったけどね。あとは、越後屋酒店さん、鈴木の肉屋さん、魚屋の冨じ家さん、後藤の飴屋さん……、こういうことは、陶器屋の小野さんが詳しいんだ。

それが戦後、戦地から帰ったら、店のところはほかの人が入ってた。しょうがないな、というのでこっちに引っ越したわけ。この辺、もとは谷中初音町四丁目といったけど、焼夷弾が落ちて焼けちゃって、建物の土台だけ残っていたそうです。

僕は昭和13（1938）年生まれ。千駄木小学校の1年のときに空襲が激しくなっちゃって、授業してるとすぐにサイレンがなって、コッペパンをもらって帰ってきた。教室で勉強した覚えがないね。お袋の実家のあった埼玉県の毛呂山《もろやま》に縁故疎開して、大谷木小学校に通いました。それにしても、母の実家の人たちには、本当にお世話になりました。塩原に学童疎開で行っていた姉たちは、食べるものがなかったらしいよ。

毛呂山から谷中に戻ったころのこともよく覚えています。焼け跡にペンペン草が生えて、トンボが飛んでた。南側の奥のほうはあまりやられてなくて、古い家が残ってたね。そのころ、この道はただの横丁、舗装もされていない砂利道で、雨が降るとドロドロだったよ。うちの剝いたアサリやハマグリの貝を敷き詰めたりしてね。日暮里駅につながる道は階段でなく、急な坂になってた」

出発は焼け跡のバラックから。「谷中銀座」80年の歩み

——谷中銀座じゃなくて、田舎銀座、道がドロドロでおしるこ銀座なんて呼ばれてたそうですね。

「誰かがつくったんじゃなくて、自然発生的に商店街になっちゃったんだね。それぞれが焼け跡にバラックを建てた。ベニヤ板貼って、厚紙にコールタールみたいなものを塗ったような屋根をのっけてね。そんなのを仕切ったのは玉木屋の乾物屋のおじさんだね。木村

惣三郎といったかな。あのマーケットのようなところは、いまも木村さんのご子孫が持ってるんですよ」

——へえ、さすがによくご存じで。

「昭和23（1948）年に『谷中銀座協進会』というのができたんだ。そのころの会長が例の木村惣三郎、そのあと谷中銀座商店街振興組合になって、初代が『魚亀』の芹沢幸太郎、16年も理事長を務めました。二代目がうちの父の福島正次、三代目が『マロンドール』の宮下瑞男、四代目が『魚亀』の若旦那の芹沢幸雄、五代目はタバコ屋の『中島商店』、六代目が『はつねや』の堀切正明、七代目が『武蔵屋豆腐屋』の杉田浩、そのあとがうちの倅《せがれ》なんだ。福島正行、親父と俺の名前から1字ずつとってね……」

とたちどころに話してくれた。しかし理事長を務めた方々のお店は、福島さんのところ以外、残っていない。

「谷中銀座も、戦後はなんでも売れたんだよね。昭和30年代はよかったね。小学校4年生くらいから店を手伝ってましたよ。毎日、アサリを学校に行く前に剝いていたよ。そのうち千代田線が開通して、道灌山《どうかんやま》下の『サミット』など大型店舗の出店で客が減って、苦しい時期もありました。最近は『谷根千』ってことで人気が出た。でも、たいして売れないね。店がどんどん変わるから覚えきれない。ただ、やめてもあとはすぐ埋まる。谷中銀座も人気で、地価も賃料も上がってきた。まゆみさんが『夕やけだんだん』なんて、立派な名前をつけてくれたから（笑）」

――あら、私のせいですか？　いやあ、あれは『谷根千』を始めてすぐぐらいかな、1985年ごろ。ネーミングの募集があったから、買い物ついでに書いて入れたの。そしたら、「なんだ、森さんか」と言われたけど、それでも1万円いただいて、あのころ超貧乏だったから助かりました。ところで、お父さんは厳しい方でしたか。

「もう厳しいなんてもんじゃないよ。軍隊上がりだから。でも戦争で見聞きしたことは一切喋らなかったね。まあ、父も母もよく働いたよ」

――私が子どものころからいらっしゃったきれいなお姉さんは。

「姉のこと？　平成17（2005）年に亡くなりました。70歳でね。長女として親の手伝いから私たちの面倒までみてくれて、できた人だったね。うちの母ちゃんも長いんだけどね。宮城県の栗駒から来たの。高校出てすぐうちで働きはじめたんだ。昭和41（1966）年に結婚したの」

――へえ、働きものの奥さんもらえてお幸せですね。でも貝だけの店というのは今時、珍しいんじゃないですか。

「昔は結構あったんだけどね。根津のかき慎さんもやめて貝料理屋になっちゃったね」

――通りに面したところで、ホタテやカキの焼いたのを売っていますね。あれがうまい。

「最近、外国人の観光客が多くて、隣の越後屋酒店さんが角打ちやっているから、立ち飲みする人がつまみにうちの貝焼きを買うんだよ。外人さんも結構買ってくれるし。なまこなんか不思議そうに見てるから、たまに食べさせてやると、オーオーとびっくりしてるよ」

――地域の古いお客さまも多いですよね。

「いるよ、いるよ。いま来たのは日暮里駅近くの『川むら』の蕎麦屋さん。今頃はカキそばが名物だ。河岸《かし》に行って少しばかり買ってもかえって高くつくから、居酒屋や料亭はうちから買ったほうが安い。うちだって仕入れたらそのカキを剝いたり、下処理も大変なんだ。

朝は早いし、水を使って冬は冷たいし。毎日、豊洲まで車で仕入れにいく。仲買さんとも古い付き合いだからいいものが安く入る。でも築地から豊洲に越すのでやめた仲買さんも多いんですよね」

――従業員はいないんですか。

「いないよ。若い衆は生意気言うし、すぐ辞めちゃうし。それで手が足りなくて閉めた店もある。うちはお母ちゃんと、息子と娘ふたり。家族だけのほうが気楽だよ。上の娘は事務を手伝ってくれている。誰かひとり倒れてもダメだよ」

代々の付き合いを大事にしながらコツコツやってきた

――谷中銀座は昔からいろんなPRの工夫をしてきましたね。

「昔は1日と15日には日頃の感謝として1割引セールをしました。スタンプ500は昭和52（1977）年から。土曜日にはスタンプも倍出した。昭和56（1981）年に、東京都のモデル商店街第1号になった。まゆみさんたちが『谷根千』でこの辺のこと宣伝してくれたし、堀切理事長が張り切って、商店街使って細長い盆踊りをしたり、お正月の七福神めぐり、俳句愛好者の吟行、写真展など、文化的な行事を始めたんです」

――1980年代でも、道の幅が狭いから、お互い釣り銭足りないと、前のお店と「貸して」とやってましたね。

「いまでも、のなかストアーの社長とか、『1円玉切れちゃったよ、ない？』なんてくるよ」

――頼母子講《たのもしこう》というのかな、木箱でお金を集めている姿も見ました。

「いまはやってないけどね。頼母子講というのは、みんなで掛け金を集めて、その時々に商売の投資などでお金がいる人がいたら、回してあげるの。昔は近所のおばさんがうちにきて上がり込んで、『お茶ないよ』なんて叫ぶの。『そこにお茶っぱあるから、勝手に淹《い》れて飲んで』というような、そんな暮らし」

——ほら、原田の頭《かしら》（町を守ったりさまざまな役割を担う町内鳶）のおかみさんなんて、着物着て、タスキかけて、ザルの上に卵だのなんだののせて買い物してたねえ。かっこよかったよねえ。目に焼き付いているわ。

「そうそう、みんなそうだったよな。商店街で長瀞《ながとろ》に親睦旅行に行ったり、鬼怒川温泉に行ったりも楽しかった。オヤジ同士も仲良いから、倅同士も飲んだり、ゴルフに行ったり。そんな付き合いが代々続いているんだ。これでも進歩してるんですよ。スタンプも、台紙に糊をつけて貼るのから、最近、簡単なシールになった」

——お仕事で一番うれしかったことは？

「お客さまに喜んでもらったとき、あとは大きなお客を摑んだときだよ。農林中央金庫とか、ＮＴＴの社員食堂とか。朝の2時ごろ起きて、うなぎを割いて蒲焼を２００〜５００串くらい焼いて、配達したものです。いまはうなぎも高くて売れないよ。昔は列車の食堂車でも生ガキを出したりして、よく売れたんだよ。でもいまの新幹線は速くて、カキなんか食べてる間についちゃうよ（笑）」

——食堂車ねえ。たしかにいまないね。では、長く商売を続けるコツは。

「コツコツやることだね」

話の合間に、おかみさんが前の別の店からコーヒーをトレイにのせて運んできてくれた。忙しい商売の時間、家でコーヒーを淹れなくても、周りの店から食べ物も飲み物も調達できる。なんと便利な町だろう。

所帯をもったころ、私はこの店で「どうやって食べるの」を連発していた。バイ貝の煮方も、なまこの酢の物も、サザエの壺焼きも、お姉さん（いまのおかみさん）に教えてもらった。たまに前を通ると素通りできない店なのだ。観光化が進む中で、どうか福島さんには「近隣住民のための店」を続けてほしい。

お茶のすべてを知る
朗らかな茶師がいる

金吉園

（取材日　2019年6月11日）

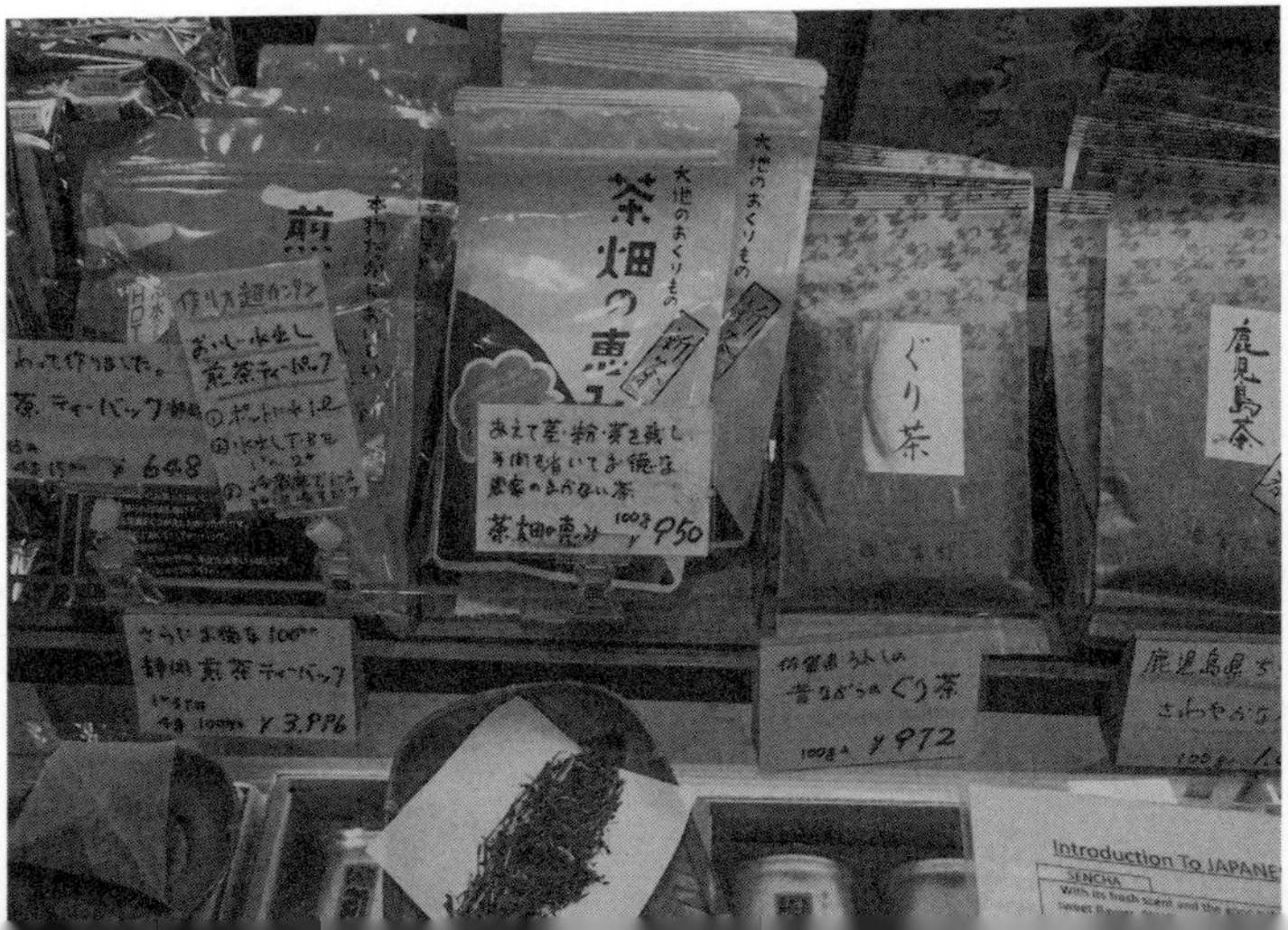

谷中銀座は観光地ではなく、かつては惣菜横丁だった。魚屋、肉屋、米屋、豆腐屋、焼き鳥屋、天ぷら屋、立ち食いそば屋、貝屋、酒屋……。そのころからほかとは違う高級店のたたずまいを見せていたのが、お茶の金吉園《かねきちえん》である。

まず、店が広い。間口こそ三間くらいだが、奥行きがすごく深い。最奥には真鍮《しんちゆう》に大きな鶴の群れを描いた扉があり、その向こうはお茶を温度管理する蔵になっている。さまざまな種類のお茶を売っている。お客には小さな茶碗に入れたおいしいお茶を出してくれるのが、貧乏主婦の私にはうれしかった。

ここの主人は関正平さんといい、血色のいいニコニコした方である。腰の低いところに、オシャレに前掛けをかけている。奥さんの満喜子さんも下町気質《かたぎ》の気さくな方だ。

――「谷根千」以前から地域にずっとある店だけお訪ねしています。

「もうすぐなくなるかな（笑）。もう80年もやっています。父は関甚四郎といって、大正4（1915）年生まれ。昭和10（1935）年ごろ、父が20歳くらいから独立して始めていますから。

最初はどん突き、よみせ通りのいま、魚屋の冨じ家さんがやっている定食屋さんのところに店がありました。昭和41（1966）年に、ここに来たんです。私は学校を出て、ほかに能がないからあとをやることになりました」

――最初、「かねよしえん」だと思ってました。

「店名の由来もよく聞かれるんですが、祖父の関宇吉が栃木県で岩舟石の石屋をやっていて、その屋号がカネ吉《きち》だったんです。それで、親父が金吉園と名付けました」

畑まで入っておいしいお茶を探して回ります

「うちの父は、どこの家にもあるものが売れるだろうと、最初、お菓子屋に小僧で入ったら、甘いもの食べ過ぎた。今度は渋いお茶が飲みたくなって、十条のお茶屋に丁稚《でっち》で入りました。昔は行商です。足立区の本木というところで修業、その後、西新井で乾物とあわせて店を出したんです。かつおぶしとか昆布とか、卵とか。私も小学校の4年まではそこにいました。4年生の2学期に千駄木に移って、汐見小学校に転校しました」

――どんなお父さんだったんですか。

「まあ、ねえ。勘のするどい人だったな。足立より谷中のほうが売れると思ったんだろうね。きょうだいは4人いて、男ふたり女ふたりで。私はこの店を30くらいで継ぎました。……（ノートを覗き込んで）聞いた話をメモしておいて、あとで清書するの？　森さんも大変だねえ」

――録音を起こして、メモを見ながら原稿を作るんです。それにしてもすてきなお店。

「昭和51（1976）年に建てたんです。あちこち見に行って、なるべく古びないようなお店を作りました。この奥の鶴の絵も、前は誰も興味を示さなかったんですが。これは琳派の最後の絵師、鈴木其一《きいつ》のレプリカなんです。酒井抱一《ほういつ》の弟子。其一もいまでは大人気で、個展も開かれたりして、外国のお客さまも知ってますし、みなさん、写真を撮ってゆかれます。ちょっと時代には早すぎた」

――お茶屋さんの数は減っていますか。

「減ってますねえ。20年くらい前は東京都に1千軒以上あったけど、いまは200軒以下に。もうお茶は〝ペットボトルで飲むもの〟になってしまい、お茶の業界はめちゃくちゃです。あれもいちおうお茶ではありますが、工場生産ですし、お茶そのものの含有量は少ないですね」

――でも、一方でこだわりのおいしいお茶を求める人がいますでしょ。

「そうそう。その人たちがうちの顧客です。そういう方たちが好むお茶を生産者にお願いして作ってもらう。店売りだけでなく、電話やネットで注文を受けて、全国に送っています。ほらここに」

と指差す先には、すでにたくさんの小包が用意されていた。

――すごい量ですねえ。

「うちは静岡茶が主体です。実際に生産者の畑に出かけて、どんなお茶がおいしいか、畑まで入って探して回ります。静岡の強みはね。努力していることかな。肥料から肥培管理まで、こちらの話もよく聞いてくれますし。生産者も、ペットボトル用も作ってはいても、いいお茶を作りたいという気持ちが強いんです。おいしいお茶を飲みたいというお茶の好きな方がいるので、うちは全国に2千人以上の顧客がいます。谷中から越しても、ずっとご注文くださる方もいらっしゃいます」

茶舗も宿も商売の原点は同じ。お客さまの気持ちになって考える

――どのくらいの価格帯が売れますか。

「100グラム、1000円から1200円くらいが一番売れます。その辺なら自信をもってお勧めできます。あとは淹れ方ですね。おいしく淹れてあげたいと思うと、おいしく入る。雑に淹れちゃいけません」

――耳が痛い。お湯が沸いたら、冷まさないで大きなカップにどどっと淹れてしまったりします……。

「みんな忙しいからね。そういうときは、ティーバッグはいかがですか。ティーバッグのお茶はおいしくないと、みんな思っているでしょう。それで『安全・安心でおいしいティーバッグ』というのを、私が生産者とコラボして作ったんですよ。土作りから取り組んで、これを作るのに2年くらいかかりましたかね。座布団みたいな四角い形じゃなく、テトラ形のティーバッグです。もうひとつ、『茶畑の恵み』という、生産者がふだん使いや親戚に配っているようなおいしいお茶も商品として開発しました。芯、芽、茎を残した旨みが全部出ますよ」

――いままで長いお仕事の間、危機はなかったんですか。

「ありました。紆余曲折だらけです。2011年の原発事故のあとも。箱根の足柄のお茶からセシウムが出たとかで、あのときやめたお茶屋も多いです。でもそれはやめ時だった店なんだね。子どもも社員も、誰も跡なんか継ぎたくないよ、社長業なんか」

――でも、ますますご盛業に見えます。外国人のお客さんも多いですね。

「うちはなんでも出所のはっきりしたものしか置かないけど、外国人は目が厳しいからね。お茶もどこのどんなものというふうに、素性がわからないと買ってくれない。英語対応もしています。私はフランス語とドイツ語しかできないんだけどね（笑）。陶器も自分で探して、作家や産地も言える。産地とコラボして独自の商品を作ったりしています」

――陶器もお好きで、集めていらっしゃるんですか。

「集めてるわけじゃないよ。売ってるの（笑）。でもお買い上げ願う、願わないよりも、目で楽しんでいただければいいんです」

――あとから出てきた、かき氷のひみつ堂さんとか、和栗屋さんとか、お客さんがすごく並んでいますが、どう思いますか。

「お客さまのニーズを的確につかみ、店のポリシーをしっかりと守っているから、繁栄しているんだと思います。よく頑張っているなあ、と驚嘆してますよ」

取材の合間にも、こんにちは、こんにちはとお客に声をかける。

――伊豆の今井浜で、旅館もやってらっしゃるのですね。

「一時、いろんなわけがあって宿屋を経営していたんですが、もう甥に譲りました。あのころは、そっちばかり行っていましたね。

でも、商売の原点は同じですよ。お客さまの気持ちになって考える。どんな旅館かな、おいしいものが出てくるかな、部屋はきれいかな、と泊まる前に考えるでしょう。それに一つひとつ応えていくことです。お茶だって、自分が飲んでおいしくないようなお茶を売ってたってダメ」

――いまは奥さまとおいしいものを食べにいくのが楽しみだとか。

「カミさんは店から少し早めに帰って、適当に夕飯作りますがね。でも、週に2回くらい、近くのおいしい店に行きます。この年になって逃げられちゃ大変だから、気もつかって仲良くしてますよ」

なんとも潔い生き方。やりたいことをみんなやりつくして。

「私が最後の茶師です。茶畑まで入って、茶の生産者と語り合い、仕入れてブレンドして、自信を持って売っている店は、東京でも少ないでしょう。最近、もてはやされているマイスターと称する若い方の知識も、それだけではお茶の真髄とは言えないと思います」

——ところで、なんで御主人、そんなにシミひとつなく、きれいなお肌なのでしょう。

「そりゃ、お茶飲んでるから」

飄々《ひょうひょう》とした答えが返ってきた。同行したカメラマンや編集者の名前も即座に覚え、来るお客と応対しながら、かかってきた電話に出ながら、取材を受ける。お茶を選ぶのも、売るのも、大好きなんだなあ。その朗らかな姿を眺めるだけで、商売のツボがわかるような気がする。

＊コロナ以降、お茶はお出ししていないとのこと。

飴作りは親父にも教えてもらわなかった

後藤の飴

（取材日　2021年1月22日）

谷中銀座の魅力はアイストップに階段があることである。

子どものころは、コンクリートの味気のない階段ではなく、いまにも崩れそうな、大谷石みたいな石段だった。東京大空襲で亡くなった母の憧れの先輩が谷中墓地に葬られているので、春と秋のお彼岸には必ず上った段だ。それも戦後できたもの。いまも狭いが、昔は谷中銀座はもっと狭い道で、突き当たりは崖になっていたのだという。

夕焼けだんだんの下にあるのが後藤の飴。冬の季節、午後の飴作りのあと、三代目主人の伊藤郁男さんに、お客さんの合間を縫って話を聞いた。

丸ごとすり潰して作っていますから、味が濃いんです

「創業は大正11（1922）年。飴屋としては来年で100年になります。うちはとにかく地元のお客さまとお墓詣りの人が求めるものを揃えています。あとは、うちのお菓子を求めて来て、話をしていってくれる人に。

真ん中上段がうちのオリジナル。レモン飴も、これは瀬戸内のレモンをヘタだけとって丸ごとすり潰して作っていますから、味が濃いんです。りんごニッキも、僕はもともとケーキ職人ですから、アップルパイの中に入れるプリザーブにヒントを得て作っています。カラフルな市販のドロップを否定するわけではありませんが、小さい店が大企業と同じこと

をしても仕方がないのでね」

――昔の写真がありますね。

「戦前は、いまの谷中幼稚園の横丁に、安八百屋さんという通称の八百屋さんがあって、安八百屋通りと呼ばれていたんです。この写真は安八百屋通り時代、昭和10（１９３５）年のお正月に撮ったものですね。同じく安八百屋通りのころからある『肉のすずき』さんとは、代々仲がいいんです。両方三代目。うちの父は10年前に他界しました。母は存命ですが施設にいるので、コロナでもう1年会えてないけど」

三代目は恰幅もよく、声も大きい。

「初代のおじいさんは伊藤亮温《りょうおん》という名前。岩手の中尊寺の小僧に行かされたんだけど、逃げちゃった。お寺の長男なんで、継ぐための修行に行ったのでしょうが、出ちゃった以上は家に戻れない。

その後、日光の輪王寺に行ったがここもダメ。それで東京に出てきて、おもちゃ工場で働きました。一緒に会社を辞めた後藤さんという人が飴の製法を知っていたので、脱サラで露天商をやった。飴を作り、ふたりで戸板の上で行商をしたのがはじまりです。

その後藤さんのお孫さんは、大塚の天祖神社の参道で、洋食ＧＯＴＯＯというお店をやっています。お父さんの代からで、こぢんまりしているけど、おいしいお店ですよ。

親父の話だと戦前は山手線の各駅に暖簾《のれん》分けで『後藤の飴』があった。一番多いときで15軒近くあったんじゃないですかね。月に一回の定例会があって、今度はどこの弟子が独り立ちするので、無利子でお金を貸して店を出させるというような相談をした。とにかく攻めでやってきたらしいです。僕が20代のころはまだ大井町と新小岩と、あと板橋から多摩川のほうに移ったお店があったかな」

エレキの神様・寺内タケシに教わったこと

――おじいさんはどんな人でしたか。

「僕が高校のときまで生きていたけどね。厳しい人でしたよ。「笑いは健康の泉」という及川裸観さんの弟子だから、裸でわっはっは、わっはっは、って歩いてた。遠足とかにも、乳首の見えるような、あみあみのシャツ着て半ズボンでやってきて。周りのお母さんたちから、『おじいさん、おいくつですか?』『いくつに見える? 当ててごらん』『えー、お若いですねえ』なんて言われるのが楽しみでさ。孫としてはえらく困った。及川さんの奥さんが踊りの師匠だったから、祖父も踊りを習っていました」

――日暮里の高台に及川さんの「ニコニコ会館」がありましたね。お父さんには長らくお世話になりました。

「親父の栄吾は、子どものころが戦時中で。岩手の中尊寺の弁慶堂のあたり、北上川がよく見える物見台、そこの小屋に疎開したらしい。帰ってきたら安八百屋通りにあった借地は取られて戻れない。で、ここが空いていたので来たんです。18から学校の先生を3年やって、それから飴屋になりました。

親父が20代のころ、森永製菓やヤマザキパンとも付き合いができて、パンも扱うようになった。勝手に親父が決めたので、先代のおじいちゃんは『バカヤロー、なんで飴屋がパンを売るんだ!』って前掛け丸めて投げつけて、3カ月仕事しなかったって(笑)。これから先、主食になるものを置かないと日銭が入らないって、親父は判断したらしいです」

——お母さんの敏子さんは、いつも清潔な白い三角巾をかぶって店頭に立たれていました。代々、人気の飴はなんでしょう。

「ハッカ飴、生姜飴、きな粉飴、たんきり飴、トンカチ飴、あんず飴ですかね。かりん飴も喉にいいし。うちはかりんエキスを入れるんじゃなくて、生のかりんをすり潰して作っています。タバコを飲む方は喉を痛めるので、買いに来る方が多いですね。

ニッキ飴も古いんですが、ニッキは好きな人しか舐めない。辛くしたり、もう少しマイルドにしたり、試行錯誤しながら、いまの辛さに落ち着いたんですけど。

ほうじ茶の飴は、商店街の金吉園さんのお茶を家で飲んでるから、それを飴にしてみたの。ほうじ茶を煮出して、そこに水飴や砂糖を足して、粉を練り込んでいるから濃厚な味なんです。香料は一滴も使ってない。

あんこ飴は、中をこんなに軟らかくできるのは僕だけかな。晩年、大病して入院中の親父に、『お前、どうやったんだ』と驚かれたけど、教えてあげな〜いってね。そう言えば、また父も意地張ってやる気を出して元気になると思ったんで」

——最初から飴屋を継ぐつもりだったんですか。

「うちの家族は自由人、継げとは言われませんでしたね。僕は昭和39（1964）年生まれで、初音幼稚園から第一日暮里小学校、中学は日大豊山に行きました。水泳が好きだったから。僕のころは、能瀬慶子ってアイドルが通学バスに乗ってくるんで、みんなワクワクしてましたね。柴田恭兵さん主演の『赤い嵐』で、相手役の記憶喪失のヒロイン演じた人。養父母が谷中銀座の豆腐屋さんという設定なので、この辺でもロケしてましたよ」

——「ここはどこ、私はだれ」。ずいぶんこの辺、ドラマに出ましたよね。

「『ちんどんどん』とか、林家三平師匠の『ことしの牡丹はよいぼたん』とか。朝ドラの『ひまわり』も。『野ブタ。をプロデュース』のときは、忌野清志郎さんが、あの有名な盗まれた自転車に乗ってきてたね。

僕が一番好きなのは、『ワニと鸚鵡《おうむ》とおっとせい』。昭和52（1977）年の映画で、寅さんとの二本立てだった。ここにロケに来たのが、ハワイで破産したサーカスの一座という設定の樹木希林さんと郷ひろみさん。いまの階段よりも古い時代でしたけど。僕、上野松竹に寅さん見に行ったら、もうひとつの映画に『あれ、うちが映ってる！』とびっくり」

――スポーツはずっと水泳をしていたんですか？

「最初はね。でも、そういう学校に行ったら、周りも強いやつばっかりなんですよ。そのあとは吹奏楽。僕はブルーコメッツのジャッキー吉川さんに憧れて、幼稚園のころから、バスドラムはたらい、タムタムは風呂桶、シンバルは鍋の蓋で、長箸で叩いてたから。

あるとき人の紹介で、そのころときめく寺内タケシさんに会った。バニーズ時代の古いレコードを持っていったら、『いくつのときに買ったの』と尋ねられて、『幼稚園のときです』と答えたら、寺内さんが涙しちゃってさ。それで寺内さん、『何年生まれだ？』から始まって、『じゃ、うちのと同じだ』『なんだ日大豊山か、俺の息子は日大藤沢だ』なんて話をしてくれて。音羽のキングレコードのスタジオにも制服で遊びにいってた。

ある日、寺内さんが『ドラム叩いてみるか』と。それで、軽く叩いたら、『本当にやりたいのか？』って。でもねえ、こっちは簡単な気持ちで、女の子にモテるかな、くらいしか考えてないんだもん。寺内さんは、『誰でも一度は売れる。俺も売れたよ。でもいまはカップラーメンがご馳走だぞ。それでもやる気があるなら来い』と。

その瞬間、ん、と思って（笑）。正直だから。そうしたら、『だからな、もうちょっとよく考えろ。この世界は、好きじゃなきゃやっていけないぞ』と。すごく親身に言ってくれて、優しかったんです」

うちは舐められるのが商売だから（笑）

——ごきょうだいはいないんですか。

「親父は、僕という失敗作ひとつしかつくらなかった（笑）。飴作りは親父にも教えてもらわなかった。横で勝手に見よう見まねで覚えました。最初、専門学校に行って、ケーキをつくっていたので。まさか、親父ががんで入院するとは思わなかった。

1996（平成8）年の暮れに親父が入院して、それから15年間ぐらい闘病生活。母親も調子をくずすし。カミさんもつわりがひどくなり、挙句の果てにカミさんのお母さんも倒れた。あのときが人生最大のピンチ。12月の暮れの注文が入っているのに、作れないとは言えないじゃない。飴を作っては駒込病院の親父のところに持っていって、『これでいいの？』ってチェックしてもらいながら。カミさんのお父さんも手伝ってくれたからね。どうにか年を越して、親父もある程度、復帰できました」

——お父さんのころより、種類が増えてますよね。

「親父のときは18種類で、僕は多いときは57種類まで作りましたが、いまは30種類以下に絞っています。季節もののもありますし。夏の暑いうちはニッキ、ほうじ茶、梅の飴くらい。作り置きして悪くなったものを売るのはいやなので、それも切れたら、売るのはジュースだけ。いまの時期（1月）なら飴は5月まで保《も》ちますよ。

ケーキの釜も処分しちゃった。甘食は作りたいんだけど。昔なつかしい菓子をね。親父の残していった甘食の配合は最高だと思っているから」

お客さんがやってきた。「子どもも年寄りも喜ぶようなのをちょうだい」「遠くに行くのでお土産ならどれ？」「なんか珍しいお菓子ない？」。お客さんの注文に答えて、勧める。「ありがとうございます」「またよろしくお願いします」と元気な声で送り出す。自家製の自慢の飴のほか、郁男さんが各地で見つけたおいしいお菓子も並んでいる。

――コロナ流行でご商売は大変ですか。

「インバウンドのお客さまがあったほうだからね。特に台湾の人たちがたくさん気に入って買うお菓子があるので、それは止めてもらっています。ただ、ほかのものを注文しないと、その会社がダメになっちゃうからね。そういう動かし方でどうにか駒を進めています。

地元のお客さんは、はじめから買いたいものが決まっていて、動きがスムーズ。でも初めてきたお客さんや外国の方は、通りを行きつ戻りつして、余計に滞留してるように見える。すると谷中銀座は混んでるという噂が立って、じゃ行きたくないとかなってしまう。そう見えてしまうのは悩みです。

商店街のことをこうしよう、ああしようと話していたのは、武蔵屋豆腐店の杉田くんが生きてたころまでですよね。亡くなって今年で5年になるのかな。こういうのが売れたぞ、とか、そんな会議をやってたんですけどね」

――テレビにも、お店がずいぶん出ましたよね。

「父の時代はよく出ましたが、ここ十数年は断っています。最初のころ、森さんが案内役のNHK『関東甲信越小さな旅』なんかはタレントが出なかったからいいんですけどね。バラエティ番組で、芸能人が来て食べておいしいというのはちょっと困る。『地井武男さんが食べた飴をください』とか、『あれはないの』とか、それだけしか売れなくなってしまう。本当は目立つの好きだし、喋るのも好きなんだけど」

声もよく、押し出しもいい郁男さん、「うちは舐められるのが商売だから（笑）、とにかくまずは舐めてもらって。舐めにかかってこい（笑）」

オリジナルの飴は一袋380円、三種類で1000円。レモン飴も、金吉園のほうじ茶を濃く煮出して作ったほうじ茶飴も絶品。地方へ行くときのお土産はこれにしよう。

＊2025年2月現在、一袋440円～。

今日も竹の声に耳を傾ける

竹工芸 翠屋

（取材日　2022年11月11日）

谷中銀座の石段の下を左へ折れる道は六阿弥陀道という。そこに面して「翠屋《すいや》」という工房がある。素通しのガラス越しに花籠《はなかご》、そこに野の花が盛られている。先代の翠月《すいげつ》さんが丹精した鉢植えの花である。

――地域雑誌「谷根千」が1984（昭和59）年の冬、2号で32ページになって、初めて取材したのが、お父さんの武関《ぶせき》翠月さんでした。

「もう40年も前のことですね。父も母も10年前くらいに相次いで他界しまして」

という翠篁《すいこう》さんももう白髪の貫禄ある60代。この方を私は若いときから知っている。たしか、ボクサーをしておられた？

「18から23まで、5年くらいですよ。若いときにしかできないことをしようと思いました。東京都のバンタム級のチャンピオンまではなりました。アマチュアで」

――お父さんは東北の言葉を話されましたよね。あれが懐かしくて。

「宮城県色麻《しかま》の生まれで、祖父のところに弟子入りして養子になったんです。母は茨城の出身でした。うちは祖父の翠心からですので、私が三代目。中学のころから、花籠の中に入れるおとし、という花を生ける竹筒をつくるのに、なたで削ったりするのを手伝わされていたので、もう何年やっているのかな。本格的に始めたのは20歳を過ぎてからです」

――箸、へら、耳かき、小さなものから、花籠まで、竹製のものはたくさんありますね。

「昔から、竹の文化は日本人の身近にありました。柔らかでしなやかで、扱いやすいんです。大工さんはたくさんの道具を持っているかもしれませんが、私たちは竹を割るなた、削る小刀とふたつしか道具はありません」

――これはずいぶん年季の入ったなたですね。

「上野の車坂にいた祖父が、関東大震災で道具がすべて焼けてしまって、その後にこしらえた物ですね。なたは、三代、四代と保《も》ちます。長い竹を縦に割って使うんです。竹は水をつけて少ししなやかさを出します」

――お父さまから、古い民家が壊されると聞くと、囲炉裏の上でいぶされた煤竹《すすだけ》を見に行くと聞きました。

「縄目といって、囲炉裏の上で縛っている縄を解くと、それがいい模様になっているんです。父の代は各地で古い茅葺《かやぶ》きの民家が壊された時代でした。いまではそんな民家はほとんど残っていないし、都会に移築してリユースする時代。祖父や父が集めてくれたのを大事に使っています」

――そりゃ備蓄、美竹ですね。

「それから真竹《まだけ》は日本に古来生えている竹で、冬の寒さにも強く、繊維に密度があって、粘りがあるんですね。最初は緑色ですが、それが白くなってだんだん黄色くなって、深いいい色になります。竹の種類は300～500もあるそうですが、それは娘のほうが詳しい。私が使うのは5、6種類くらいです」

――あら、娘さん、竹に興味があるんですか。

「うちのは大学を出て書道をするのかと思ったら、今年から別府にある竹工芸の学校に行ってますよ」

――そうしたら、四代目ですね。女性でもできる仕事ですか？

「継いだらね（笑）。いろいろやりたいことがあるみたいで。どの世界でもそうだと思いますが、いまは実力のある女性作家がいます。とくに漆《うるし》は女性の方も多い。いい時代になったと思います。いろんな人が従事すれば、いままでなかったような作品も出てきますから。娘のカリキュラムを見ると、私が40年前に教わったのと同じものがかなりある。まず技術が大切なんですね。伝統的に続いている技術を次につないでいくこと。それを活用して時代に合うように、その時代を生きている人が作ればいいんですから」

作品にすることで竹の生命がよみがえる

実際の手作業を見せてもらう。

「まず、なたで竹を縦に割ります。いつも2分の1にカットしていきます。どんどん細くなります。節のところでいったん様子を見ながら、慎重にそうっと。さらにその竹の内側を小刀で削り、薄くして使いやすくします。

これを水につけると、しなやかになるので、扱いやすくなる。

編むほうもお見せしますね。いま手がけている花籠を編んでいきます」

——すごくモダンですね。

「27歳のときに日本伝統工芸展に出品し、初入選しました。それからも毎年、出品しています。個展も4年に一度、日本橋三越でさせてもらっています」

取材に同行したひとりが、「あれ、すばらしい。欲しいな」と言い出す。

たいへん伺いにくいですが、あれはおいくらなんでしょう。

「伝統工芸展に出品した作品ですので……。銘は『曙光』といって、これは編み技法ではなく、組み技法という技を使っています。

父はいつも『竹の声に耳を傾けろよ』と。竹と自分が一体となったとき、いい作品ができるのかなと思います。いろんな技術を学んで、いろんな表現方法で、竹が喜ぶような何かができないか、といつも思ってます。切ってきた竹を作品にすることで、竹の生命がまた蘇《よみがえ》るような」

各国大使館からも注文があるそうだ。私は下の子が生まれたとき、5千円くらいの花籠を内祝いで使わせていただいたのですが。

「父の代ではそういう物もたくさん作ってました。ここには祖父の作品、父の作品も並べています。それぞれ得意技が違います。この祖父のなんか、どうやって作ったのかわからないほど、局面が複雑です。まねしようと思ってもできない。

父はこの丸竹を口にして広げた作品が得意でした。下の部分を縦割りしてるんでしょうね。横に別の竹を合わせて編んでいきます。

父の代で、谷根千に人が多く来るようになったので、谷中銀座の石段の下にお店を出し、そちらは妻ががんばってくれています。工芸品だけでなく、お箸や耳かき、スプーンなどもそろえています。竹製品の使いやすさ、美しさに触れてほしいのです」

一人娘さんの話になると「なんかねえ、研究熱心でね」と顔がほころんだ。

ジャズバーのマスターが先生と呼ばれる理由

シャルマン

（取材日　2022年1月21日／2月9日）

谷中銀座の突き当たりに、夕やけだんだんがある。石段の上からは夕陽がまぶしい。石段の下に黒っぽい小さな建物、2階がシャルマンというジャズバー。フランス語で「魅力的」、英語でいうチャーミング。この店は東京でも最も古いジャズバーらしい。

私は大学生のころからこの店の存在に気づいていたが、敷居が高すぎて入ったことがなかった。ジャズに疎《うと》い。ジャズに詳しいマニアの人たちのいる店は怖い。再開発で閉店か、移転かを迫られていると聞いて、いまさらではあるがお話を聞きに行った。

狭い階段を上がっていく。ドアは開いていた。現在の店主は石岡守之助さん。毛糸の帽子をかぶり、眼鏡をかけた店主が一生懸命黒いLPレコードを磨いている。いや、溝のほこりを取っているといったほうがいいか。夕方5時半ごろすでにカウンターは満員、レバノン出身というアルバイトの男性がかいがいしい。そっと聴いてそっと飲んで帰った。帰りがけに、話を伺いに来てもいいかを聞いた。別の日。

――創業者の毛利好男さんから引き継いで12年目とか。お客がご主人を先生と呼ぶ。どうしてですか。

「私は根岸に住んでいるけど、仕事は千葉で歯科医なの。四半世紀、この店に通ってきた。2010年に毛利さんが足を骨折して店に通えなくなり、やめるというので、あとをやらせてほしいと。毛利さんの息子さんが継ぐはずでしたが、土壇場でやっぱり継がないといいうことになって、権利を居抜きで売ってもらいました。

毎日みたいに飲みに来てたから、ここがなくなったら行くところがなくなっちゃう。本業もあるから、水曜、金曜、土曜の週3日だけ、夜、店を開けています」

——それでやっていけるんですか。

「まあボランティアみたいなもの、家賃と酒の仕入れ代が払えればいい。そのぐらいはどうにか。かけるレコードは8000枚あるし。アンプやプレイヤーもそのまま譲り受けたし。プレイヤーはトヨタ・サンバレー。アンプはダイナコ、これは古いよ。毛利さんの時代のだ。あ、LPのうち1000枚はジャズでなくて、私の手持ちのロック。何かかけましょうか」

——はい、お願いします。

「まずはロックかけるんですよ。ステレオの調子を見るんで。アンプが温まっているか。プレイヤーがちゃんと回るか。カートリッジはちゃんと音を拾うか。試しにはジャズの名盤はかけられないからね」

ジャズは自由だ。毛利さんもカッコいい自由人だった

——先生は、学生のころからジャズがお好きなんですか？

「そうですね、高校生ぐらいから」

――好きになったきっかけを教えて。

「ロックに飽きたから（笑）。兄がふたりいて、音楽の決定権は兄貴にあった。影響されてビートルズも聴いたりしてたんだけど、中学生ぐらいのときにその歌詞を訳してみたら、なーんだと思って。兄貴の趣味で、ビートルズと同時に、ゾンビーズとかバッキンガムズとか、サーチャーズとか、ちょっと亜流のロックというかポップソング。そういうのをずっと聴いていたんですよ。

でも、ロックのほうが定型化されて繰り返しが多い。それに比べるとジャズってのは、アドリブのパートはまったく独自じゃないですか。インスピレーションでやる。人によってこうも違うかと思うし、おもむくままにやって自由だ」

――初代の毛利さんはいつこの店を始めたのですか。

「たしか1955（昭和30）年、いや、1954年中には始めたと聞いているな」

――それじゃ私の生まれた年です。戦争が終わって9年目、ここが崖だったところに石段ができた時代ですね。創業時に30だったとしても、毛利さんはご健在なら、いま97ということになりますね。

「いや、20代で始めたんじゃないかな。最初は1階でジャズ喫茶をやってた。80年代からは2階で、お酒を出すバーになったのかな。そうそう、向こうの物置きも見ていいよ」

——ふーむ。この造りからするともとは畳の部屋ですね。

「そう。こっちも和室だったところをはがしてコンクリートを流し込んで、床をつくった。毛利さんの設計。この建物は、ある建築家の方が上物を持っているんだけど、いま立ち退きを迫られています。この一帯、マンションになっちゃうらしい。

でも、毛利さんのことはよくわからないんだよ。ジャズ聴くときにそんな無粋な話、しないじゃない。でも好い男という名前の通り、かっこいい人だった。若いときの宍戸錠に似ていた」

——じゃあ、ちょっとラテン系……。

「自由人というのかな。酒の趣味も、音楽の趣味も合ったし。彼の若いころ、進駐軍がいた。サンフランシスコ条約で引き揚げたあと、兵隊が持ってきたLPを高く買って、それをまたうんと高く売るバイヤーがいたんだって。白いキャデラックの後部座席にレコードをいっぱい積んできて競りをしたり、くじ引きをさせたり。はい、外れ、あなたあたり、とか。それほど、みんなお金出しても、洋物のレコードが欲しい時代だった。

毛利さんもね、店はアルバイトに任せて、自分は新宿や銀座に飲みに行っちゃう。新宿にも同じようにレコードをかけているジャズバーが何軒もあって、そこにもいま新しいレコードは何か、探しに行ってた。そんな話は聞いたことがある」

ウイスキーが波立つほどの大音量で

――戦争直後はSPでしたよね。うちの父なんかフルトベングラーとかベームの交響曲をSPで持ってました。蓄音機があって子どものころに聞いてました。

「さすがにそのあとじゃないかな。LPになってから。でもLPというのはSPの音をどうやったら再現できるかを模索したものです。さらにCDはLPの音の模索だった。つまり、SPが一番音質はいいんだよ。すぐそこで演奏しているような臨場感がある。技術は発展しても、音はどんどん劣化していくような気がするね。次はなに聴きたい?」

――私、ジャズは素人で。一番好きなのはリッチー・バイラーク。あれは静かだから、仕事の最中でも聞いています。

「えらく渋いね。あるにはあるけど、そうリクエストがないから、探すのに骨が折れるな」

――じゃあ、なんならすぐ出てきます?

「デューク・エリントン。これはビッグバンドの極めつきさ。あとはセロニアス・モンク、これもいいね」

石岡さんは後ろの棚からさっと引っ張り出す。アーティスト別にまとめてあり、索引がついていた。

——そう思って、今日はジャズのわかる人を助っ人に連れてきたの。こちら、「仕事旅行」の編集長の河尻亨一さん。

河尻「僕、早稲田のダンモ出身でして……」

「お、ダンモか。早稲田と慶應は学園祭見に行ったよ。慶應はさ、エレピはフェンダー・ローズの本物だし、ギターはギブソンのレスポールだし、セルマーだし、機材はいいやつ使ってるんだが、演奏の腕は早稲田のほうが上のような気がしたな」

私、小声で「ねえ、ダンモってなに？」。聞こえてしまった。

「早稲田のモダンジャズ研究会。僕は中央だけどな」

——なんで中央大学出て歯科医なんですか？

「そりゃあ人に歴史ありだ。生まれは高崎。それ以上聞かないでくれ（笑）」

河尻「『ソロモンク』、あります？」

「あるよ」と石岡さんはひょいと、棚からその黄色いＬＰを出し、プレイヤーに載せた。

私、小声で「ソロモンクってなに？」。

「ジャズピアノの天才、セロニアス・モンクのソロ」

ものすごい音が店内にあふれた。しかし、意外にうるさいとは感じない。

「ＪＢＬのＬ45というスピーカーシステム。ライブ感のある音がするでしょ。ここで飲んでいると、ウイスキーが波立ってたよ。音の振動で。ある程度音を出さないとアンプのよさも生かせないんですよ」

——でも野中の一軒家じゃないんだし。この音量では、近所から苦情とか来なかったんでしょうか。

「昔はすごかったですよ。ぼくがいるときも隣のおばあさんがガスンガスンと棒かなんかで壁を叩いてきて。毛利さんは『うるせえばばあだ』なんて、平然とさらにボリューム上げるんですよ。そのうち警察が来る。警官はドスンドスンと階段を上がってくるからわかる。そうすると、毛利さんはすっと音量下げてたね」

う～ん、大音響でジャズを聴きたい気持ちもわかるし、安眠を妨げられて腹を立てるおばあさんの気持ちもわかる。でも、そのように住民同士が遠慮せず、正面切ってぶつかり合える時代は健全だった。

店主は自分のグラスにたまにウイスキーをつぐ。お強いですねえ。

「スコッチはストレートが一番だ。味に芯のある酒が好きだね。オールド・パーとか、ジョニー・ウォーカーとかハーパーとか。スーパー・ニッカもいいよ」

古今亭志ん朝も村上春樹も通ったお店

――じゃあ、私はそこにあるニッカをオンザロックで。どんなお客さんが来てました？

「有名人？　古今亭志ん生さんはセロニアス・モンクが好きだったらしい。毛利さんとは仲がよかった。息子の志ん朝さんは下向いてじっと聴いてたって。話なんかしないで」

――おふたりともこの近くにお住まいでした。でも、志ん生がジャズを聴く姿はちょっと想像できないな……。ほかには？

「作家の村上春樹さんも来たって。毛利さんに、自分もこんなふうな店をやりたいと言って、通っていたらしいです。毛利さんはやめたほうがいいよ、と言ったらしいけど、どこか別のところで店をやったんでしょ」

――あ、国分寺かな。「ピーター・キャット」。あとで千駄ケ谷に移ったらしい。

河尻「ここには1961年に来日したアート・ブレイキーとジャズ・メッセンジャーズが来ていますよね？　それが一番大物かも」

「ウドー（音楽事務所）が、コンサートの合間に連れていくところがないからと。浅草に行ったあと、ここに来たのかな。それぞれがジャケットにサインしているよ」

そう言ってサインを見せてくれる。

「いままで取材は断ってきたんだ。今回の移転でこの場所がなくなっちゃうから。いま、ほかに移れるところを探しているけど、この空間の雰囲気は記録に残してもらいたいと思ってさ」

――少なくとも今日、聞いたお話だけは活字に残しましょう。

「続けてくれっていう常連の気持ちがわかるからね。僕もそうだけど、ほかに行き場がないんですよ。もうこのシステムが体に馴染んでいるわけじゃない？　こういう音を聴きながらウイスキーを飲むのが、僕と彼らの人生の一部」

――この雰囲気を新しいところで出すのは難しいですね。

「無理です。建物も違うから。この音はもう出ないね」

そう言って、また石岡さんは黒い盤をなんていうのか、黒板消しの小さいようなモノで、愛《いと》おしそうにこすりはじめた。といってもなかなか力が入っている。

「レコードって結構やわらかいんです。割り箸を落としても穴があくし、爪でレコードの表面をこすったら一発でダメになる。人任せにはできないんだ」

先生のジャズとお酒、そして毛利好男さんへの愛情に打たれた。久しぶりに面白い男の人に出会った感じ。移転がうまくいくことを祈った。

（閉店）

本当に絵が好きな人たちが集まる

太平洋美術会

（取材日　2022年1月21日）

日暮里の諏方《すわ》神社に面して、太平洋美術会研究所がある。ピンク色のかわいい木造の建物だ。中に入ると、こぎれいなロビーの向こうは、木の床にイーゼルという、デッサン台が並べられ、モデルさんの立つ台もある。地下には彫塑のアトリエ、なんとなく古めかしく懐かしい。

40年近く前に訪ねて以来。事務局職員の松本昌和さんに聞く。

「太平洋美術会は、明治22（１８８９）年に誕生した『明治美術会』を母体としています。小山正太郎《しょうたろう》、浅井忠《ちゅう》、松岡寿《ひさし》、長沼守敬《もりよし》らが在野の美術団体として起こしました」

――ちょうど、東京美術学校が開校した年ですね。そのころは岡倉天心をはじめとして国粋主義の時代で、東京美術学校は創立当初、洋画科がなかったんでしたね。

「そうです。最初は日本画科と木版科のみ、明治29（１８９６）年に西洋画科が新設されました。その年、黒田清輝を中心に、美術団体『白馬会』が結成されます。

明治35（１９０２）年、明治美術会は『太平洋画会』と名称を変え、このときに第一回太平洋画会展覧会を開きました。当時の会員には、吉田博、中川八郎、満谷國四郎、石川寅《とら》治《じ》、鹿子木孟郎《かのこぎたけしろう》、都鳥英喜《ととりえいき》、丸山晩霞《ばんか》、大下藤次郎、永池秀太らがいました。明治37（１９０４）年に谷中の清水町に教場を持ちます。

よく、太平・洋画会と間違われるのですが、これは当時、太平洋を渡りアメリカ経由で帰ってきた画家が多かったことから。太平洋・画会です。洋々たる太平洋を渡るという雄大な名前のようです。

在野の美術団体としては最も古く、赤坂にあった黒田清輝の白馬会研究所と勢力を二分していました。のちに黒田は東京美術学校に教授として迎えられますが、一方の太平洋はずっと在野を通しました。

以前、丸山晩霞記念館から送られてきた資料の中に、太平洋と白馬会の会員たちがヨーロッパに官費で留学したか、私費で留学したかというのを調べた資料があるのですが（笑）、太平洋はほぼ自費で行っています」

——それは面白い。

「最初、吉田博と中川八郎がふたりで渡米しました。デトロイトの伝手《つて》のある人に会いに行ったら会えず、美術館をうろうろして、そこで声をかけられて。描いてきた絵を見せたら、そのまま展示・即売会をやらせてもらえたらしいです。そのお金でそのままヨーロッパに行った。

昨年は吉田博の没後70年で、すばらしい版画展が催されて話題になりましたが、黒田清輝の展示も同時期に上野の隣どうしの美術館で開催されて。それこそ、夜な夜な喧嘩してないかな、なんて思ってたんですけど（笑）」

大正時代、谷根千で切磋琢磨した青年芸術家たち

——太平洋を創立した人たちは、小山正太郎が開いた団子坂の画塾・不同舎の門下が多いですね。

「ええ。不同舎は、団子坂上の世尊院の境内にありました。青木繁、坂本繁二郎《はんじろう》、荻原碌山《ろくざん》、鹿子木孟郎、柚木久太《ゆのきひさた》、石井柏亭《はくてい》、石井鶴三《つるぞう》などがそこで学んでいます」

——石井柏亭は、その近くの千駄木の太田ケ原の絵などを描いています。みんな根津神社とか上野公園などでデッサンしたのですね。

「貧乏で遠くまで行けなかったのかもしれません。最初の谷中清水町の学校は手狭になって、明治38（1905）年、谷中真島町一番地、いま住宅になっていますが、そこに移ります。キッテ通りといわれるようになったあの崖下です。明治の末には、中村彝《つね》や中原悌二郎が通っていました」

——彼らはわざわざ、白馬会から太平洋に移ってきたわけでしょう。官立の美術学校に入ったのに、それをやめて太平洋に来る人もいたと。そういう意味で、美校受験の予備校ではなく、官展や権威主義がきらいな反骨の人が多かったのかもしれませんね。

「僕も中村彝は大好きです。彼らがいた大正時代の谷中はなんといっても魅力的ですね。町

の人が絵描きを大事にして生活の面倒まで見ていた。中原悌二郎のブロンズが『愛玉子《オーギヨーチー》』にあるかと思えば、診察料の代わりに中村彝の絵をもらったお医者さんもある。同じころの仲間として、彫塑家の堀進二、保田《やすだ》龍門《りゅうもん》、画家の鶴田吾郎などがいます。明治から大正にかけて太平洋で学んだ美術家は2千名を超えます」

——この大正時代の青年芸術家たちの切磋琢磨を、雑誌「谷根千」17号でも「谷根千に生きた夭折の芸術家たち」というタイトルで特集しました。中村彝が先に肺結核になりますが、親友の彫刻家中原悌二郎が先に亡くなっちゃう。

「中原は『若きカフカス人』などの作品があり、現在も中原悌二郎賞という彫刻の賞があるくらいのすばらしい彫刻家です。狭い下宿でアルバイトに絵も描いたりしていましたが、32歳の若さで亡くなりました。仲間の戸張孤雁《こがん》も谷中の七面坂下あたりに住んでいましたが、同じく肺結核で亡くなっています。中村彝も新宿のアトリエに移ったあと、やはり30代で亡くなっています。

鶴田吾郎は中村彝と並んで「エロシェンコ氏の像」を描いた人ですね。後に「神兵パレンバンに降下す」などの戦争画も描きますが。保田龍門は谷中の高台の寺の境内に下宿して、19歳で日本に学びに来た周恩来、のちの首相と仲良くなっています。鶴田や堀進二さんは長生きされて、太平洋で教えておられた」

――そういえば、のちに高村光太郎夫人となる長沼智恵子も、日本女子大を出たあとに、太平洋で学んでいましたね。

「20年ほど前、彼女が太平洋で学んでいた当時のデッサンが出てきましたが、たいへんに技量のあるものです。本当に打ち込んで描いていたことがわかる。光太郎と結婚したあともまた通ってきている。光太郎はこの裏の第一日暮里小学校の卒業生ですから、ここでふたりがつながりますね」

――渡辺（宮崎）与平と渡辺文子《ふみこ》というふたりの画家もここで出会って結婚していますね。与平は妻の姿を「ネルのきもの」に描いています。残念なことに夭折しましたが、妻の文子は亀高文子として絵描きを続け、雑誌「新少女」などに挿絵を描きました。

「昭和4（1929）年に、太平洋美術学校と名前を変え、中村不折《ふせつ》が初代校長に。今度は松本竣介《しゅんすけ》、寺田政明、麻生三郎、吉井忠、井上長三郎、鶴岡政男、難波田龍起《なんばだたつおき》、靉光《あいみつ》らが入ってきます。靉光はそれこそ長生きしたら、ピカソ的な、すばらしい絵描きになってたはずですけどね。本当に器用だし。やっぱり長生きするのは大事です」

うまくなくても売れる人は売れるし、うまくても売れない人は売れない

――そうそうたる画家たちですね。その時代のことは「谷根千」44号でも「芸術家のいた喫茶店『リリオム』の時代」という特集にしています。そのころですか？　月謝を払わないといって問題になり、みんなでこぞってやめたというのは。

「昭和4（1929）年の話。もともと太平洋の月謝はうんと安く、いまも安いんですが、それでも貧乏で払えない人もいて。それをわりと厳しく取り立てる事務員がいたらしいんです。それに反発してやめた。それこそ、ごはんも食べられないような画学生がデッサン用のパンをあてにして来てるのに、パンにノミ取り粉がかけられてたとか。そりゃあ、怒りますよね。

僕が入ったのは23歳ですが、実はうちの祖父と祖母もここで学んで一緒になったんです。祖父は松本司農夫《しのぶ》といい、北九州の出身。祖母は野口光江といって、神田にあった文光堂という出版社の社長、野口安治の娘です」

——へえーっ、「秀才文壇」などの雑誌を出していた？　谷中に住んだ新内《しんない》の岡本文弥《ぶんや》さんも大正のころは文光堂の編集者で「おとぎの世界」という大正自由主義の絵本雑誌の編集長をしていました。

「そうですか。祖父母たちもパリに行きたかったのですがかなわず、いったん北九州に帰るのですが、戦後、東京に戻ってきたんです。

最近、昭和5（1930）年の夏期講習会の集合写真を、ここで教えておられた池田永治先生のご遺族から寄贈されたのですが、そこには鶴田吾郎先生と、生徒の松本竣介、寺田政明、新田實《みのる》なども写っています。祖父も祖母も一緒に写っているんです」

――みんな個性的な格好をして。女性も着物を着ている人もいれば洋装もいるし、男の人も長髪やいろんな人がいます。

「寺田政明はハンサムだと聞いていましたが本当に二枚目ですね。このころの夏期講習会の広告がありますが、講師は石井柏亭、石川寅治、堀進二、中村不折、阿以田治修《あいだじしゅう》、柚木久太。9回目（昭和8年）には鶴田吾郎や吉田博が講師となっています」

――昭和5年といえば「大学は出たけれど」で就職口もなかったころで、美術家はもともと覚悟してはいたとは思いますが、生活は大変だったでしょう。

「うまくなくても売れる人は売れるし、うまくても売れない人は売れない。その時代に合うかということや、自己プロデュース力なども関係あると思いますね」

――写真の、前のほうにいるのは先生方でしょうか。

「はい。昭和13（1938）年、17（1942）年の卒業式の写真もあります。ここには石井柏亭さんとか、中村不折校長の姿が見えます」

――石井柏亭は日暮里渡辺町に、中村不折は根岸にいて近いですね。昭和17年といえば、太平洋戦争も始まっており、このなかから戦争に行った方も多いのではないでしょうか。松本竣介の仲間も何人も戦死しています。また美術家たちも戦争に総動員され、戦争画を多く描かされました。

「太平洋も一時は勤労動員の軍需工場になり、美術どころではありませんでした。そして昭和20（1945）年3月の空襲で真島町もほとんど焼けてしまい、太平洋にあった作品も焼けました。それでも、展覧会は毎年休まずにやっていたようです。

戦後の昭和32（1957）年、諏方台のここ、当時は荒川区日暮里町9丁目1080に移りました。現在は西日暮里3丁目です。土地を貸してくださったのは、東京製鋲《せいびょう》所という、ここにあった会社の清水道男さんです。最初のころはただ同然の地代で貸してくださった。

戦後に復興するとき、関係者が1千円ぐらい寄付をしてくださったのですが、なんと朝倉文夫先生は1万円くださっています。ご自分は藝大の教授でしたが。昭和32年からは太平洋美術会と名前を変えました。校長は堀進二先生で、代表は布施信太郎さんです」

――松本さんのお父さまも絵を描かれていたのですか。

「いえ、父は電気部品の工場をやっていました。僕は祖母から『絵描きになれ』といわれてそのまま。ずっと日暮里あたりに住んでいます。

会員で、堀潔さんという、たいへん几帳面で字がきれいな事務の方が、太平洋美術会に関するたくさんの資料を残してくださり、助かります。名簿を見ると、当時の日本の植民地だった朝鮮半島、また中国東北部からの留学生も多いんです。その人たちがここで何を学んだか、その後どんな人生を歩んだか……」

――いまはどのくらい生徒さんがいますか。

「のべ、200人くらいですね。すいどーばた美術学院みたいに美大の受験が目的の人より、趣味で絵を描き続けたいという方が多い。昔ここで勉強していらした方がふたたび来られることもありますし、最近は若い方も少し増えてきました。墨絵を描く子もいます。中村不折が好きで、美術館の帰りに来てくれたり。研究所は絵画、彫刻、版画、クロッキーと四つの部門があって、入会金を納めれば、あとは一回500～1500円のチケットで参加できます。モデルさんをスケッチするときは2500円のチケットです。基本的にはヌードですが着衣のときもあります」

100年以上続く、在野の美術団体。名誉やお金のためでなく、本当に絵が好きな人たちが集まる快い空間だ。

フランス語が通じる小さな酒屋さん

山内屋

（取材日　2022年11月11日）

かつてご主人、山内邦夫さんがスクーターに乗って配達する姿は谷中の名物だった。いすを勧めてくださるが、「私はいつも立ち仕事だから」とご自分は座らない。

「古いお店は次々なくなるね。谷中銀座も魚亀さん、杉田の豆腐屋（武蔵屋）さん、濱野の下駄屋（濱松屋）さんもなくなった。うちの隣の和菓子の日暮《ひぐらし》さんもなくなったし。酒屋の世界も変わってしまったからね。うちは転換は早かった。息子が継いでくれたしね」

――お店はいつからやっているのでしょう。

「うちの祖父は九州の鹿児島始良《あいら》の人で、東京に出て最初は警察官、そのあと練馬のほうで郵便局を開いたらしいですよ。その息子が父の山内俊治《としはる》で、朝倉彫塑館のならびにあった酒の配給所に勤めていたんです。昭和7（1932）年に免許を取って、経王寺さんからここに土地をお借りして独立。当時は配給制度と免許制で、なかなか酒屋にはなりたくてもなれなかった」

味見しないとポップは書けません

「私は昭和19（1944）年の生まれで、第一日暮里でなく、谷中小学校に通ったんです。疎開はしなかったんですが、谷中の瑞輪寺さんのところへ越しました。そのときは本行寺に増田さんという、そのあと瑞輪寺さんのご住職や、中山法華経寺のご住職になられたエラいお坊さまがいらして、その方のお世話になっていたもんで。そのときの同級生が阿部建築の社長。キッテ通りの切手屋さん屋代君も同級生。

戦後、オヤジがここにバラックみたいな店を建ててね。そこに写真があるでしょう。懐かしいなあ。父の代ではお寺さんはじめ、御用聞きに行って届けるのが仕事でした。当時は黄色い氷の冷蔵庫だったよね。毎日、氷屋さんが来て」

近くでエプロン姿のおかみさんがインタビューを見守っている。

――いつ子さんはどこから嫁がれましたか。

「私は新潟の長岡です。司馬遼太郎さんの『峠』の舞台ですね。河井継之助の。花火も有名です。来たのは昭和48（1973）年の9月。お見合いと言うより、紹介してくれる人がいまして。私が来たときには彼とその妹で切り盛りしていたので、若々しい店でしたよ」

鈴を振るようなきれいな声だ。邦夫さんがつづける。

「というのはね、私は父が40歳のときの子で、私が高校のときにはもう倒れてたんですよ。だから店の革新は早かった。戦後は日本酒や焼酎が主流だった。30年代半ばから冷蔵庫が普及して冷たいビールを飲む時代になり、それからウイスキーの時代、そのあと昭和55（1980）年ごろかな、金曜日にはワインを飲もうなんてブームになったんです」

――ああ、市川染五郎、いまの白鸚《はくおう》さん、おきれいな藤間紀子さんと夫婦でマンズワインのＣＭに出てました。

「昔は免許制が厳しくて、免許がないと酒が売れなかった。でもいまは免許っていっても許可制だしね。スーパーでもコンビニでも酒を売るようになったでしょう。だから配達を減らして、個性的な店をつくり、店売りに徹して、ポップも早くから立ててた」

——ご家族みんな、お酒つよいですか。

「そりゃあね。味見しないとポップは書けませんから。どれがおいしいですかと尋ねられても、味を知らないと」

——店を継いだころとはどう変わりましたか。

「昔ほどみんな酒を飲まなくなったね。銘酒とか蔵元とか騒いでいるが、全体として日本酒の消費量は落ちている。でもいい日本酒はフランスワインみたいに、蔵元さんによっては、３割ぐらい海外で売れているそうですね。それで息子はフランスに行った」

三代目が醸造地で買い付けたワイン。しぼりたての日本酒も

いまは息子の和行さんが中心だ。昭和51（１９７６）年生まれ、第一日暮里小学校の出身。

「どういう所で、どういうふうに造っているのかわからないと安心しておすすめできません。だから現場を見ます。人にも会います。最初は本行寺の住職の弟の加茂さんがジェトロのリヨン駐在員だったので、学生時代そこに1カ月くらいお世話になって。

2度目はまた別の方の紹介で、ボルドーのワイン学校に半年通いました。シャトーで働いている人が勉強する学校で、学校は週に2回、空いている時間は各地のワイナリーを回って歩きました。その後、半年間ボルドー以外の産地をワイン学校の友達と巡りました。フランス語が話せると、シャトーやワイナリーの対応もまるで違う。こっちの本気度も理解される。店にあるのは僕が直接現地で買い付けてきたものです。白とかロゼのワインは2、3年くらいで飲むほうがよりおいしく飲めると思います。もっと保《も》ちますけどね」

——たとえば、手頃でおすすめのワインを何か教えてくださいますか。

「これ（シャトー・ペナン　グランド・セレクション）はボルドーのワインで、ブドウの品種はメルロー100パーセントです。ボルドーでメルロー100パーセントのワインというのは、ほとんどないんです。

このワイナリーの葡萄メルローの出来が非常にいい。オーナーがつくりはじめたワインで。フルーティで濃くて、若いときは渋みがありますけど、熟成すると甘みも出てきます」

——前にフランスの友人を連れてきたら、和行さんがフランス語を話すので驚いてましたね。町の小さなお店でフランス語が通じるとは。

「英語が基本でしょうが、フランス語もできると世界が広がります。海外を旅するワクワク感を自分で味わったから、この店も海外のお客さんがたくさん来るようなお店にしたいですね」

——私もワイナリーの現場を見ている人のおすすめでいいワインを買いたいけど、持ち帰るのは重いし、うちにも若い客が多く来るしで、ついネットで安いのを1ダースとか買ってしまいます。

「それもいいと思います。でも、樽買いして日本で詰めているのも多いでしょう。金賞受賞といってもどんなコンクールなのかがはっきりしないこともあります」

——最近、コルク栓でなく、金属のスクリューキャップが増えましたね。私、コルク栓を抜く力がなくなってきて、キャップは正直言って楽です。

「コルクでないからといって品質に与える影響はないでしょう。オーストラリアやニュージーランドではスクリューキャップにしている高級ワインもあり、熟成に問題はないようです。ただ、レストランでソムリエがワインをグラスに注ぐときには、スクリューキャップやプラスチックコルクではさまになりません。プラスチックは、コルクのカビの匂いを防ぐために考案されたのだと思いますが」

——もうすぐボージョレーヌーボーで、またあの大騒ぎかと思うといやになります。

いつ子さんが口を添える。

「もともとはボージョレー村というところで、ガメイという軽くて酸味も少ない品種で新酒をつくっていた。今年のワインはよくできたぞと、村人たちがワクワクしながら封を切るという地域のお祭りでした。それが輸入商社の商戦で、誰よりも早く飲むのがボジョレーとなって、大騒ぎになってしまいました。ちょうどいま、新しいポスターが届いたところ。毎年、きれいなポスターなんですけどね」

「旬が好きな日本人に合っていたんだろうね」と邦夫さん。

――どんな人がワインをお好きなんでしょうか。

「海外に駐在されていた方、海外旅行が多い方。藝大の先生や学生さんなども結構来られますね。谷根千に町歩きに来て、中野屋さんで佃煮を買ってついでにうちものぞいてくださる方もいます」

――お宅から仕入れるレストランもありますか。

「はい、銀座まで配達もします。なかなか飛び込みでは取り引きできないですから、やはりどなたかに紹介されたお店だけですね。このあたり個性的な酒屋が多いのは谷根千という土地柄でしょうか」

和行さんの話に父邦夫さんが付け加える。

「荒川支部は酒屋が50軒あったけど、いま20軒です。おばあちゃんがひとりでやっているところなどはなくなりますね。酒屋を継がない人も多いし、コンビニに転換しちゃうところも多い。ここも並びでは大島屋さんが角打ちで愛された店でしたがなくなりました。この前、平成生まれの人が、酒屋さんに初めて来たと言ってたな」

――和行さんは継ぐ気まんまんだったんですか。

「学生時代から家でバイトしてましたから。お客さんも詳しい方が多いので話をしたり、自分でいろいろ調べたりするのも好きなんですよ」

男性のお客さん来店。迷いなく、冷蔵庫の銘酒の一升瓶をさっと取るとお金を払って帰る。自分の飲む酒が決まっているのだ。この店はこういう常連に支えられてるに違いない。

「新酒のしぼりたてが入ってきたんで。できたてのお酒は香りも味もひと味違うんですよ。これからおいしいのがどんどん出てきます。もちろん一升瓶で買うほうがお得なんですが、冷蔵庫に入りにくいですし、注ぎにくいですから、四合瓶で買う方が多いですね」

和行さんの妻の舞さんも午後には店番に来るという。

「うちは娘がふたりでまだ小さいんですが、商売の面白さが伝わるといいな。人が集まるところは面白いですから」

帰り、楽しく食べながら飲む家族の姿を心に描いて、なんだかほくほくした。

谷中育ちの
本場仕込みフレンチ

SUGIURA

（取材日　2022年3月19日）

谷中の朝倉彫塑館の前に「ＳＵＧＩＵＲＡ」というフレンチレストランがある。前は同じ名前の和食の店だったが、息子さんの代からフレンチに。２０１５年のオープン以来、やっと訪ねることができた。予約を取ったときの電話の対応があたたかい。

お昼でも６０００円なので、なかなか訪ねられないでいた（平日は４８００円のコース〜）。でも食事をいただいた結果、この内容からすると正直で誠実な値段だと思う。１階のカウンターで、夜の仕込みに余念がない主人の杉浦功一さんの話を聞く。

「スタッフ数人いたのを、コロナになっていまは妻とふたりでやっています。座席数も減らしました。それでも常連さんが来てくださってありがたいです」

——野菜がとてもおいしいです。

「野菜でもなんでも、いいものを仕入れられるように心がけています。タンポポなどはフランスから取り寄せです。いまは春、イタリアのプンタレッラ（チコリの一種）も終わりかけ。春野菜は苦みが身上です。

これからは白アスパラ。外国産はやや苦みがあり、日本産は甘いです。国内の野菜も厳選しています。最近はご自分で発信している農家さんも多いですし、発信をキャッチして、いいネットワークを持つことが大事ですね」

——杉浦さんは、もとは和食のお店でしたね。

「谷中に出てきたのは曾祖父の代で、杉浦多七といいます。その上の代も飲食をやっていたらしいんですが、名前まではわかりません。初代から料理屋なんですが、その次のおじいさんの正雄が、もとは築地で魚の卸をやっていて魚河岸《うおがし》の副理事なんかもやったそうですが、仕出しもはじめました。

戦争から帰ってきて、谷中という土地柄、法事の仕出しのお弁当をはじめたのはこの人です。浄光寺さん、自性院さん、天王寺さんなどにお届けしてました。

顔の広い、でも厳しい人でした。うちに伝わる話では当時、彫刻家の朝倉文夫先生と懇意にして、その紹介で赤坂のほうの、ものすごいお金持ちのお屋敷に遊びに行ったそうです」

和食・仕出し弁当の「すぎうら」からフレンチの「SUGIURA」へ

——私はいまを去ること50年、18歳のときに前の朝倉彫塑館にアルバイトで土日勤めていました。当時は朝倉先生の奥さまの甥御さんの山田夫妻が管理人を務めておられました。土日はお茶会にお貸しするのですが、私の仕事は炭をおこし、やかんでお湯を沸かすこと。掃除も雨戸の開け閉めも数が多くてけっこう大変でしたよ。

そしてお昼に「すぎうら」さんの仕出し弁当が届くのですが、なかには私たちアルバイトの分も頼んでくださる豪儀な先生もいて、そのときは天にも昇る気持ち。やったーという感じでした。

「それは初めて知りました。朝倉先生と懇意だったのは知っていましたが。たしかに来られるお客さんで朝倉邸のお茶会に出たとおっしゃる方はいましたね」

――黒い塗りの箱に入った、それはそれはとりどりの珍しい肴。幕の内弁当というのか、松花堂弁当というのでしょうか、黒ごまを振りかけた小さなご飯がついて、お吸い物がついて。先生によっては簡単なお稲荷さんの日もありましたが。杉浦さんのお弁当がいただける日は本当に幸せだったんです。

当時のバイト料は時給200円で、1日で1500円ぽっち。それとは別に家庭教師のバイトもしていて、そちらは週1回、2時間ずつ教えて、月に1万5000円でしたけど、でも、あそこの場にいられることが至福の時間でした。アルバイト仲間は藝大の受験生とか、若くてやんちゃな人ばかりでした。

「おじいちゃんが出てくるので思い出しました。日本研究者のジョン・ネイスンが撮った『フルムーン・ランチ（満月弁当）』というドキュメンタリー映画にはうちがでてきます。当時、家族五人で、父の弟もいました」

――調べてみますと、ネイスンさんは1940年生まれのユダヤ系アメリカ人、ハーバード大学から東京大学に留学。1976年にその映画を発表し、三島由起夫や大江健三郎の翻訳もしています。水谷八重子主演の「唐人お吉」で相手役、タウンゼント・ハリスを演じていたり。のちにカリフォルニア大学サンタ・バーバラ校の教授になってます。

「それは知りませんでした。父は敬三といいまして、戦後の昭和22（1947）年生まれです。父は京都・錦小路の『御料理 井傳《いでん》』で3年くらい修業したと聞いています。いまもある店ですよ。父の代になると、お客さまが核家族化して、大々的な法事をやる方も減ってきて、仕出しから和食の料理店に変えたんです」

——そうですか。地域雑誌「谷根千」をやっていた初期も和食のお店だったと思いますが、結局一度も伺えませんでした。

「私が成人するころには、もう仕出しはあまりやっていなかった。土日は松花堂弁当を出して、平日は焼き魚定食みたいなものを出してました」

窓の向こうに朝倉彫塑館の黒い壁

——シェフは、谷中育ちですか。

「そうです。昭和51（1976）年生まれの46歳です。幸せだと思いますねえ。谷中墓地、上野公園、東大グラウンドなどで遊び回っていましたから。家は忙しかったのでほったらかしでしたが、自然のあるところで育ってよかったです。缶蹴りとかとか、ポコペンとか、東大の三四郎池でザリガニを捕ったり。駄菓子屋もたくさんありましたし。楽しい思い出がいっぱいあります。

ファミコンが買ってもらえずに友達のところに行きました。谷中小学校、上野中学です。当時はバスケットボールをやっていました。同級生には住職が何人かいます」

――どうやってフレンチのシェフになられたのですか。

「やっぱり料理が好きでその道に行こうとは思いましたが、自分は和食より洋食に興味があった。それで、最初は銀座の多国籍料理のキハチに勤めて、さらにオストラルという銀座の店に勤めました。もう働きづめ、谷中に住んでいても帰って寝るだけでしたから。地下の店から外に出ると『あ、雪が降ってる』とか。

まだ20代だったので、フランスに渡って、ビストロだの、お菓子屋だの、あちこちのレストランで働かせてもらって。先輩の紹介があれば、そして仕事ができれば雇ってもらえます。お金は苦労しましたが。了〓寺《りょうごんじ》さんの近所に住んでいらしたフランス人の方からフランス語を習えたのも大きかったです。

パリとかリヨンの南、ヴァランスとか、ブルターニュにも行きました。そのころはヌーヴェル・フレンチの流行のあとくらいかな。スペインの風が入ってきた。若いからできたことですね。フランスには3年半いました。父が15年ほど店をやっていたこともあり、谷根千に人が来るようになって、ここでもできるかなと。1階は厨房をフレンチ向きに変えて、2階を客席にしました」

——この高台には、食べるところは少なかったですものね。「谷根千」の配達の途中で、お昼を食べるためにわざわざ坂を下りないといけなかった。お魚もお肉もあれこれ仕入れるのは大変ですね。

「ありがたいことに、開店当初からお客さまが来てくださいました。近所のリピーターの方も増えましたし。メニューは定番のプリフィックスですが、リクエストがある方にはそれ以外のものを作ります。

鴨も大好きなのですが、海外で鳥インフルエンザがはやったり、燃料の高騰で輸送料が上がったり、いまは農業国ウクライナから食材が来なくなったりで」

ワインはフランスをメインに、知り合いのソムリエに推薦してもらっている。最近、日本食への関心も増し、取り入れたいという。仕込みをしながらさくさくとなんでもオープンに話してくれた。

2階の窓の向こうに朝倉彫塑館の黒い壁が見える。1階は洋食のための厨房、作業台も壁もピカピカ。

「どこを見られてもいいように、ちゃんとしてます」

おいしすぎる松花堂弁当の「すぎうら」が、なにを食べてもおいしいフレンチの横文字「ＳＵＧＩＵＲＡ」になったのは、必然的な感じだった。長く続けてほしい。

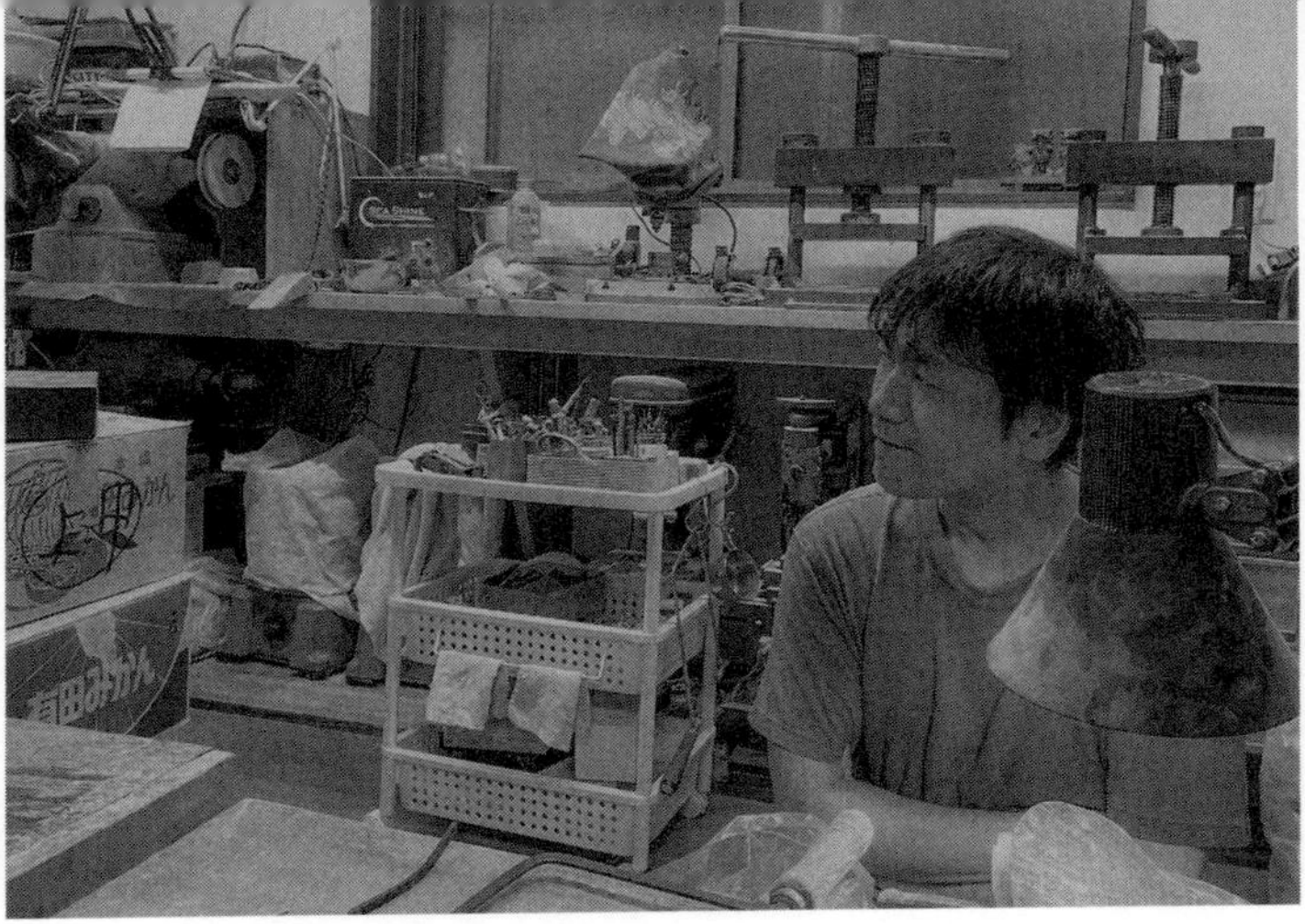

顕さんはスマートで都会的な職人

赤塚ベッ甲

（取材日　2023年5月23日）

四半世紀前、ここのウィンドーにきれいな鼈甲《べっこう》の丸眼鏡があって、一緒に歩いていた写真家のアラーキーこと荒木経惟《のぶよし》さんが、「む、これいいな」といって即座に買った。「森さんにもなんかプレゼントしよう」とお花の形のブローチをもらった。男性にアクセサリーを買ってもらったのは後にも先にもこの一度だけだ。

「覚えてますよ。あれ、僕がこの道に入ってすぐのころ」と、赤塚顕《あきら》さんは言う。

お父さんの博さんはもう少しふっくらして無口な、いかにも職人という感じだった。息子の顕さんはスマートで都会的な感じだ。

「父は東日本大震災の翌年に70歳で亡くなりました。がんが1月に見つかって、半年はもちませんでした。昭和16（1941）年生まれ。新潟の燕市の出で、小さいときに両親とも亡くしています。中学を出て、高校も少しは行ったらしいけど、卒業しないで、とにかく東京に出たかったらしい。母も同じ新潟の出身です」

――お父さんはなんで谷中に？

「上京して、この近くの鼈甲の相沢さんに弟子入りして、住み込みで修業しました。すごくよくしていただいたようです。奥さんもやさしい方で。休みの日は根津の映画館に連れていってもらったり、お得意さんも分けていただいたらしいし。

いまは息子さんが継いで、鼈甲の時計のバンドとか、アクセサリーとか、ユニークなものをつくってらっしゃいますよ。素材の使い方も独創的です。
団子坂下の大澤鼈甲さんも相沢さんからの分かれです。もうおひとり、西日暮里にも文京区から移っていらした田中さんがいて、この辺で鼈甲屋は4軒ですね」

父の下で15年間修業。土地も道具も残してくれた

——ほかの地域と比べてずいぶん多いかも。

「これでも減ったんですよ。東京で組合に加盟しているのは20軒くらいですか。組合があるからみんな知り合いです。全部一品ものなので、競合はしませんし。父が独立したころは注文がひっきりなしで、お互い仕事を紹介し合って。長崎にも職人さんが多いです。それと大阪。
父は10年で独立して、所帯を持ってこの路地の奥にいた。ここにあった『いろは煎餅』のおばあちゃんが店じまいするので、父は譲ってもらった。越後から出てきて、とにかく土地を買って一戸建てを建てなくちゃという思い込みがあったらしい。いい時代だったし、土地も道具も残してくれていま思えばありがたかったですね」

——顕さんは最初から継ぐ気でしたか。

「子どものころはそう思ってました。でも、いろんな職業に憧れて、お医者さんにもなりたかった。『ブラック・ジャック』が流行っていたころですから。もう少し数学が得意ならね。勉強は嫌いではなかったですが。

谷中小学校、上野中学、高校から法政の附属に行ったので、そのまま法政大学に入り、八王子の社会学部まで通いました。いったん一般企業に就職したんだけど。本当はジャーナリストになりたかった。でも、真実を伝える仕事は社会に与える影響が大きいし、責任が重い。それを自分が負えるのかと思って、マスコミは受けませんでした。

高校は服装も自由で、大学4年間も好きなことをやっていました。会社員というのはどうも性に合わなかった。それで、父に後を継ぐというと、やれともやめろとも言わなかった。23からはじめていま50ですからもう26年。そのうち15年くらいは父から仕事を教われました。ちょうど大学生のときに、鼈甲の素材となるウミガメの甲羅が輸入禁止になったんですね。そういうのもあって、やれる人もいなくなってくるし、この仕事を残せればという思いもありました」

——お父さんはどんな方だったんでしょう?

「父は淡々と仕事をしていて、基本、褒めたりはしなかったですね。でも自分の仕事だけが正しいと押しつけることはない。私が修業しているときも、ほかの職人さんのところに連れていって、仕事を見せてもらったりもしました。だからといって、それをまねしろとか、まねるなとかも言わない。いろんなところを見て、自分で考えろ、と」

――何年やれば一人前になるのですか。

「まあ5年くらいですかね。父が不得意なところ、たとえば、昔は分業だったので、眼鏡のテンプルに金属を埋め込む加工なんかはよそに出していたわけです。そうした仕事は父の仲間の職人さんから教えていただきました。いまはなんでも自分でやらないといけないので」

――少し工程を教えてもらえますか。

「材料は、タイマイ（玳瑁）というウミガメの甲羅ですね。まずはプラスチックでつくりたいものの型をつくり、それを鼈甲の上に載せて細い金属であたりをとり、糸鋸《いとのこ》で切り出します。場所によって厚みが異なるので、その厚みを均等にするように薄いところに足して、一定の厚みになるように水と熱と圧力で接着。それを曲げながら成形していく。色合わせとかにも気を遣います。

アジアには鼈甲の性質を利用して食器とか、調理器具、例えばおたまみたいなものをつくっていた民族もある。またヨーロッパの貴族の衣装などにも鼈甲があしらわれています。日本にも輸入で入ってきて、それを加工する職人がおり、その工程を描いた『玳瑁亀図説』という江戸時代の本が復刻されています。作業場や道具も描かれていますが、意外と変わっていません。道具は、糸鋸と小刀、あと『雁木《がんぎ》やすり』という道具は、鼈甲を扱う人しか使わないでしょうね。

古くからでは、かんざしや櫛などの髪の装飾品、帯留めなど、これらはいまも数は少ないですが、芸者さんとか、和服を着る方からの注文があります。また特殊なものでは津軽三味線のばちは鼈甲と決まっています」

だらだら仕事はせず、休むときは休む

——お店の中をゆっくり眺めてると面白いですね。眼鏡もいろいろ。

「昔は政治家なども結構鼈甲ぶちの眼鏡を掛けていた。池田勇人さん、小渕恵三元総理などは鼈甲眼鏡がトレードマークでした。後藤田正晴さんの眼鏡は父がつくったと聞いています。

鼈甲眼鏡のコレクターという方もいらして、その方から見せていただいた見本で同じようなものをこしらえたりしたこともあります。昔の眼鏡でちょっと特殊なんですけど、ねじを使わずにクジラのヒゲでつくっているんです」

——へえ。眼鏡に取りかかったらずっと眼鏡ですか。

「はい。結構手間がかかります」

——うまくいかないこともありますか。

「もちろん。うまくいくときは段取りもよく、すいすいとできあがる。一度うまくいかなくなると、あれこれやり直しても結局、納得のいくものはできない。そういうときは無理に続けず、やめて作り直すほうが早い。どっちみち、材料はまた何かに使えますから無駄にはならないんです。その合間に、イヤリングとか指輪とか、小さなものを作ります」

——仕事の時間のやりくりとか、めりはりをつけるのが大変でしょう。

「そう。だらだら仕事をしないほうがいい、休むときは休め、といわれました。ですから日曜は休みです。あとの日は朝8時半ごろから始める。夜は納期に合わせて、時には夜中まで……」

——お父さんもそうでしたか。

「そうですねえ。うちは母親も磨きとかは手伝っていました。タイマイはそのままではつやがない。それでできあがったら、オイルをちょっとつけて磨くんです。以前は女性の職人はいなかったんですが、西日暮里の田中さんはお嬢さんが後を継いでいますね」

——竹籠は伝統工芸展とかあるらしいですが。

「僕たちは職人であって芸術家ではありません。実用品ですし。頼まれたものを忠実につくるのが第一です。ときどき自分の工夫で遊び心のある物をつくったりしますが。

あんまり高くないものが常に売れているのがいい商売な気がする。高価なものが売れてそれに頼り切りになっちゃうとね。昔はお彼岸でお墓参りに来たときに買って、そのあとも来てくださるということがあったけど、谷中も観光地化してお客さんの層が変わりましたね。お彼岸の人の少なさというのは年々感じます」

――材料はどこから仕入れるんですか。ワシントン条約で規制もあって大変でしょう。

「そうですね。でも象牙よりは厳しくありません。象牙を扱うには登録が必要で登録料もかかりますし。

鼈甲は、組合でせりをやっているのと、あとは各自タイマイのストックは持っています。ただ量としてはあるけど、この色がだんだんできなくなってくる、というのはあります。黄色い材料とか、真っ黒とかは意外と少ないので。

いま石垣島でタイマイの養殖もしてるんです。象牙は養殖できないですから、材料の調達も大変ですよね。ただ、鼈甲は国外への持ち出しが禁止されていますので、残念ながら、外国人の観光客にはお売りできません。日本在住の外国人が日本でかける眼鏡とか、日本人にプレゼントするためにお求めになるのはOKですが」

――赤塚さんは眼鏡がお得意なのですか。

「一応、眼鏡をメインにつくっています。父もそうでしたが、眼鏡は一定の方が買ってくださいますから。フランスで鼈甲眼鏡をつくっているフランス人がいて、それはものすごい値段らしいです。アクセサリーは流行り廃《すた》りがあって、いまはネックレスやブローチよりも、ピアスとかのほうが売れるかな」

——なにか記憶に残る注文はありますか。

「ええ、煙草のキセルの吸い口をつくってほしいと言うので、どうにかできたけど大変でしたね。もう引き受ける気はしませんね」

——鼈甲がつやがなくなったらどうしましょう。

「磨き直しすればいいんです。ものによりますけど、眼鏡だと6千円くらい、ブローチとかイヤリングなら千円くらいですよ」

——休みの日曜日は何をしておられますか。

「趣味はないんです。昔はお酒も飲んだんですが、コロナ禍になってワクチンしたら副反応がひどくて、飲んでもおいしくない。もうたっぷり飲んだしね。地域の消防団をやっています。谷中はみんなが気をつけて火事はまず出ないんだけどね。でも地域のつながりは楽しいですよ。今週末も谷中コミュニティ祭りがあるので」

さっぱりと人柄のよい、顕さんは時間を惜しまずに丁寧に仕事を説明してくれた。

第二章
根津

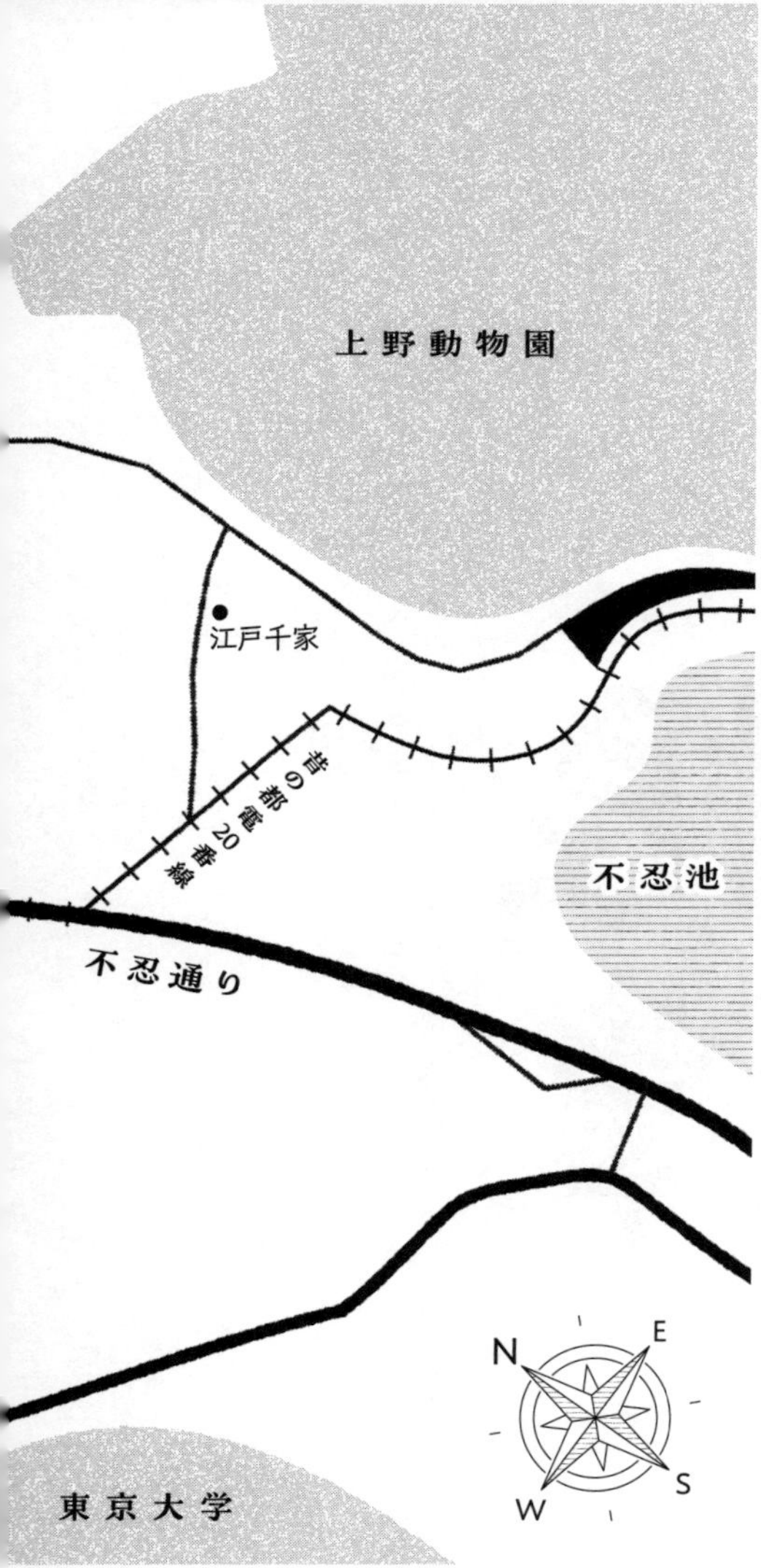

根津神社は須佐之男命《すさのおのみこと》を祀る古社である。江戸時代、六代将軍となる徳川家《いえ》宣《のぶ》の産土神《うぶすながみ》であったことから、現在の壮麗な社殿が造られた。門前には岡場所ができ、明治21（1888）年、洲崎《すざき》に移転した。私にとって根津といえば都電の停留場である。あの卵色にこげ茶の帯を巻いた都電20番線が、朝から晩まで行き交っていた不忍通り。チンチンと紐を引っ張る車掌さんが、次はネヅヤエガキチョー、ミヤナガチョー、イケノハタシチケンチョー、と声をのばす。どんな字をあてるのかわからなくても、車掌さんのあげる声の停留場名はいたくエキゾティックに響いた。江戸千家などは台東区のうちであるが、根津駅に近いので、ここに収めた。

（文京区根津１・２丁目、台東区池之端２～４丁目内）

創業70年の町中華

オトメ

（取材日　2018年11月8日）

根津銀座通りのほぼ真ん中、谷中に向かって右側に「オトメ」という町の中華屋さんがあって、新旧の住民に評判がいい。以前、この商店街はアーケード街だったはずだが、いまはそれを取ってさっぱりした。

1984年に地域雑誌「谷根千」を女性3人で始めたころ、町中のお店に雑誌を委託販売してもらっていたのだが、そのときスタッフの山崎が言った。

「そう軒並み置いてもねえ。『オトメ』は安くておいしいから、取っとこう」

そうなのだ。広告主や委託で置いてもらっているお店に行くと、どうしてもこちらは出入り業者になる。気楽にお客として行けるお店、配達の合間にご飯を食べたり、休憩したりするところを残しておかなくちゃ。当時、通時営業だったオトメに入ると、ああ、ここではお客になれるとホッとしたものだった。

遅い午後の至福の時間

私のイチ押しはやわらかい五目焼きそば。と言っても麺にしっかり焦げ目をつけてください、と注文する。やわらかいそばと、カリッとした焦げ目、そのうえ五目というけど十目くらい具が入っている。

「お客さん、みなさん驚くよ。この前数えた方が10種類以上入ってるって」

私も数えてみた。しいたけ、白菜、人参、キクラゲ、ベビーコーン、銀杏、うずらの卵、豚肉、鳥の唐揚げ、えび……これを少しずつつまみながら、琥珀色の生ビールを飲む、というのが遅い午後の至福の時間。そして春巻きも、おおきな餃子も、ひとつから注文できるのがうれしい。

その後、「オトメ」の評価は上がることはあっても下がることはなかった。そんなに広くはない。満席でも30人ほどが限界の小さな店だが、そんなに混むことはない。感心なのは中華屋さんぽい油っぽさがなく、テーブルの上に一輪挿しが置かれ、バラだの、カーネーションだの、季節の花が飾られていること。

「これを見るとホッとするというお客さまは多いんです」と奥さん。こういうところをケチらない心構えも、お店が長く続くコツだと思う。

パン屋が中華になったわけ

このお店は1948（昭和23）年創業、もう70年目。「どういう経緯で始めたんでしょう。元はパン屋さんだったと町の方に聞いてます」と聞くと、白い、フレンチのシェフのような上っ張りを着たおひげの主人は、弱ったように「複雑な話なんですよ」と言った。

「私の祖母は、まず早乙女《さおとめ》という家に嫁ぎました。子どもも生まれたのですが、その後、夫が亡くなり、今度は落合という人と結婚して、1924（大正13）年にうちの父が生まれたんです。

戦後、早乙女の長男が始めたのが、動坂にいまもあるカフェさおとめです。そして次男はよみせ通りに入る手前の、いま、ホテルになっているあたりにオトメパンというパン屋を開き、隣がパン工場でした。もののない、仕事もないころ、戦争から帰った父は、下の兄と協力して、そこでパンを焼いていた」

——なるほど。そのころは町で焼くパン屋さん、珍しかったでしょう。

「GHQがアメリカの小麦を輸入させて、パン食を奨励したかったのもあるのでしょうね。GHQはパンを焼く学校まで経営していました。そこで父も習った。オトメパンでは、近隣各学校の給食のパンも焼いていました。

日本医大の坂の下では伯母（母の姉）が中華料理店をしていて、そこでもオトメパンを売っていました。当時、父は根津のいまの場所でパンを販売していたのですが、伯母が体力に自信がなくなってきたこともあって、お互いの店を取り替え、父がそちらの中華の仕事を引き継ぐことになったんです。

やがて、一緒に仕事をしていた下の兄が亡くなったこともあって、パン屋のほうは閉めたんです」

——たしかに複雑。昔のオトメパンの袋を持っている方から「谷根千」に問い合わせがあって、「オトメ通りというのはどこのことですか」と聞かれました。

「一時期、オトメパンは本店のほか、日医大下と、藍染大通りのこの前まで印刷屋さんだったところと、こちらと、あと上野広小路にも店舗があったんですね。本店や工場のあったあたりの、よみせ通りの続きの団子坂寄りが、オトメ通りと呼ばれていたそうです」

大人たちが子どもをちゃんと見ていた

——なるほど。それで、谷根千の思い出話にオトメパンの話がよく出てくるわけです。

「私は昭和26(1951)年に根津で生まれ、いったん日医大の坂の下の店に越して、根津に戻ってきたのが昭和40(1965)年、東京オリンピックの翌年です。中学生のころから手伝わされていましたね。日医大の先生方がランチをたくさん取ってくださいました。ラーメンじゃなくて、鳥の唐揚げとか、しゅうまいとか、盛り合わせたランチを届けていました」

——この味は中国のどこの味?

「たまたま雇った人が広東料理に長《た》けていた。その技術を惜しげもなく伝授してくれました」

――湯麺もおいしいし、中華丼がまたおいしい。しかしこんな130種類もの料理を自在に出すには、たくさん材料も揃えなければならないから大変ですね。とくにおすすめは？

「レバニラ炒めは、レバーが新鮮なので、レバー嫌いのお子さんも食べられるって。新鮮じゃないと、血抜きしたりしているうちに、旨みもみんな出ちゃうんですよ。野菜嫌いのお子さんも、うちの炒め物は喜んで食べるとお母さん方が驚かれます。おたくの水餃子で育ちました、という人もいる」

そう言われると、味見してみたくなる。まあ、驚いた。レバーは最初に味をしっかりつけてあって、思ったよりよく炒めてある。それとニラやもやしのシャッキリ感がたまらない。ほかにも練りゴマで作った「オトメそば」、夏はさっぱり「トマトそば」、さらに今の時期は「冬瓜の炒め物」も人気だ。

ご主人の秀雄さんも渋い二枚目だが、奥さんの都さんもまたいつまでも歳をとらない。親切な方。

「実はね、来年（2019年）2月にいったん閉めて、再来年の年初めまで、建て直すんです。もうさすがにガタがきましたので」

「根津を長く見てこられて、印象に残るお客は？」と尋ねると、「近隣の一人ひとりの方のお顔が思い浮かびますね」という答えが返ってきた。

「小さいころ、このあたりの路地で騒いでいたりすると、近所の大人たちから『うるさいよ！　静かにしな』なんて怒られて。こっちも『うるせえ、ババア』なんて、悪態ついたものですけど。あと、当時は銭湯だったから、『水、出しっぱなしにするな』とか、『きちんと体を拭いてからあがれよ』と注意されたり。そうやって、まわりの大人たちが、子どものことをちゃんと見ていてくれた。いまは失われてしまったけど、そういうのが根津だよね」

――先代ご夫妻はお元気ですか。

「前、『谷根千』で話を聞きに来てくれたころは父（光《みつ》さん）がやってたと思うんですが、父も母（貞子さん）も90過ぎて、もう店はやっていませんが元気です。大方の見るところ、お袋がいなかったら店は続かなかったと思いますよ。

お袋は、いまも買い物に行ってくれたり、パッパッと自分でよく動きます。家族だから、言いたいこと言いあって衝突することもあるけど、細かいところまで目が届くし、がんばり屋ですよね。そうじゃないと、やっぱり商売、つとまりません」

ご主人はそう言って、奥さんへ目を向けた。たしかに、おかみさんの笑顔がなければ、店は成り立たない。カーディガン姿の近くのおじいちゃん、東大の学生、家族連れ、遠くから来るファン、誰にも平等な応対がうれしい。

「できるだけいまのスタイルを壊さないように建て替えたいんですがね」

ぜひ、そうしてください。お願いします。

2024年暮れ、新しくなった「オトメ」に行く。あいかわらずの盛況。私はいつもの「やわらかい焼きそば、麺は焦げ目をつけてね」と言うと、まさに注文通り。久しぶりにご主人の話を聞きたいと思ったが、2時を過ぎても次々と客が入ってくる。またの機会に。

根津のお守りみたいな甘味屋

芋甚

（取材日　2018年11月8日）

藍染大通りにあって、気楽に入れる甘味屋さん。私がこの店を知ったのはもう50年以上前だ。たしか「装苑」という雑誌で見て、近くだからと訪ねたのだった。壁一面の大きな鏡、淡いシャーベットブルーの壁、天井に回っていた大きな扇風機。

「うちはそのころ、〝ミルクホール〟的な存在の店だった。喫茶店なんて名前、なかったものね。ほかに尾張屋という屋号もあって、でも町の人はなぜか『いもじん』と呼ぶ」と四代目の博康さん。

初代が甚蔵さん。大正時代は炭火を使って、神田多町《たちょう》のやっちゃ場（青物市場）で仕入れた芋を斜めに切り、平鍋の上で焼いていた。庶民のおやつに、夜食に、欠かせなかった。焼き芋屋の甚蔵さん、略して「芋甚」。

60年も使っている銀の食器

「尾張屋というのは尾張出身だったからなんでしょ。初代の曾祖父は知りません。亡くなったときの葬式はこの道、人でいっぱいの大行列で、鳩を飛ばしたりしたようです」

――放し鳥、鳥の命を救って善行を積み、極楽に行っていただこうということですね。

「その後、二代目の和助が、大正12（1923）年の震災で、大火事を見てから怖くなって、焼き芋屋からアイスクリーム屋に変えたの」

——でも、電気冷蔵庫がない時代に、どうやってアイスクリームを作ってたんだろうねえ。

「氷と塩で冷やしてたと思いますよ。その氷をどうやって調達したのかまでは知らないけど。材料は昔とほとんど変わらず、脱脂粉乳、全粉乳、加糖・無糖の2種類の練乳。この4種類のミルクと砂糖を入れるだけ」

——それであのさっぱりと口当たりのよい味になるんですね。変なフレーバーついてないし、膨張剤とか保存剤とか、添加物もなし。モナカアイス、コーンアイスのほかに、バニラと小豆のアベックアイスが定番ですね。

「戦後に進駐軍が来たころにつけたんでしょう。横文字解禁で」

——母たちの娘時代には、フランス映画を見て、アベックとかランデブーとか、流行ったらしいよね。それも、いまどき280円というのは安くない？

「この真鍮のアベックアイスの容れ物なんか、もう60年も使っているよ。そのほかに、僕が子どものころは家族総出でアイスキャンデーを作って売ってた。チョコレート、みかん、イチゴと何種類も、割り箸を刺して作るやつ。何しろ兄弟が9人いたもん。うちの父市蔵が長男で三代目を継ぎ、次男、三男、みんな東京のあちこちでお店をやってました」

市蔵さんは他界されたが、長らく三角巾をかぶって立ち働いていたお母さんはお元気だとか。いまは博康さん夫婦が中心。長女が手伝うが、この女性ふたりが優しくて明るい。いまはアイスキャンデーはないが、夏はかき氷が人気だ。

「うちのは昔風のシンプルでふわふわな氷。イチゴやメロンのシロップも自家製です」

最近、1000円を超えるかき氷を出す店もあるが、ここは300円台から。そして、あんみつはいまも390円（すべて取材時）。

「あんこも黒蜜も自家製だし、あとの材料もうち用に特別に作ってもらってます。澤の屋さんに泊まる外国の人が見えると、説明が大変。寒天、求肥《ぎゅうひ》、あんこ、豆かん、みんな説明しにくいもんねえ。だいたい、外国で海藻食べる文化や習慣、ないでしょ」

——シーウィード、そうね、採れるけど畑の肥やしかな。

「それで、いま手伝ってくれている長女が、英語のメニューを作ったんだ」

と見せていただいたが、これがなかなか芸術的な出来栄えである。

「『まあ、食べてみて』というしかないよね」

けっこううるさい町。でもなぜか住みやすい

かき氷は9月まで。10月から3月まで、冬は昭和焼。寒いときに、こんがり焼けた分厚い昭和焼は、焼き芋と同様、手を温める懐炉の役目も果たす。

「このあたり、印刷屋さん、工場も多くて、みんな3時のお茶受けに買いに来てくれた。僕の子どものころ、通りには、豆腐屋、魚屋、八百屋、肉屋、パン屋、床屋、貸本屋、なんでもあって、ここから出なくても暮らせたくらい」

ほかにもお汁粉やいそべ焼きもある。

「土日はカップルが多いね。あとは女性同士、老夫婦、親子連れ、案外、男性ひとりでも来る。一日に2回いらっしゃる方もいますよ。下町ブームでドッと来たこともあったが、いまは落ち着きましたね」

藍染大通りがこんなに道幅が広いのは、この一帯、渡辺銀行の渡辺家の土地で、坂上に本家の屋敷があり、そこまで馬車や車で行こうと門前を広くしたと聞いた。その渡辺銀行は、昭和2（1927）年の恐慌で倒産。「あかぢ坂」というのはもともと海産物問屋、明《あか》石屋治右衛門《しやぢえもん》から名付けられたのだが、口の悪い町人は「赤字坂」と呼ぶようになった。渡辺銀行支店はいまの藍染大通りの入り口角にあり、そこに貯蓄していた町人は大事な貯金がパァになったので、そのくらい言われてもしようがないかも。

根津って、谷底に人がひしめいているから、みんな隣近所に関心を持って、結構うるさい町じゃないですか、と水を向けると、「根津で噂は千里を走る。でも住んでみると住みやすい町ですよ」と言う。

背の高い博康さんは、地元の根津小学校から第八中学校に進み、バレーボールの選手だった。

20年前に店を建て替え、自動ドアにした。

「昔の開放的な作りがいいという方もいますけど。冬は寒いし、トイレ貸してください、という方が多いので、建て替えたんです。お、ちょっと入りにくくなったな、と言われましたけど」

いえいえ、街角で相変わらず廉価な値段でアイスや昭和焼を売っているこの店は、根津にはなくてはならない、お守りみたいな店である。

＊2025年2月現在、アベックアイス380円、あんみつ480円。かき氷は480円〜。

先代ご夫妻、市蔵さんと千代子さん

焼き上がるはしから
同じスピードで売れていく

根津のたいやき

（取材日　2018年11月8日）

不忍通りのビルの1階にそのたいやき屋がある。一時は長い行列ができたが、また少し落ち着いて、いつも2、3人が順番を待っている。元は「柳屋」といった。地域雑誌「谷根千」が始まって以来、ずっと雑誌を置いてくれた店だ。

「もう、お袋の十三回忌をやったくらいで。親父は来年。でも、いまだに『お母さん、元気?』なんて言われるんですよ」

——林ヒサさん、本当に、声のきれいな、おおらかなお母さんだったもんねえ。いまでも耳にあのソプラノが響くわ。

「店の創業は昭和32(1957)年。人形町の柳屋で修業した親父・林章三が柳屋の支店としてここで始めた。昭和52(1977)年に暖簾分けで独立。親父は足が悪かったでしょ」

——職人気質で黙々と仕事してらしたけど、話すと優しい人だったわよ。雑誌の配達に来ても行列を待つ余裕がなくて、仕事の邪魔しちゃ悪いからとすぐに帰ったけど。そうすると、オヤジさんが「森さん、ひとつ持ってきなよ」なんて、たいやきをくれた。ずっとご夫婦ふたりでやっていたのね。宣夫《のぶお》さんの子どものころはどうでした?

「昭和50年ごろかな、『およげ!たいやきくん』が流行ったときが大変だった。学校帰ってくると手伝わされてさ。貴重な遊ぶ時間を奪われた(笑)。そのあと10年くらいして、森さんたちが『谷根千』なんて始めるから、時ならぬ下町ブームになっちゃって」

――そう元凶みたいに言わないでくださいよ。

「もっともそのころ、僕はサラリーマンだったから関係ない。僕の代になってから、柳屋でなく、『根津のたいやき』という名前にしたの。僕は親父からしか教わってないから、いつまでも柳屋を名乗ることもないのかなと」

――看板の「根津のたいやき」というロゴと、たいやきの絵がかわいい。

「あれは、デザイナーのお客さんが描いてくれたのをずっと使っているの」

――あんこがあまり甘くなくて食べやすいですね。小豆《あずき》は北海道の使ってるんだ。このあたり、根津製餡という工場もあったわよね。藍染川沿いに。

「なんでも、人形町の柳屋さんの初代はそこで修業したらしいよ。長野の更埴《こうしょく》市（今の千曲市）の人でね、最初はあんこを売ってたんだ。あるとき、磯部《いそべ》せんべいをお土産に買って帰って、それにあんこをはさんで食べたら、うまかった。それでパリッとした皮で甘いあんこをはさむことを思いついた。うちの父もどこかの製餡所に勤めた後に、人形町に勤めたらしい。いまは、あんこもうちで作っているけどね」

宣夫さんは、たいやきの型を絶えずひっくり返しながら、質問に答えてくれる。ちょっと話に夢中になると「いっけねえ、焦がしちゃった」と、ひとつ弾いた。

――店を開けるのは10時ですか。

「だけど、朝4時には起きて、かまどに火を入れてるよ。前の日に洗っておいた小豆に火を入れて餡を煮るとか、仕込みがあるからね。売り切れたら閉店。午後の2時ごろに終わることもある。夜は悪いけど9時前には寝ちゃう。次の朝があるから」

大きなボールいっぱいに作った小麦粉を溶いたものを、おたまですくって型に流す。流す量は意外に少ない。その上にあんこをたっぷりのせる。その上にまた小麦粉を流す。型を閉じてガス台に差し込む。パリパリの薄い皮にあんこがたっぷりが身上だ。

焼き上がるはしから売れていく

たいやきを型から取り出すとき、左手は軍手をつけているが、つけてない右手で焼きたてのたいやきを剥がしてケースに並べる。火傷しないの？

「本当に熱いところには触っていないからね」

はみ出して焦げたところをハサミで切り落として整え、白い紙袋に入れて客に渡すのは、奥さんの由華さん。宮城県の松島出身。「先代夫妻が亡くなってから来たから、前のこと知らないんですよ」と言う。焼き上がるスピードと、売れるスピードがちょうどいい。待たせないで、ちょうど熱々が売れていく。

「1個や2個の人もいれば、50個、１００個と買っていく方もいます」

宣夫さんは足で軽くリズムを取りながら体を左右に揺らす。

——若い人が、初代でもたいやき屋さんをしようと思ったら、どうしたらいいのかな。

「起業ですか？　難しいですよね。たとえば、週にたった40時間しか働かず、他人様の仕込んだものでやろうとするなら120パーセント失敗します。僕自身、大変でしたから。サラリーマンを辞めて後を継いだとき、こんなの簡単だろと思ったら1カ月で音をあげた。もう両手バリバリに痛かった。腰も肩も。適度に力を抜いて、無理なく体を動かす感覚をつかむのに時間がかかりました。立ったままの商売だから、足も疲れないように重心を変えるの。遠赤外線で焼いているからね。夏は暑くて地獄だし、冬は開けっ放しで寒いよ」

町はだんだん変わっていくもんでしょ

——そういえば、アメリカ大使館の偉い人が来てたよね。

「あ、モンデールさん。アメリカの駐日大使だった。本当の日本を知ろうと根津の下町を歩いて、たいやきに出会った。うちの両親は大使館にお招き受けたこともあるんです。日本に来る前は、民主党のカーター政権の副大統領だったらしいね」

ちょうど3人の子どもを連れた金髪のお父さんが買いに来た。

——たいやきとか、アメリカにはないもんね。珍しいでしょうね。

「たいやきは明治42（1909）年に、麻布十番にいまもある『浪花家』という店が始めたそうです。それまでは大判焼きとか、丸い形や楕円形だったんだけど、その店が鯛の形にした。庶民の口には魚の鯛なんか、なかなか口に入らない時代だからね」

——なるほど。いま、休みの日は何をされていますか。

「独りもん時代が長くて散々遊んだから、いまは娘ふたりの世話とか（笑）。お子さま連れてお買い物とか（笑）」

——最近変わったことはありますか。

「町はだんだん変わっていくもんでしょ。今年、あまり商売はよくないね。地震とか水害が立て続けに起こったし。小豆の値段は上がる傾向だし」

——今回の連載では、ずっと長く商売を続けているお店こそ大事にしようと思って。

「そんなのいいよ。僕たち家賃がないからやっていけるんだもん。高い家賃払って新たに進出してきたお店を応援してあげてください」

このハニカミというか、ちょっと斜めなところが、根津の魅力なんだなあ。

宣夫さんは、広い不忍通りの反対側から手を振る人に、振り返した。これ、先代もやっていた仕草である。

若いふたりが引き継いだ悲喜こもごも

BAR 天井桟敷の人々

（取材日　2018年11月8日）

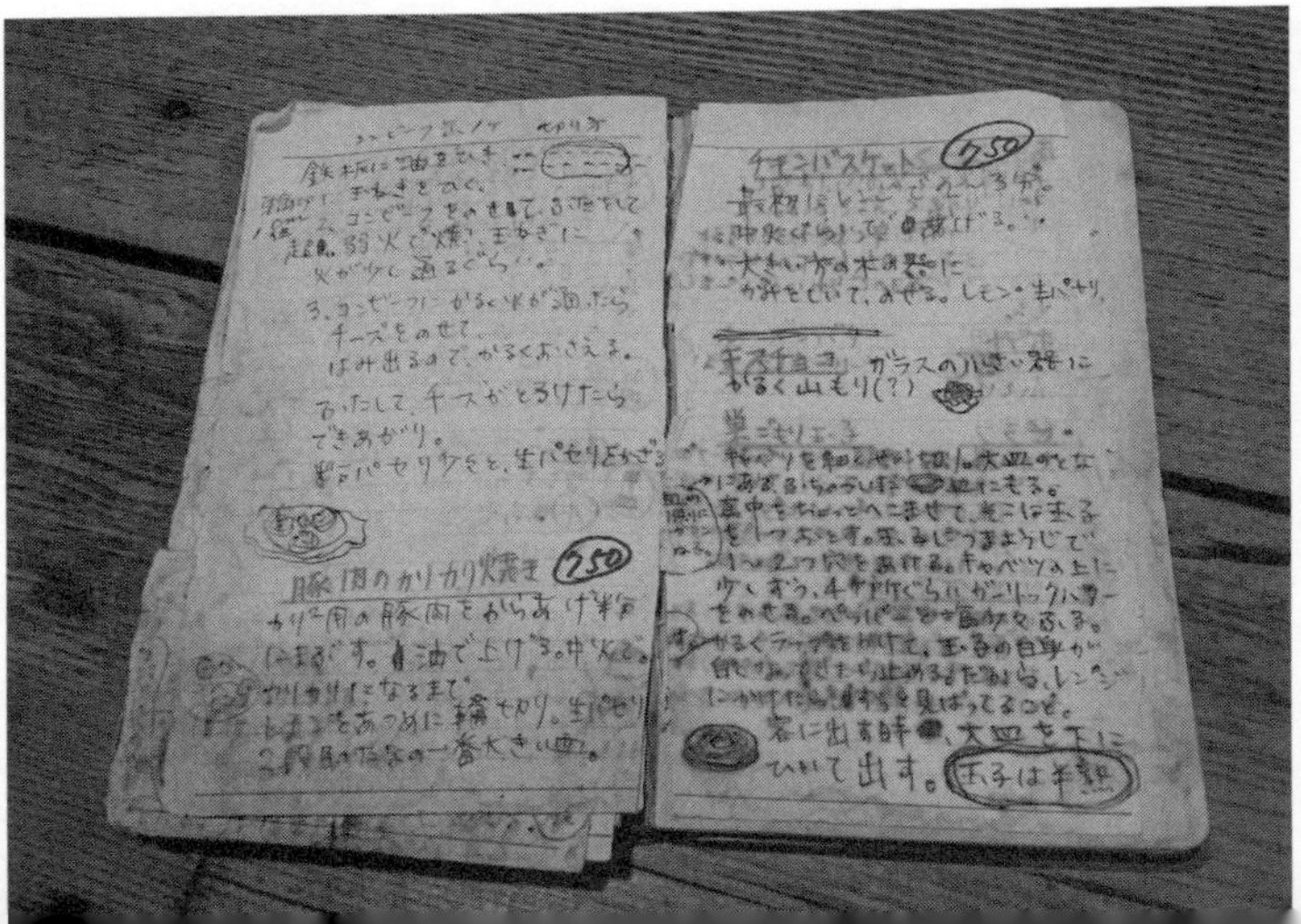

その名も一度聞いたら忘れない「天井桟敷の人々」。根津の不忍通りに面したビルの2階、バルコニーからそのまま入れる場所にある。「谷根千」を始めて間もないころ、さっそく、雑誌を置いてもらうことにした。

夜の居酒屋やバーに販売を委託しても、3カ月して行ってみると、どこかお酒の下に隠れていたり、お酒で汚れたりしていた。「酔っ払いに、また持ってかれちゃった」と支払いを渋る経営者もあった。

「天井桟敷の人々」のマスターとママは一度もそんなことはしなかった。預けておいた10冊なり20冊分の雑誌代を即座に払ってくださった。

夜の配達コースというのがあった。子育て中の私たちが昼間に行っても、バーや居酒屋に人はいない。子どもにご飯を食べさせ、お風呂に入れて寝かしつけ、寝静まったら、地域の両端から配りはじめる。そしてちょうど真ん中、根津の「天井桟敷の人々」が合流点。そのころ私たちは異常に貧乏だったが、「マスター、これで飲ませて」と出たばかりの500円玉をカウンターに転がすと、にっこり笑ってそれで一杯飲ませてくれた。

「そういう人でした」と学生時代からアルバイトをして、いまは堂々の風格、松永小百合さんは言う。

フランスの名画に魅せられて

「マスターは佐野さんといって、元は繊維関係の会社の経営者で、銀座でよく飲み歩いた人です。ママは銀座のバーに勤めて、根津で初めてお店を持ったんだと思います。ふたりはパートナーでした。今年でお店が37年目ですから、昭和58（1983）年、雑誌『谷根千』の1年前に始めたのだと思います」

さんざん、あちこちのバーを経験した佐野マスターは、インテリアの趣味もよく、なによりマルセル・カルネ監督の映画『天井桟敷の人々』に惚れ込んでいた。「犯罪大通り」にあるパリの劇場を舞台に、落ち目の女優ガランス役のアルレッティ、パントマイム芸人バチストを演じたジャン＝ルイ・バローなど、名優たちが繰り広げる愛と自由の物語。それもフランスという誇り高い国が、ドイツに占領されてヴィシーに傀儡《かいらい》政権ができた、まさにその時期に製作された。脚本は、私が大好きな詩人ジャック・プレヴェール。

黒っぽい木で作られた暗い店内、一番大きな壁いっぱいに、その天井桟敷に群がる観客達の映画のスチールが貼ってある。原題は「天国の子どもたち（LES ENFANTS DU PARADIS）」。

「マスターは最初のころ、毎週ここで、上映会を開いていたそうです。初期のころからの常連さんで、もう何百回も見た、いや見せられたという方もいます。佐野マスターはお店を始めて10年経たないうちに体を壊し、美智子ママは自分のご両親と、佐野さんと3人の介護をしながら、お店を続けました」

――小百合さんはいつお店に関わったのですか。

「私は九州の太宰府の生まれです。一浪して藝大に入ったんですが、そのころ、藝大は学科によっては倍率が数十倍。私は染色やテキスタイルが専攻ですが、一浪の私が一番若いくらい、みんな大人で、それだけ美術の世界については詳しかった。友達がこの店の手伝いをしていて、恐る恐る生まれて初めてバーという場所を知りました。それからご縁でアルバイトをすることに。藝大生をアルバイトにしているのもこの店の特徴でした。

佐野さんが書かれたカクテルの作り方や、つまみの作り方の細かいメモがあるんです。美智子ママも介護で大変だったから、早い時間は藝大の若いふたりでやって、ママが来たらあとはおまかせみたいな時代もありました。そのうちにママまで体を壊して、２０１４年に亡くなってしまって。亡くなる前日まで働いていたんですが」

最後はあまりお客さんも来なくなり、経営もよくなかったという。例によって常連の間で、どうやって存続させるか、やめるか、議論があった。小百合さんのパートナーのコウタさんが、福祉の仕事を辞めて、一緒にお店を続けることにした。

地元の味とアートを楽しんで

根津あたりにこんなに本格的なバーがあるかと不思議なくらいである。お酒はウイスキーでもバーボンでもなんでも揃っている。何か変わったのを、と言うと、今日はインドのウイスキーを出してくれた。スコットランドで、私ひとりで歩いて回った蔵元ボウモアのシングルモルトもあったりする。

つまみは小百合さんが担当。今日は隣の高級魚屋、根津松本の白子ポン酢。お肉がいい人には、千駄木腰塚のおいしい自家製コンビーフがある。地域と共存共栄しているのだ。

「地元の味を楽しんでいただきたくて」

小百合さんの作る焼うどんも長年、評判がいい。

「7時から開けていても、混んでくるのは10時くらい。ようやくお店をやっていけそうな感じです」

7時過ぎには数人の客がいた。毎日のように遅い時間に訪れる常連さんもいる。東大生や藝大生も多い。地域の若者は「てんさじ」と略して呼ぶ。

「佐野マスターと同じで、この人、若いお客さんからお金が取れないのよね」と小百合さん。うんと若返ったお店、コンサートなどのイベントのほか、お店とは別に小百合さんが企画をしているアートイベントのコモゴモ展を、上野恩賜公園の噴水前広場で開催するなど、お店を根城に外にも飛び出す。

「藝大生は難しい試験に受かっても、アーティストとして暮らしていくのは大変です。それにお客さんの目に触れるチャンスがないと、作品に進歩もありません。音楽の方も、みんなクラシックの基礎はできているんですが、自分がやりたい音楽はまた別のものだったりする。それを聞いてもらう場もなかなかない。年に4回の上野公園でのイベントは、悲喜こもごも、からとったのです。いろいろあっても諦めないでみんなで頑張ろうと」

若いおふたりの店、次世代のアートの拠点になりそうである。

いい酒と
人柄のよい店主

サワノ本店

（取材日　2018年11月8日）

根津に大好きなサワノ酒店がある。とびきり人柄のよい店主である。おじさん吉田武生さんもおばさん忠子さんも変わりない。しかも長男、次男がしっかりお店を継承し、主力になっている。

——めでたいことですねえ。地域雑誌「谷根千」6号でお酒屋さん特集をしたとき、60軒あった酒屋がもう20軒しかないんですよ。

「ねえ、みんなやめちゃったねえ」

——どうしてでしょう。

「前は厳しい統制があって、酒屋の監察を持っていなければ酒が売れなかったのが、1997（平成9）年、規制緩和というのか、お酒が自由販売できるようになって、コンビニやスーパーが売り出した。これでは太刀打ちできません」

——お店を続けるために、どう対策をたてました？

「申し訳ないけど、それまでのように近所のご家庭のニーズに応えるというのはやめざるを得ませんでした。味噌醬油の類い、缶詰、小麦粉、油、みりん、そういう食品や調味料はやめて、酒に特化した。もっともご家庭の主婦の方も調味料はスーパーで買いますしね。本当にお酒の好きなお客さま、それと70軒ほどの居酒屋さん、飲食店への配達を中心にしています」

僕は酒が飲めないので、酒屋になりました

――店の中に古い根津の町並み写真、ここに写っているのが、ビルになる前のサワノ屋さんですね。

「そうです。父は吉田治助といい、福井の鯖江の人で、本当か知りませんが、上京して東京帝大を受けたそうです。受験に失敗して、上野の黒門町、燕湯という朝湯をやっている銭湯の前で、昭和3（1928）年に酒屋を開きました。そこが戦争で焼けて、焼けなかった根津に引っ越してきたわけ」

――なるほど。お母さまも福井の方ですか。

「いえ、オフクロは東京の麻布の人。きょうだいは7人いたんですが、父は体が弱くて、昭和31（1956）年に死んじゃった。だから母が苦労したと思います。

最初、長男が後を継いだのですが、これが大酒飲み。大酒飲みに酒屋はできません。結局、勤め人になって、いまも90近くで元気です。僕は一番下で、父が死んだときは12歳だった。つまり昭和20（1945）年3月の空襲では1歳半で、上野にいたころですから、松坂屋の地下の防空壕で助かりました。僕は酒飲めないので、酒屋になれました」

――そうか、目の前にお酒があれば、酒飲みなら開けちゃいますね。そういえば、冬に

なると『賀茂鶴』の樽酒を店頭で販売するのも、根津の風物詩でした。広島の西条のおいしい酒ですね。私もあのときの通い徳利をいまも持っています。

「もう、あの通い徳利は値段が張るので作れません。今年の分はすでに注文はいっぱいです。いまは綺麗に洗った一升瓶で売ってますが、何本も予約される方も多いです。あれは年の暮れに、お正月に家族で飲むお酒をということで始めたんですよ」

奥さんは秋田に肩入れ。「北の酒はおいしい」

――紅白歌合戦を見ながらとか、初詣から帰って一杯とか、一年で一番ワクワクする家飲みですね。私の書いた本の名前がついた『鷗外の坂』も、サワノさんでずいぶん売っていただきました。私の仕込みにも行き、ラベルも私がデザインして字も書きました。

「あれは愛媛五十崎《いかざき》の千代の亀酒造。どっしりしたうまい酒でしたが、いまは製造していないそうです。その後、鷗外生誕150年のとき、鷗外の出身地である島根県津和野町の『鷗外の郷《さと》』（財間酒場）というお酒を、文京区内の酒店で扱わせてもらいました」

「小柄で魅力的な奥さまはどこのご出身ですか」と言うと、カウンターにいた忠子さん、

「私は秋田の雄勝《おがち》郡羽後町《うごまち》の出身なんです。西馬音内《にしもない》という、古くから伝わる盆踊りが有名な町なんですが。実は並びの岡村金属さんが実家の親戚なので、そのご縁で」

——おお、それで秋田の「まんさくの花」があるんだ。横手市の日の丸醸造ですね。

「はい、ここに頼んで、うち独自で『谷根千』『根津』というお酒も造っています。ラベルは実家の母に書いてもらいました」

——いいですね。日本酒に特化するときはどうしたんですか。

「下谷龍泉に小泉商店という昵懇《じっこん》なお店があって、そこの社長が蔵元を紹介してくれたんです。そういう手づるがないと、いい酒が入りません。地酒ブームとは言っても、小さくて丁寧に造っているところは、そんなに量はできません。人気のあるお酒ほど入りません。それで、蔵元を訪ねて、お願いして回してもらう。相当、旅費もかかります」

「南」（高知・南酒造場）、「五橋《ごきょう》」（山口・酒井酒造）、「雪の茅舎《ぼうしゃ》」（秋田・齋彌酒造店）、「越後おやじ」（新潟・妙高酒造）。おいしい酒ばかり。

——日医大に勤める医師の友人が、沖縄の友達にお酒を送りたいそうなんですが。

「そういうギフトのご注文、多いです。沖縄の泡盛はお米が原材料ですが、作り方が違う蒸留酒です。九州の方たちの多くは焼酎を飲みますね。東北の辛口が珍しくていいんじゃないでしょうか」

——ご主人、あまり飲まないというけど、お詳しいですね。

「長男は酒が強くて、よく調べますので。次男は私と同じで下戸なんです」

カウンターに秋田、佐藤養助商店の稲庭うどんがあった。現地で食べた思い出が懐かしく、つい買ってしまった。

２０１８年の夏は、甲子園での秋田県立金足農業高校の活躍で盛り上がった。そういえば、いま開成学園のある一帯は明治になると佐竹ッ原と呼ばれたが、秋田藩の抱屋敷《かかえやしき》衆楽園があったところだ。

暮らしに必要そうな雑貨を広く浅く

あんぱちや

（取材日　2019年10月23日）

根津の観音通り、1本目の横丁との角に「あんぱちや」がある、とにかくたくさんのモノが吊り下がっている。あまりに商品が多くて、奥にいるらしい店の人もよく見えない。一度ゆっくり見たいものだと思っていた。

お店を仕切るのは、もう30年以上勤めているという明るいあでやかな小林さん。「私はただの従業員ですよ。なんだか知らないけど、ここにずっといるんです」と笑いながら、話してくれた。

「もともとは、小石川柳町で明治27(1894)年に創業した『あんぱちや』という店がはじまりで、ここも50年近くになると思います。『あんぱちや』という名前は、創業者が岐阜県安八《あんぱち》郡出身だから。志知《しち》さんといって、向こうには多い名前だそうです。

ほかにもいくつか店舗はあって、西ケ原の霜降橋《しもふりばし》とか、池袋とか。前はもっといっぱいあったんですけどね。霜降銀座商店街にある店は根津よりも古い。お店の歴史については、霜降橋の専務のほうが詳しいと思います」

ごちゃごちゃして見えるけど、一応ジャンルごとになってます

――「あんぱちや」って勢いがあっていい名前ですね。

「そう思います。元は着物を着る時代の半襟とか、帯揚げとか、腰紐とか、襦袢《じゅばん》、かんざしとか売っていた。そういう店を小間物屋と言いました。もう着物を着る人が少ないから、いまでは食器や調理道具、お風呂まわり、トイレまわり、化粧品や洗剤などを売る雑貨屋ですね。

糸や簡単な手芸道具といった小間物は置いています。あとは、おばあちゃんの髪用のネットとか。そういうのはほかで売ってないから」

——へーえ。品数が多いですね。

「ジャンルが広いんですよね。食品は置いてないけど、生きていくうえで必要そうなものを、広く浅く揃えています」

——種類がたくさんあるけど、きれいに並んでいるから、わかりやすい。

「見やすいでしょ？　って、お客さんもそう思ってくれてるかはわからないですけど（笑）。ごちゃごちゃして見えますけど、一応ジャンルごとに分かれていますから」

商品名と価格の書かれた札は、小林さんの手書きだという。

——そこにさらしがありますね。まさかヤクザみたいに腹に巻いたりとか？

「さらしはね、結構、料理屋さんが買っていきますよ。生ものを包んで発酵させたり、味噌をこしたり、蒸すのにも、布巾にも使えるし」

——さっきのお客さんは乾電池を買っていきましたね。あら、トイレロールでなく、ふわふわの平ちり（平らなちり紙）。いまだに売れるんですか？

「そう思うでしょ？　でもね、おじいちゃんやおばあちゃんとか、片手で取って使えるので、逆にこちらのほうが楽なんですって。ロール紙だと両手で引っ張ったり、切ったりしないと使えないから。あと、ペット用としての需要もあるんです。犬の散歩のときにこれでとる。あるいは敷いてそこにうんちさせれば、トイレで流せて、便利でしょう」

——なーるほど。新聞紙じゃ流せないものね。次のお客さんは洗い桶を買っていかれました。

うわあ、「ももの花ハンドクリーム」がある。懐かしいねえ。「ヘチマコロン」も。こういう昔風の化粧品は添加物が少なく、より自然なのよね。お、徳田の「あせ知らず」！　これ、私も買っていこう。谷中清水町にあった徳田商店で作っていたんですよね。あせもにならないパウダー。

「これはそれこそ、さらしの袋に入っているんですよ。パンパンとはたくと、ベビーパウダーより長持ちするの」


ここでしゃべって、ルンルン帰ってゆかれます

そこへ次のお客さんがやってきた。「デッキブラシありますか？」

「ありますよ、あちらに」

――なんでもある。掃除用具もよく売れるんですね。最近、爆発的に売れたものは？

「この間の台風のときには、やっぱり養生テープとか、あっという間に売れましたね。あと乾電池、懐中電灯、ガスボンベとか。品薄になったものは、それぞれの問屋さんごとに決まった曜日にＦＡＸで注文します」

――あら、インターネットじゃないのね。牛乳石鹸《せっけん》、柿渋石鹸……なんだか懐かしいなあ。

「柿渋は私も使っていますよ。消臭効果もあって、子どもの足を洗ったりするのにもいいんです。こちらの黒砂糖の石鹸は、洗ったあとに肌がしっとりします。長く使ってらっしゃる方も多いので、一度使ってみてください」

――昔はタオルや石鹸は買ったことなかったわね。

「みなさん、そうおっしゃいます。お年賀にタオルや石鹸の詰め合わせを配る企業も少なくなりました。もらいもん、ってもうないんです。お中元やお歳暮の習慣も薄れたし」

――ですよね。あれがほしいんだった！　洗濯物を干すときの、洗濯バサミがジャラジャラついている……

「角ハンガーね。あっちにあります」

――これ、買っていこう。10年も使ってるもんで、日光に照らされて、洗濯バサミがみんなボロボロになっちゃって。

「えっ！　10年も、それは使いすぎですよ。もと取ったでしょ」

――亀の子たわしも種類がたくさん。あら、ヘチマも。これで体をこすったら気持ちよさそう。

「へちまは天然ものので、大きさがいろいろあるから、そのぐらいの大きさのほうがいいかもしれないですね。青竹踏みもありますよ。テレビでやって、一時ブームになって、売れて売れてすごかった」

――いま、外国人の方ものぞいていきましたよ。

「多いですよ。だいたいはキッチン用品ですよね。お茶碗とか、お箸とか、のりまき用のまきすとかが人気です。「すしロール！」なんて言って(笑)。私は日本語しかしゃべらないですけど、意外に困らないですね。自分も歳をとって図々しくなっているのもあるし。『これ、ないですか？』といまはスマホで写真を見せてくれるから、用が足ります」

――一日いると、いろんなお客さんがいろんなものを買っていって、面白い。買い物に来ておしゃべりしていくお客さんも多いでしょう。

「椅子が4、5脚、置いてあるので、お客さんたちが適当に座って。みなさん、ここでちょっと吐き出してすっきりして、ルンルン帰ってゆかれる。

私はこの店にしかいなくて、よそに出歩くわけじゃないから、安心してしゃべってください、っていうのはあるかも」

さるのかな。『あら～、そうなの？』みたいな感じで聞いているし、向こうもしゃべりやすい、っていうのはあるかも」

――そうそう、根津って噂が走りますものね。本当に、人間に興味があるというか、情が濃いというか、おせっかいというか。

「80代、90代の方は昼間デイサービスに行ってしまい、いま町に残っているのは70代の方が多いですね。客層はわりと広くて、子ども連れの若いお母さんたちも見えます」

そこへ「名前がわからないんですけど、ほら、路上に敷くグリーンのシート、ありませんか」と学生さん。

「路上にシートを敷くの？　道路の無断使用はダメよ」と小林さん。「グリーンはないわ。ブルーならあるけど」

「たまに藝大とか東大の学生が変わったものを買っていきますね。アートや研究の素材なんでしょうか」

お年寄りのカップルだ。ほっそりしたおばあちゃんはジーパンをはいて、「ガムテープ、ありませんか？」

——いいですねえ。あんなふうに長く連れ添えたら。

「ええ。でも歳をとるって、なかなか難しいですよ」

ポリシーとして根津の町はうろつきません

——三十何年やっていらして、根津の町も変わりましたか?

「変わりましたね。ここも商店街（観音通り商店街）でしたもの。あのころから残っているのは、うちだけですね」

——お風呂屋さんもなくなったし、前の吉野寿司さんも閉店して空き地になりましたね。

「そうなんです。でも、私は行ったことないの。この辺はお昼を食べるところもないし、店も空けられないので、お弁当を持ってきています。私のポリシーとしてこのあたりは一切うろつきません。余計な動きをすると、余計な尾ひれがつきますから」

なんて賢い人だろう。小林さんはきっちり根津という町との距離をとりつつ、町の人の悩みを聞き続けてきた。根津の町の太陽だ。

今日、私が買った物。柿渋石鹸、洗濯バサミ付き物干し、ヘチマ、亀の子たわし、ヘチマコロン、ももの花ハンドクリーム、徳田の新あせ知らず、シミ隠し、台所の排水口の蓋、しめて7623円なり。

（閉店）

やりたくない仕事は やれなくなって

味噌商　秋田屋

（取材日　2020年8月17日）

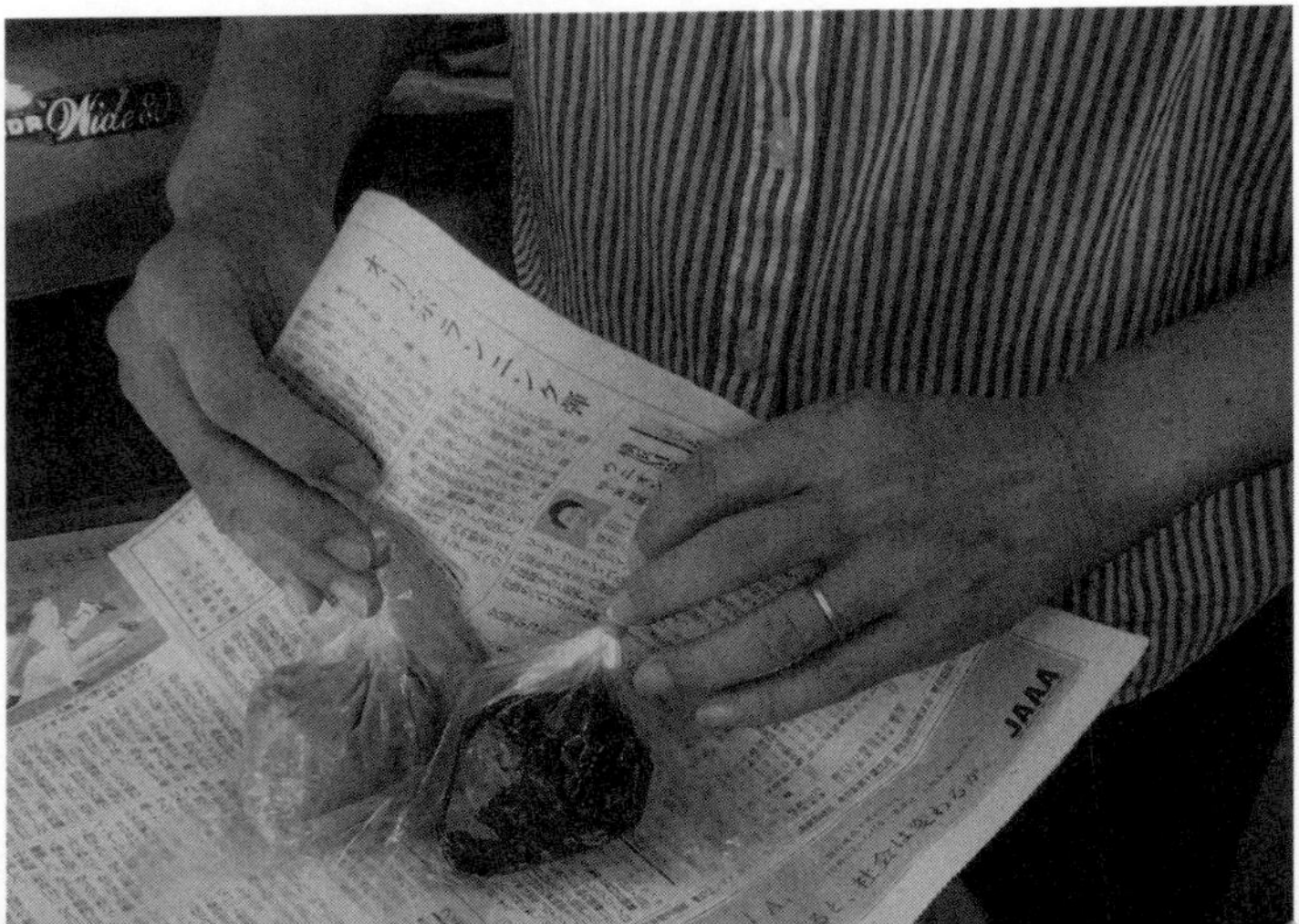

根津観音通りの奥。ガラス戸に、茶色い布の暖簾《のれん》が揺れている。気がついたのはもう20年ほど前、やっているんだかいないんだか、「店ですよう」と自己主張するたたずまいではなく、ひっそりした感じなのである。そのとき、ここで「しょっつる」という発酵した秋田の魚醬を買った。またふらりと店を覗いたら、おいしそうなお味噌があった。買って帰ると、本当においしかった。

お店の三代目、富永喜三《よしみつ》さんにお話を聞く。

「これはみちのく味噌といって、秋田の人がいかにも好みそうな、やや甘めの味噌です。これは4種類の味噌——赤こし味噌に白い粒の味噌3種——を、粒を生かしながら合わせています。合わせるのには、そこにある餅つき機を使います。味噌を作ってもらっているのは、神奈川（横浜市三枚町）にある味噌蔵ですね」

——突然ですが、あそこの壁の上のほうに貼ってある写真、まわしをつけたお相撲さんが気になります。

「僕の祖父で、初代の板垣良吉です。秋田のお祭りで相撲を取ったときのものですね。元々は秋田の神岡町神宮寺（現・大仙市）の出身。内陸の横手市のそばですね。

祖父は、神宮寺にある醬油工場で、味噌や醬油をつくっていたのですが、知り合いのつてで、終戦前に神奈川に出てきた。食料安定のため、味噌蔵を回って味噌や醬油の品質検査をする仕事をしていたようなんです。終戦を迎えて、そのあと、昭和30（1955）年に根津で味噌の小売りを始めたと聞いています」

秋田から芋づる式にみんな出てきた

――じゃ、品質管理はお手の物。生まれは何年？

「何年生まれなのかな。僕が学生のころ、21歳のときにたしか93歳で亡くなったんですが。僕が1970年生まれだから……、1991年に亡くなったことになるのかな」

――ご長寿でしたね。ということは、おじいさんは1898年、明治31年生まれで、ご存命なら122歳ということになります。

「ほああ、そういうふうに計算するんですか。祖父は、戦争にはいかなかったと言ってました。奥さんはハナさんといって、大正生まれで、かなり年が離れてましたね。同じく秋田の出身です。

当時は平塚に家があったんですが、母の栄子が祖父母の家の養女になって、そこに父の六郎が婿に来たんです」

――夫婦養子、それでそんなに孫と年が離れているのね。

「親父も同郷で、祖父に呼ばれて上京し、横浜ゴムに就職したんですが、そのうち婿に入って味噌の仕事を手伝うようになった。

良吉じいさんは世話好きな人で、郷土愛というか、秋田の若い衆を東京に呼び寄せたりしていたみたいです。父の兄たちも祖父が秋田から呼びよせて、大森のほうで店を持たせてやったりしていましたね」

――そういうお話はあちこちで聞きますね。チェーン・マイグレーション（芋づる式移民）と言うそうです。本郷の旅館はほとんど岐阜の方だし、お豆腐は埼玉屋さん、お風呂屋さんは富山、石川の方が多いですよね。ここにお店を開いたのはいつごろなんでしょう？

「昭和30年ごろには東京じゅう味噌を売り歩いていたのですが、店を構えたのは僕の生まれた1970年、50年前です。祖父も70歳は過ぎてました。

なんでも、そのころ、谷中に間借りしていたらしく、そしたら大工の棟梁がここの土地が空いているというので、そのお世話で家を建ててもらったらしい。棟梁は秋田さん、でも、茨城の出身なんですが（笑）」

――どんなおじいちゃんだったんですか。

「孫には甘かったですね。祖母も輪をかけて甘かった。僕は3人きょうだいの一番下なんですが、だいたい母が養女で甘やかされたお嬢さん、祖母が一家のまとめ役で母親みたいだった。祖父母、父母、僕らきょうだい3人がこのせまい家にいたんですから、人口密集もいいとこでした。

祖父はお得意さまを開拓するのが好きで、広げるだけ広げて、あとはお店を親父に任せて、自分はまた別の仕事を始めたりね。代々木のＮＨＫのあたりに、サラリーマンの方を相手にスーツとかカバンとか売ったりするようなテナントがあったんですが、その並びで『ふじ』という自然食品のお店を始めました。まあ、自然食品の先駆けかもね。僕も小さいころ、リュック背負って、祖父について荷物運んだりしてお手伝いした記憶はあります。もう千代田線はできてましたね」

――そうすると、お父さんは、家付き娘と、やり手のおじいちゃんと、大黒柱のおばあちゃんの間で、苦労されたんでしょうねえ。

「ま、そういうことです。もともと、おじいちゃんは健康意識が高いというか、文京区に掛け合って、『学校給食に日本食を出そう、味噌汁も出そう』と迫ったりしていました」

――それは実現したんですか？

「いえ、全然（笑）」

親父からは「お前の好きなようにやれ」と

――いいアイディアなのに残念。お父さんはそのあと、お店を継いで地道に。

「そうです。だいたいこの店の50年は、祖父が最初の20年、父が次の20年、僕がこの10年くらいやってきた、という感じでしょうか」

――どうして後を継いだんですか。

「良吉じいさんはうちの長兄を跡取りに考えていた。兄は大学卒業前にこの店を継ぐようにと言われたようなんですが、断ったんですね。大学を出て、イベント会社に勤めました。次兄は高校を出てすぐ、型枠大工として働き始めて。僕は、大学は経済学部で、卒業していったん就職したんですが、3カ月ぐらいでやめたんですよ」

――へえ、なんで？

「いま考えると、浅はかだったのかもしれませんね」

――どんな会社に勤めたんですか？

「テレビ番組をつくる制作会社に。カメラマンと音をとる録音さん、映像と音をつくる制作会社ですね。みなさん、学生のときからカメラとか、音のこととかにのめり込んでやってきている人たちなのに、僕は面白そうだなーくらいの気楽な感じで就職してしまったので。その後は定職につかずに、アルバイトしながらぷらぷらしてました」

――大正解なんじゃない？　たいてい勤めている人のほうが苦しそうよ。フリーランスの子たちのほうが、お金がなくてもなんか元気。それで、どんなアルバイトを？

「いろんなことをしましたよ。長野の農家でレタスや白菜の収穫とか。野球のグラウンド整備、ビルの窓拭きもやりましたね」

——わあ。怖そう。

「そんなことないですよ。下を見ないで、目の前の窓ガラスだけ見ていれば。窓ガラス清掃の仕事は楽しかったです」

——何が面白いんですか。

「人間関係ですね。そこに来ている人たちは確信犯で、みんな何かほかにやりたいことがあって、そのためにアルバイトで稼いでいる人たちがほとんど。登山家だったり、探検家だったり、ボクサーとか、ギター弾きとか……」

——奥さまとはどこで知り合いましたか。

「通信社の写真部の夜のバイトです。彼女はほかの部署だったんですが、そこで知り合いました。

祖父が亡くなり、親父の代になって、こんどは大黒柱の祖母が倒れて入院して……誰かが手伝わなくてはいけない状況が生まれて、バイトを掛け持ちしながら、ここを手伝っているうちに……という感じです。母は59歳で亡くなりましたし」

——お父さんから、お前、ここをやってくれよ、と言われた?

「いえ、自分から、この店をやりたいと言いました。両親からは反対されましたね。やめたほうがいい、と。儲かる仕事じゃないですから。でももう、やりたくない仕事はやれない人になってしまっていたので（笑）」

——後戻りできない。この仕事は飽きないですか？

「親父からは、お前の好きなようにやれ、とだけ言われて、最初は見よう見まね。ただ、祖父や父は実際に味噌蔵に行って、味噌造りからやっていましたが、僕は商売のほうからなので、常に勉強というか、飽きはしません。日々、目標が次から次に出てくるというか。親父と同じようにできるようになるまで10年ぐらいかかりました。そのあとは、もう少し自分のやり方で変えてみたりしながら。たとえば、季節に合わせて味噌の調合のやり方を変えるなど、よりお客さまの好みに合うような、安心で安全でおいしい味噌を目指しています。お客さまからは『前と違うじゃないか』と言われてしまうこともあるんですが、そのあたりの折り合いをつけながらやっていくことがいま、一番飽きないことですかね」

——50年前からのお客もいるんですか。

「いますね。やっぱりあちこち配達にも行ってたんで」

——このあたりのお店では？

「昔からのお店だと釜飯の松好さん、根津銀座の新三陽さんとか。新しいお店では天ぷらの福たろうさんとかですね」

——こちらにあるお味噌は？

「これは、神奈川県の久里浜にある中華料理屋さんに発送する分です。おじいちゃんが初期に開拓したお店ですね。そこのお店で修業した方が、次に自分の店を出すときにまた続けて注文してくださったり……そうやってつなげて」

——あ、中華料理なら、回肉鍋《ホイコーロー》、キャベツと玉ねぎと豚肉の味噌炒めとかね。

「そうですね。料理によって味噌の種類を使い分けたり、季節によって使い分ける方もいますね」

奥での仕事が一段落した奥さんの綾さんも出てきて、話に加わってくれた。

「私は新潟の魚沼の出身なので、ここの味噌はちょっと甘めに感じますね。夏場だと、オクラのお味噌汁とか、なめことか、山芋とか、とろとろしているのが好きです。

私は『ずっと店にいない店番』。奥で何かをしながら、お客さまが見えると出ていくというスタイルなので、それにはなかなか慣れませんね（笑）。実家は、母が美容院をしていたので、いつも家がバタバタしているのは慣れてるんですけど」

「親父とふたりでやっているときは、お店はほぼ閉めた状態で、料理屋さんとかへの配達をメインにしていたので、午後戻ってきて、夕方ちょこっと店を開けるという感じだったんです。でも、結婚してから、この10年くらいは、朝から店が開けられるようになりました」と喜三さん。

息子さん3人と娘さんひとり。4人のお子さんを育てている。

「僕は、店は継ぎましたが、名前は妻のほうの姓になったので、富永なんです」

広告宣伝は特にしていない。

「根津神社の下町まつりに出店させてもらったぐらいですかねえ」

やりたくないことはしない。足ることを知ってのんびり生きる。そんな生き方は都心でもできるのだ。そして夫婦の相性が大事。

どうしたらもっとお味噌が売れるだろ、「なすの油味噌炒め」「シシトウでもピーマンでも」「鮭のちゃんちゃん焼き」「牡蠣の土手鍋」「なんといっても豚汁」「とんかつに味噌だれも合う」「グラタンにお味噌入れてもおいしいわね」と盛り上がってしまった。

そのほか、塩麴や醬油も売っている。今日は、定番のみちのく味噌に、黒っぽい赤だし味噌を買って帰る。鰹節でだしをとり、豆腐と青ネギだけで作った味噌汁。ご飯と一緒でなく、これだけで味わいたいと思うくらいにおいしかった。

四代続く
手書き提灯のお店

柴田商店

（取材日　2021年9月29日）

根津の不忍通りにある柴田商店。いまここは拡幅工事がされつつあり、すでにセットバックして建て直した店舗のガラスごしにたくさんの提灯が飾られている。気になりながら、いままで訪ねないでいた。

――提灯《ちょうちん》に書かれた文字……鬼太鼓座《おんでこざ》、黒澤明、いろいろありますね。

「あ、ここにあるのはだいたい、間違っちゃったやつ。納められないからいろいろ書き足して飾ってあるだけ。ちゃんと書けたものはお客さんのところにいっちゃうからね。だから、あんまりまじまじと見られるとなあ」と細身のご主人、柴田慶一さんは四代目。

――いつから根津でやっておられるのですか。

「初代は柴田和重郎《わじゅうろう》といって、岐阜から出てきて、明治29（1896）年に下谷上車坂で創業しました。住み込みの職人として勤めていたおじいさん（計さん）が、和重郎の娘であるおばあさん（秋子さん）といっしょになって、昭和5（1930）年ごろ、千駄木町に店を構えた。それが、いまのみずほ銀行の宝くじ売り場のあたりで、右隣が清水書店、左隣が小松さんて乾物屋さんだったかな。

そのころ表店は柴田商店という洋傘屋で、提灯とか書きものの仕事は奥のほうでやってたんだ。仕事は一家総出でやってたんだろうけどさ。うちのおじいさん、おばあさんはわりと長生きで、おばあさんは明治35（1902）年生まれで97歳まで生きていたもん」

手伝っているうちに本業になってしまって

――そうすると三代目がお父さん。

「親父の文作は、埼玉の生まれで、うちに住み込み弟子で来て、おふくろの和子と一緒になった。二代続けて婿なんで、うちは圧倒的に女の力が強いね」

――お父さんはどんな方でしたか？

「親父は大正11（1922）年生まれだけど、戦争に行かなかった。兵隊検査ではねられたんです。蓄膿症でね。恥ずかしくて家に帰ってこられなかったって」

――聞きますね。甲種合格でないと恥ずかしいという。

「父の兄は硫黄島の摺鉢山で玉砕ですから、父も戦争に行ってたら死んでいたでしょうね。親父と同じときに兵隊検査でとられた人は全滅だったし、行かなかったから助かって生きのびてる、という気持ちが強かったんじゃないかな。戦争に行ったけど助かった人とは、そこは違うんだよね。戦争の話は絶対にしなかったね。

去年、おふくろも90歳で死んだけど、千駄木で空襲に遭って、弟の手を引いて逃げまわったらしい。おふくろも最晩年まで、戦争の話はあまりしなかったね」

――慶一さんは戦後の生まれですよね。

「僕は昭和30（1955）年生まれで、森さんよりひとつ下かな。幼稚園は根津幼稚園。根津教会が幼稚園をやっていたんです。姉は区立の汐見幼稚園だったんだけど、年子で学年がひとつしか違わない場合、当時はなぜかきょうだいで同じ幼稚園には行かせなかった」

——比べられるからかな。

「クリスチャンでもないのにね。クリスマスとか、礼拝とか。でも、根津教会って意外と歴史が古いんだよね。明治からあって、牧師さんのほかに園長先生もいたよ。学芸会とかお遊戯にもマリア様が出てくるし。いまでも賛美歌、歌えるよ」

——それは異文化体験でしたね。それで、千駄木からこちらに移ったのは？

「昭和36（1961）年、小学校1年のときです。根津小学校に通いました。文京八中から向丘高校、そして桑沢デザイン研究所でグラフィックデザインの勉強をして、最初は提灯屋をやるつもりはなかった。家の仕事が忙しくなってきて、手伝っているうちにこれが本業になってしまったんだけど」

教本はとくにない。自分ちの文字をだんだん覚えていく

——それじゃ、さまざまな書体とか、字配りとかはお手の物ですね。

「いまは何でもコンピュータでできるようになったけど、提灯はもちろんすべて手で書きますよ」

――提灯の文字というのは、勘亭流なんかとも違うんですね。

「勘亭流は『歌舞伎文字』ですね。『笑点』でおなじみの落語家だった橘右近さんが考え出した『寄席文字』というのもある。催事のビラに使われていた『ビラ字』をアレンジして、昭和40年ごろにつくられた書体だと聞いています。右近さんは亡くなられましたが、そのお弟子さんの左近さんとか、いまもいらっしゃいます」

――提灯の文字は、お手本とか、テキストとかがあるんですか？

「とくにはないけど、師匠独特のかたちというか、自分の店の文字を、塗り込みなんかしながら、だんだん覚えていくんだよね。あとはこの道の先輩方がつくった書体を表にしたものがあって、いいところは取り入れたりしながら、書いてるよね。

基本は楷書。ひとつのやり方としては、一筆で書くのではなくて、提灯の火袋はデコボコですから、まずは文字の枠をとってその中を墨で塗り込んでいくの。提灯というのは暗いときにつける照明だから、遠目がきく、はっきり見える、ことが一番大事なんですね。でも、実は提灯の文字も、楷書も使えば行書も使うし、いろいろあるんだけれどね」

――この、「山城」という文字の周りの髭《ひげ》というか、サボテンみたいに生えているのは？

「それは外がすりというんだよ。内側だと内がすり。髭文字っていう人もいるけどね。筆文字のかすれやにじみを表現したり、強調しようとすると、そういう書き方もあるんだよね。縁起がいいとされているデザインです」

――提灯に文字を書くだけじゃなくて、紙を貼るところからなさるんですか？

「やらない、東京は全部分業だから。提灯は水戸とか名古屋で作ったのを仕入れてきます。全部やるのを『地張り提灯』と言います。いまでも地方でやってる方がいるかもしれないですが、私は知りません。20年ぐらい前までは、佐藤さんという函館の提灯屋さんがやってましたけど、いまは廃業しています。

昔の仕事をそのまま復元はできないよ。昔の人の仕事は本当によくて。竹のひごも全然昔どおりにはできないので」

――千駄木の安田邸などに行くと、お客さまを門まで、あるいは停留所までお送りする提灯がたくさん四角い箱に入ってあります。

「手丸提灯ですね」

――いわゆる飲み屋の赤提灯もありますね。

「最近は少ないね。根津裏門坂の『鶏はな』さんは、うちの提灯を使ってくれています。いまは結婚祝いとか出産祝い、新築祝いにと、注文してくれる人も増えました。それと、東大の留学生とか、外国人観光客が自分の名前を入れて買っていきますね」

——紋も書かれるんですね。以前、『吾輩は猫である』を若い人たちと読んでいたら、「紋付」がわからないという学生がいて。

「紋付を着る人も減ったからねえ。紋を書くのでも、複雑な紋ほど難しい、っていうわけでもないんだよ。直線の二引とか三引とか、単純に見えるほうが難しい場合もある。たとえば、藤の紋は、一つひとつの形が多少違ってもごまかせるけど、この四角が四つ並んでいる紋は、四角の大きさや間隔が同じでないと、すぐにわかるでしょ。ちょっと大きさが違うだけでも、なんか違うなってなるから、そういうほうが難しいの。まあ、四六時中、筆を持っていた昔の人にかなわないよね」

——うち、森家はほら、日航みたいな、鶴のマーク。

「あ、あれはめんどくさい（笑）」

根津神社の仕事が少ないと、どうも盛り上がらないね

——文字は墨汁で書くんですか？

「いまは、水性絵具ですね。乾くと耐水性になるんです。子どものころは、折れ墨っていう製造工程で傷がついたような墨をすり鉢でガラガラと擦《す》りながら、少しずつ水を加えて膠《にかわ》を足して、墨汁をつくっていたけどね」

――そういうお手伝いをしていたんですか。

「そうですよ。お小遣いもらって、根津神社の地口行灯《じぐちあんどん》を張り替えたりね」

――地口行灯っていうのはどういうものですか？

「地口っていうのは、まあ、駄洒落だね。有名な芝居の台詞とか昔のことわざなんかをもじった言葉遊びで、それに合わせた滑稽絵《こっけいえ》も描くんですよ。側面に奉納者の名前を書き入れて、お祭り用の四角い行灯に仕立てる」

――仕事の依頼は、神社から直接来るんですか？

「いや、神社からっていうよりは、町内の人が持ってきてくれるのを、ぼちぼちやるっていう程度ね。地域を越えたところまで、自分のほうから営業したりはしないね、昔から。この商売を壊すようなことはしない。でもいまはどちらかというと、地方の神社の仕事が多いですね。

やっぱり根津の町は神社とお祭りでつながっているんじゃない？　御神輿《おみこし》担ぐ人は外から来て担いだらすぐ帰っちゃう。準備をしたり、後片付けや掃除をするのは町会役員の人でしょ」

――谷根千をはじめたころは神社大切、お祭り大好きな怖い町会長とか商店会長とか、いましたからね。

「昔は、ちゃんと町に鳶《とび》の頭《かしら》がいて、祭りになると提灯も家ごとにとりつけて歩いていたけどね。そう、小山の頭。穏やかないい頭でね。いまの町頭は四区一番組の関谷の頭。最近は息子のテルさんにお世話になっています」

――そういえば、谷中の瑞輪寺の前にも提灯屋さんがありましたね。

「あ、小林静山堂さんね。静山堂さんも古いから。小林さんは墓石の文字とかも書いてたでしょう」

――近所で飲んだりなさるんですか。

「昔は飲み友達がいましたからね。20代のころは、三崎坂の『町人』とか、向丘にあった『若竹寿司』とか、少し離れたところに友達と入り浸って飲んでたなあ。もうそんなこと、なくなっちゃけどね。あとはこの辺では『三三九《みみずく》』とか」

――懐かしいな、あそこは画家の鶴岡政男さんのお嬢さんがやっていた。

「詩人の諏訪優《すわゆう》の息子の太郎君がカウンターの中にいたね。あと近所だと『甚八』は、まだネットもないころから有名で、撮影もしょっちゅうやってたね。飲みに行っても断られちゃったり。あのおじさんももういないね。変わった店だったよね」

――慶一さんは、お酒は強いんですか？

「健康診断で、医者に酒に気をつけろと言われたの。やめて半年ぐらいなんだけど、数値上は元に戻ったから、また飲みたいんだけどね。カミさんも一緒にやめちゃったからね」

――あ、さっき出ていかれた方は奥さまですか。いかにも、根津のおかみさん。粋な感じでしたね。

「うちのカミさんは鹿児島の薩摩川内《せんだい》の出身で、加奈子といいます。ずっとお箏《こと》をやっていて、東京まで習いに来ていたから、この辺は結構長いんです。上野の藝大出て、お箏の先生なんで、今日も女子高に教えに行きました」

――あらまあ。どんなご縁で。

「僕のバイク友達がやっぱり藝大出身の尺八吹きで、渡辺峨山《がざん》と言うんです。昔、箏座《ことざ》っていう邦楽器のバンドをやっていて、いまでも和食のテレビ番組のBGMでかかったりしますよ。私は彼に尺八を習っていて、それが縁で知り合ったんです」

後継ぎはいない。朝は9時ごろに店を開け、淡々と頼まれた仕事をする。壁の上のほうに、材料込みの値段が書いてあった。

「手間によっても変わってくるので、目安でしかないんだけどね。家紋が入って、名前が入っただけっていっても、30分でできる手間のものもある。2時間、3時間かかるものもある。それが同じ値段というわけにはいかないから。でも、まあ、お客さんが喜んでくれればいいなと思うし。それだけだね」

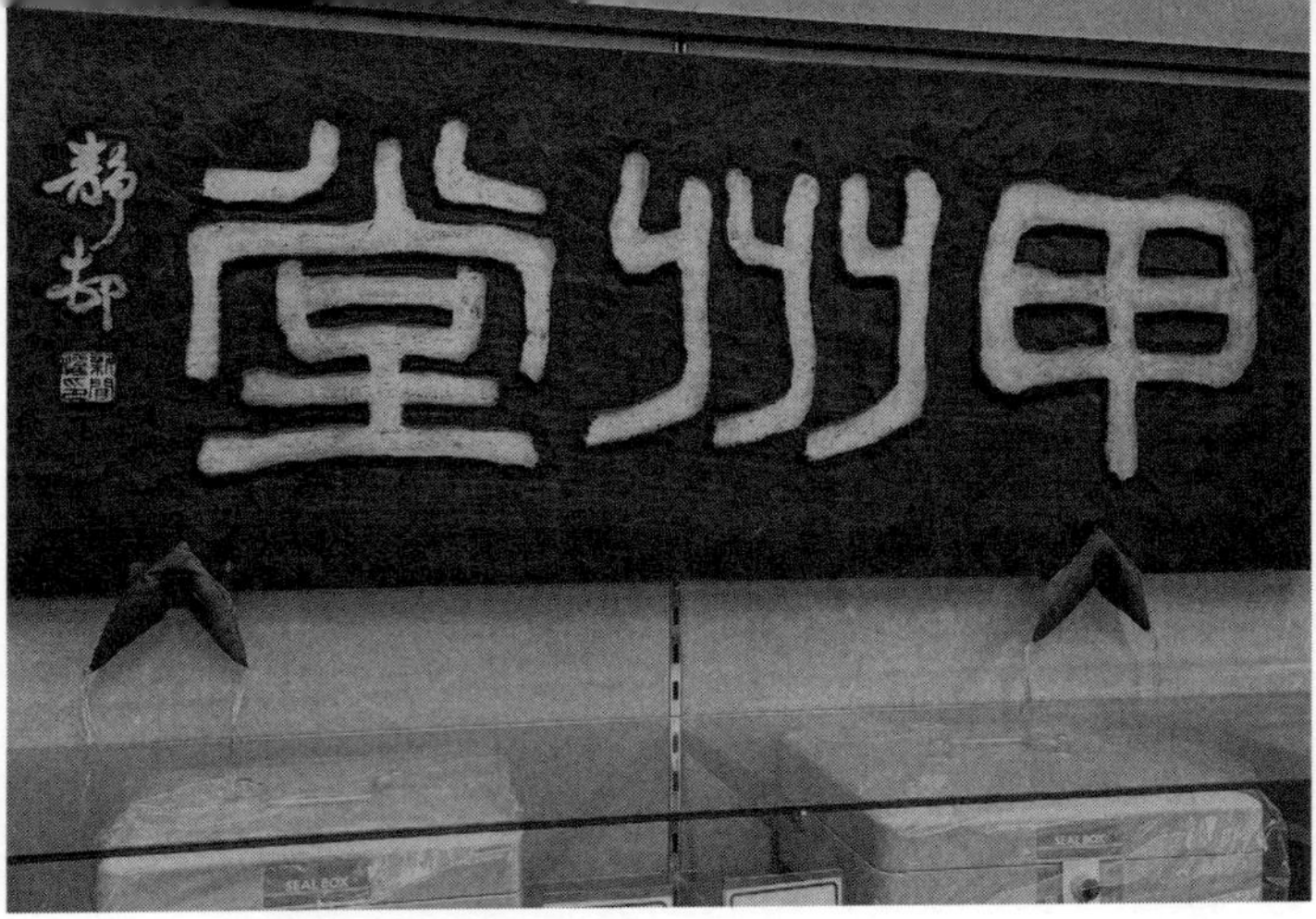

はんこは
一生ものですよ

甲州堂印舗

（取材日　2021年9月29日）

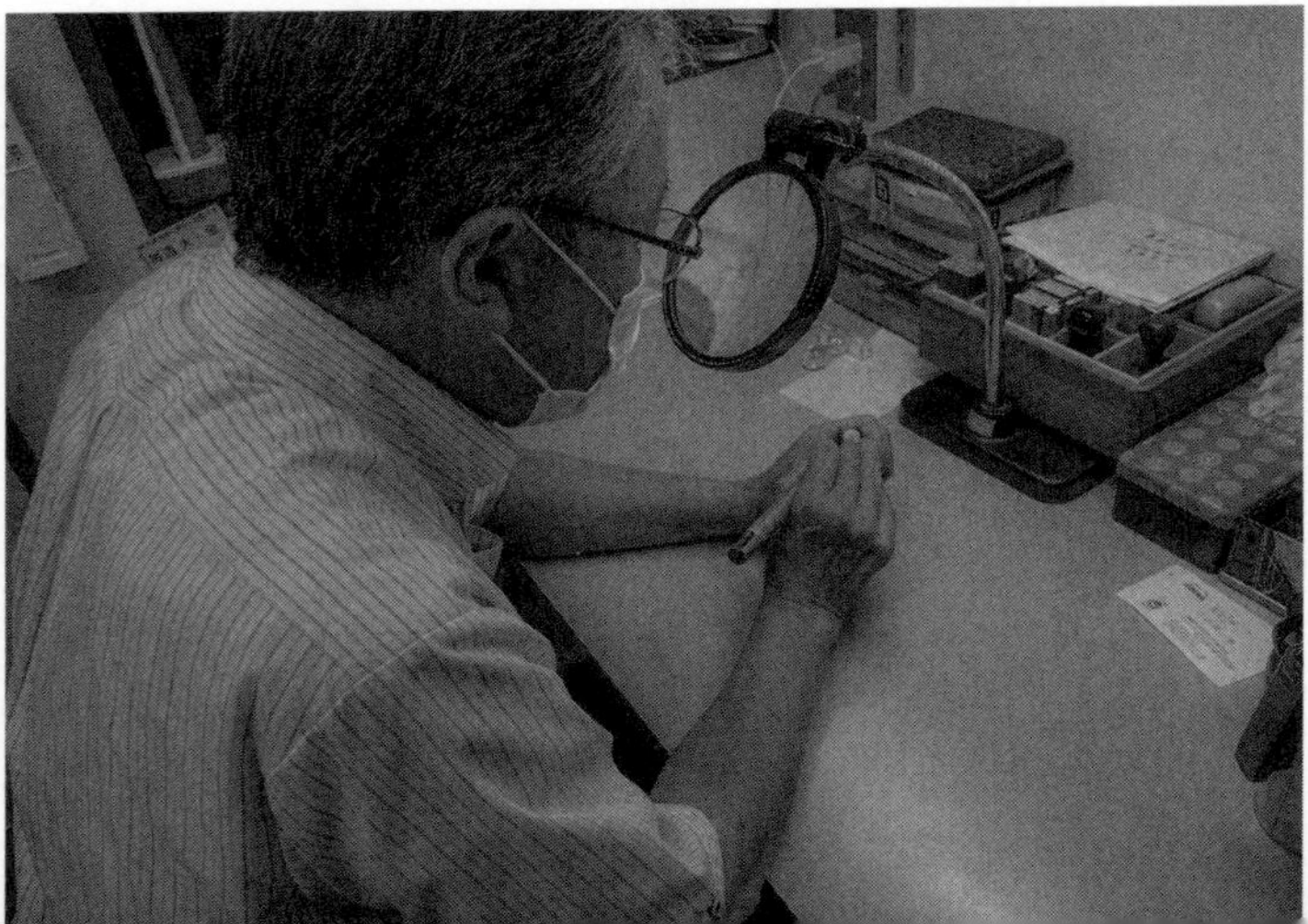

柴田商店に続いて、不忍通り沿いにある、はんこの甲州堂印舗を訪ねた。店に入ると左手に「甲州堂」という大きな看板がある。「もうそのぐらいしか、名残《なごり》のものはないんですけどね」と三代目の遠藤繁明《しげあき》さん。

——まずはお店の歴史から伺いましょう。

「創業は1920年、大正9年です。今年で101年ですね。その看板は先々代の祖父が商売を始めたときのもので、甲州堂という名前からもわかるように、祖父は山梨の出なんです。山梨ははんこの本場。先に兄貴が神田に出てきて同業をしていたので、それを頼って祖父も出てきたんですね」

鍋釜と嫁さんだけ連れて、山梨から出てきた祖父

——山梨がはんこの本場というのはどういうことなんでしょう。

「いまでも既製品の認め印って、山梨が一大産地です。山梨は平地が少なく土地も痩せていて、ぶどうくらいしかできなくて。内職でやっている人が多かった。はんこを作るのに広い作業場はいらないですからね。あと、山梨は水晶が採れます。神田の祖父の兄は、その水晶の商いもしていたんです」

——おじいさまのお名前は?

「祖父は遠藤巳之作《みのさく》といって、明治28(1895)年生まれ。甲府と静岡の富士をつなぐ身延線の市川大門のあたりに本家がありました。いまは空き家になっていますけれど」

——おじいさまはどうして根津に来られたのですか?

「このあたりに縁者がいたわけではないようですけどね。鍋釜と嫁さんだけ連れて、山梨から出てきたみたい。商売をやる以上、表通りじゃないと、と必死で探して、ここを見つけた。

それこそ、店を片付けて蒲団敷いて寝るぐらいの小さな店だったらしいです。隣が大きな乾物屋で、その壁を借りながら軒を出して、店を始めたようですよ。そういうの、〝おだれ〟というらしい」

——どんな字かしら。尾垂れかな?

関西では軒先につけた幕掛けのことらしいですけど。母屋の脇に下屋を出すというか、軒先をお借りする感じですね。そのころ、ほかにはんこ屋さんはあったんでしょうか。

「なかったと思いますね。根津で同じ商売はもうないんじゃないかな。いらっしゃるけども、建て替えてご商売はやめたところも多いでしょう」

——おじいちゃん、おばあちゃんはどんな方でしたか。

「祖父は風流人でしたね。最後まで着物を着ていました。はんこの仕事は、いまは機械も使いますが、そのころは全部手彫りでやっていました。亡くなったのは私が大学のときだから、覚えていますよ。おばあちゃんは、私が3歳で亡くなっているので、記憶はないんです。赤ん坊のときは、抱かれてかわいがられたようですが」

——ご両親は？

「父は正房といって、大正12（1923）年の生まれ、88歳までずっと根津にいました。母は茨城の出で、結婚前は日本橋の繊維問屋に勤めていたんですが、そろばんができたので、家でも経理をやっていました。父は9年前に、母は去年亡くなりました。祖父の妹がその繊維問屋の女社長でね。社員にいい子がいるよ、と甥に当たる父に紹介してくれたんです。その人は気軽に着物が着られるようにさまざまな発明をして特許を取ったりと、アイディア豊かな、ひとかどの人、有名人でしたね」

——繁明さんが生まれたのは？

「私は昭和36（1961）年生まれ。上に姉がいます。物心ついたころの根津は、まだ木造の、いわゆる谷根千の世界。路地があって長屋があって、子どもも多くて。このあたり、3回くらい台風で水があふれて、膝下くらいまでかな。子どもながらに小さいボートに乗ったこととか覚えています。いまでも裏路地では床を高く建てている家がありますよね。根津神社とか、上野動物園でも遊んでいましたよ。不忍池で釣りもできたし、東大の三四郎池で虫捕りもしたし、遊ぶところには事欠かなかった。楽しかった」

——お仕事は、お父さんから習って？

「父は、祖父から直々でしたけど、私は印章組合がやっている訓練校みたいなところがあるので、そちらに数年通いました。大学を出て、自動車関係の会社でサラリーマンをしていて、25ぐらいから始めたので、ちょっと遅いんです」

——ゆくゆくは、後を継ぐ気持ちがあったんですか。

「なんとなくはね、長男だから。まだ昭和の時代で、仕事量とか売上の面でも継がせる価値があるというかね。そんなに深くも考えなくて、父から『そろそろ、どうだい』みたいな感じだったんじゃないかな」

女性には名字より名前がおすすめ

道具を見せてもらった。いわゆる彫刻刀で、自分で使いやすいように竹の皮で巻いて、刃が動かないように固定してある。飴色のは先代が作った年季の入ったものだ。細かい仕事ですねえ。

「はんこ作りは、昔のように全部手仕事でやる場合もある。いまは機械で文字を書くこともできる。いろいろあります。使い分けですかね。ただ、いずれにしても、最後は手で仕上げをします。

昔みたいに、徒弟制度で弟子を取るような先生もおられなくなって、いまは全国の組合のメンバーも1千軒を切りました。多いときは5千軒ぐらいあったんですよ」

——このお仕事の楽しさ、大変さはなんでしょう。

「できたときにお客さまに喜んでもらえることですよね。必要がないと買わない商品というか。まあ、しょっちゅう買うものじゃないですから。結婚とか、家を建てるときに実印を作られますね。うちの親もこちらで作りました、という方もいます。意外に知られていないんですが、車を買うときにも要りますよ。

一生のうちで1回ないし2回。そのぐらいのインターバルですからね。回転率の商売ではないのでね。ひとつのものを、責任をもってじっくり、という感じですかね。根津駅にも、うちの宣伝が出ていると思うんですが。『人生の節目に実印の贈り物を／よい材、よい彫り、よいハンコ』と。後半の『よい材、よい彫り、よいハンコ』というのは、親父の口癖でした」

——私も結婚するときに、母が、家の前のはんこ屋さんで作ってくれました。

「女性の方は名字が変わることも多いですから、姓ではなく、下のお名前で作ることをおすすめしています。それで印鑑登録もできますし、銀行でも使えますから。知らない方、わりに多いんです」

――私も「まゆみ」で作ってもらいました。

「名字でも、名前でも、フルネームでもいいんですけど、名字っていうのは、親戚一同、同じですけど、お名前というのは、その方だけのためにご両親がつけてくれたもので、それが個人を特定するんですよ、とお話ししたり」

――はんこの材料としてはどんなものが？

「牛の角、象牙、そして柘植《つげ》の木製のものです。象牙はワシントン条約で規制されて、特別に登録している業者でないと扱えない。いま主流は黒い牛の角と、昔からある柘植のものでしょうかね。柘植で1万円、牛の角は2万～3万円かな」

――実印の売れ筋というのは、いくらぐらいなんでしょうか。

「いまはデフレで単価は下がっていますね。私が継いだころは肌感覚で2万～3万くらいの間でしたけれど、いまは1万円ぐらいでしょうか。昔は親御さんが一緒に見えて『はんこは一生ものだから、いいものを』とおっしゃる方も多かったんです。中には印材を持ち込む方もいますね。先代が使っていたものを、表面を削って作り直してくれと言って」

――そういう依頼もあるんですね。

「象牙とか、水牛はできます。柘植の判は彫り変えできないんです。亡くなったあと、はんこをどうするかと、よくご相談も受けるんです。『捨てられないけど、どうしたらいいですか』と。

その方がご商売をされていたり、出世なさった方なら、その判を押していろいろな決裁をしながら、人生、渡ってこられたわけですからね。表面を擦って彫り変える方もいらっしゃるし、遺品としてお棺の中に入れる方、あるいは大事に仏壇の中に納める方もいます。あと京都の下鴨神社では、印納祭といって、印璽社《いんじしゃ》で実印の供養をしています。使わなくなったはんこを私どもがお預かりして、代表が持っていく。大きな祠《ほこら》があってそこに埋めるんですね」

――はんこの書体、これは篆書《てんしょ》ですか？

「そうです。私たちも適当には書けませんから、組合でつくった文字の冊子があります。たとえば、根津の「津」という文字も、こんなふうにいくつかあるんです」

――私、この書体大好きです。でも、これ、そのうち読める人がいなくなっちゃうんじゃないかなあ……。どの書体でもいいんですか？

「どれでも大丈夫。ただ、我々が商売で彫るときは、下のほうに並んでいる印章新体かな。古い文字をもう少し読みやすくしたような」

海外からの父宛ての手紙に感謝の印

――あら、アンさん、ラオさん、アニタさんなど、カタカナの名前のハンコもありますね。

「日本滞在の記念にと、海外からの旅行客がお土産に作る方も多くて、澤の屋旅館さんに宿泊されている外国人のお客さんがお見えになったりしました。

うちの親父はずっと根津だったから、いかにも職人って感じでしたけど、お客さんと話をするのが好きでね。『お国に帰ったら、お手紙くださいね』なんて言うと、みなさん、ここで作ったはんこを押してエアメールを送ってくださったりして、父はうれしそうでしたよ。その英語を私が訳したりしてね。いただいたお手紙はいまも大切に保管しています。

そのほか、留学生の方もいらっしゃいます。日本だと、ハンコがないと口座も開けなかったり不便するのでね。これらは機械で作ったものです」

――私なんかは「森」で、認め印はどこにでもありますが、難しい名前の方は大変ですよね。

「だいたい、5千姓ぐらいはどこのはんこ屋さんでもありますけどね、珍しい名前の方はお作りします。2千円くらいですよ。

実印でも、いまは文房具の延長上みたいな感覚で、安く、早くというお客さまが多いですね。銀行印はお金を引き出すときには必要でしたが、その習慣もなくなって、ATMで引き出し、振り込み、なんでもできますし、カードも使えます。インターネットの時代、ネット決済もできますし。最近はLINEとかPayPayとか。

2021年の春先ぐらいからは、河野太郎さんたちの『はんこ不要論』なども出ていて、それに対しては私たちの組合をあげて陳情をしています。実印という制度は残してくださるようですが……」

——たしかに、デジタル庁ができて、マイナンバー制度ができて……。それにしても、はんこ屋さんっていつくらいからあるんでしょう。

「江戸時代の時代劇なんか見てると、印判屋というのが出てきますね。一般に普及したのは、あのころなんじゃないですか」

——歴史をさかのぼれば、中国の皇帝の「漢委奴国王《かんのわのなのこくおう》」と刻まれた志賀島《しかのしま》の金印とか、天皇の御名御璽《ぎょめいぎょじ》とかもありますね。ほかに、商っているものはありますか。

「表札もありますが、これもまた一軒家からマンションになったり、個人情報保護で、いまは表札を出さない方も多いですから。落款《らっかん》は絵手紙に使う方もいますが、これもゴム印で作る方が多いですね。あとは蔵書印とか」

遠藤さんはここで製作をし、ここで売る。小さな店と謙遜されるが、この空間をフルに活用されている。趣味を尋ねると、「車が好きですね。いまでもドライブしますよ」という答えが返ってきた。

――後継ぎさんはいないですか。

「息子と娘がいるんですが、子どもたちは勤め人一本でしょう。継いでもらって、彼らの人生がよくなるんだったらいいですが、この業界、いまはとてもそういう余裕はないですね。親から引き継いだ店で、ひとりだからやっていられますけど、地代や賃料を払って、ということになったら、難しいでしょう。まあ、私の代までは何とかやろうと」

――いままた根津はミニバブルみたいですね。

「マンションバブルですね。根津でもてはやされているお店も別に根津と関係はないような。でもあとから来た人の方が、商売は上手ですね。〝映《ば》え〟というのか、インスタなどSNS使うのも上手だし。まあ、根津は大手町まで10分、便利ですから、住みたい人が多いんでしょう。

以前は芸人さんが多くてね。芸人長屋というのもあったし、玉川勝太郎師匠とか、立川談志師匠も弟子に鞄持たせてこの辺歩いておられましたが。亡くなってさびしいですね。ただ、難しい時代になりましたよ。その辺を歩いている子どもが悪いことをしたら、昔は『こらっ！』と叱る人がいっぱいいたけど、いまは言えないし。『どこの子だい？』なんて聞くのも、個人情報でダメとかね。

私も赤津湯や山の湯に通いましたが、こわい親父がいたなあ。そういう意味では、私や森さんが知っている『下町』とはいまは全然違いますよね。昔は町をゆく人、どこの誰とわかったものですが」

本当に、遠藤さんの話は無駄がなく、1時間お話聞いてみっちりあった。

そこに細くて小さな印が置いてあった。わ、かわいい。

「それは訂正印として、帳簿の細かい数字や文字などを直すときに押すんです。もう帳簿を使わないから、こういうのもなくなっちゃいますよ」

「わたし、これいただきます」と叫んでしまった。「700円ですが、取材してもらったから特別500円でいいですよ」とご主人は鷹揚に笑った。「映え、しますかね」。一見シニカルな感じもあるが、実はやさしくて、芯のある方である。

すてきな三代目の釜飯屋

松好

（取材日　2021年9月29日）

古い店である。雑誌「谷根千」は最初からこの店に置いていただいていた。

しかし、当時は子どもも小さかったし、あまりお店で食べた記憶がない。何年か前、町歩きしたあとここで8、9人で打ち上げをしたことがある。こんなおいしい店を逃していたのか、と悔しかった。

入り口はドア、釜飯屋さんらしからぬちょっと洋風のたたずまい。店主が一代若返って、まだ37歳の晃《ひかる》さんになっていた。緊急事態が明けない9月の末なのに、ひっきりなしに客が来る。「お好きな席にどうぞ〜」と若い女性スタッフが案内する。

創業60余年。一族みんな商売やってます

私と同行者は釜飯をふたつ、オーソドックスな五目釜飯と、フォアグラとトリュフ塩釜飯という超変わった釜飯を頼んだ。ほかにサンマ釜飯とか、鮎《あゆ》釜飯とか、いろいろある。焼き鳥も売りなので希少部位を3本ずつ。どちらも大変においしい。

——松好さんは、串揚げのはん亭さんともご親戚とか。ご商売をされている方が多いんですか。

「一族みんな商売やってますね。もともと、この隣に『すし初』というのがあって、そこが祖母の照子の実家でした。照子はついこの前、96まで元気で、この店の上にひとりで住んでいたんですが……。いたら、もう少し歴史など話してもらえたかもしれないです。『すし初』は、いまは湯島に場所を移して、いとこがやっています。

照子の異母姉妹の息子が、『はん亭』の高須治雄です。うちの父の潔《きよし》は、高須の叔父がはん亭を立ち上げるときに手伝った。

観音通りにある赤ちょうちんの『すみれ』も最初照子がやっていて、それを別の姉妹が継いで最近までやってましたが、その人も去年の暮れに亡くなって……いま休憩してます」

——一杯飲み屋のすみれさんも根津の名店でファンが多いです。私もすごく気になってるんだけど、まだ行けてなくて。カレーライスがおいしいとか。

「そうです、サバカレー。ほかにも、父・潔の妹がボブヘアーという美容院をやってます」

——すごい。根津のマフィア？（笑）——一族で集まったりするんですか。

「みんな近くに住んでいるので、とくにはないですね。冠婚葬祭ぐらいで」

——松好さんの歴史を伺いますね。

「祖父の松井正二がこの釜飯屋を始めて60数年です。その前の2代は洋品屋でした。1908年ごろ、静岡から出てきたようですが。僕は釜飯屋としては3代目、根津では5代目になります」

——ひゃあ。そんなに長い歴史があるとは知らなかったです。なんで洋品屋さんが釜飯屋さんに替わったんでしょう。

「まったくわかりません。このあたりに釜飯屋が少なかったからだと思うんですが。うちはいいかげんなので、正確な記録も記憶も残ってないんですよ」

――お祖父さんは、どこかで釜飯の修業をなさったんですか？

「それもわかりません。祖父のころの釜飯のメニューは5種類くらいでしたが、定番の五目釜飯とか、当時から続いているものはほぼ変えていません。そのあと、父と私でいろいろ考案して20種類くらい開発しました。祖父は30年前に亡くなって、雑誌『谷根千』を置いていたころは、父の松井潔と母のはるひがやっていたと思います」

いったん引退した父はまた別の店を

――晃さんは根津育ちですか。

「はい。僕は藍染町で育って幼稚園は寛永寺幼稚園。バスでお迎えがありました。子どものころは根津にも空き地や路地が残っていて、外で遊んでいましたね。小学校は誠之《せいし》小学校、森さんの後輩です。中学からは北区の聖学院に行きまして。両親は忙しかったので、母方の祖父母に世話になりました。

母方の祖父母は青山にいたんですが、僕たちきょうだいを育てるために根津に引っ越してきてくれたんです。姉と妹がいまして、姉は店を一緒に手伝ってくれて、今日も厨房にいます。妹はうちの家系には珍しく会社員をしています。

僕は子どものころからゴルフをやっていたので、本当はプロゴルファーになろう、なれなかったらゴルフ関係の仕事につこうと思ったこともあり、卒業して一度は会社に就職しました。でも少しして、父がちょっと体調を崩しまして。

いまは元気なんですけど、そのときは手伝わないと立ち行かないなと思って会社を辞め、2007年からここに入り、26ぐらいで代替わりしました」

――そんな若くてお店を任されてご苦労はありましたか。

「目の前にある仕事を一生懸命やるだけでした。会社に守ってもらえる安心感はないですけど、自由にできる面白さはあるかもしれないですね。

父からは経営も調理もほとんど教わってないんです。そのときは長年のベテランの職人がいたので、その人に教わったり、見聞を広めるためによそのお店でも働きました。

うちは実は両親が離婚しまして、父が再婚して子どもが5歳。父のほうは観音通りで『炭焼まつい』という焼き鳥屋を個人でやっています」

――わぁお、そんなこと書きませんね。

「いえいえ、書いてください。そのほうが話が面白いし。父もまた元気になったので、商売したくなったんでしょう。母は、姉と藍染町の実家に住んでいます」

——お店は、いつが一番大変でしたか。

「60年全部を知っているわけではないですが、まずはバブルがはじけたとき。その前は断るのに苦労するくらいお客さまが見えたようですが、そのあと、父は結構苦労したみたいで。詳しくは聞いてはいないんですが。

自分が知っているのではリーマンショックですかね。それまでは10名、20名の大きな宴会がしょっちゅう入ってたんですが、ぱったりなくなりました」

お酒よりも食べるほうにスライド

——それから、どんなふうにお店をやっていこうと。

「リーマンショック後、お酒を楽しむことよりも食事がメインになった気がします。むしろ家族でお食事という方が増えました。お酒を飲まれない分、最後の締めにデザートがほしいというので、デザートも何種かそろえました。

洋のものが好きなので、メニューも完全な和だけでなく、洋風の素材を和にどう取り入れられるか、作り変えられるか、ということをやっています」

——そもそも洋品店ですものね。フォアグラの釜飯って?と出てくるまでドキドキしましたよ。いくらも入って、アクセントになっていて。

「お客さまに『え、どういうこと⁉』と、新鮮味をもってもらえたら。うちは老若男女、いろんな方が見えます。カップルも、女子会も、ご家族も、おひとりさまも、それぞれのお客さまに合わせて、いろんなふうに楽しんでいただける店作りを心がけています」

――リピーターになってもらうコツってあるんですか？

「それがわかれば、もっと繁盛してると思うんですけど（笑）。杓子定規にやるよりは、そのお客さま、一人ひとりの顔を見ながら、なんて言うとエラそうですけど、いま、何を希望されているのか、たとえば、メニュー以外のものをお出しするのも、個人店なので、ありかな、と」

――サービス精神が旺盛ですね。

「お客さんに教えていただいたり、失敗しながら覚えてきました。根津という土地は、常連さんが私よりも少し年が上の方が多くて、かわいがってくださって、一緒にゴルフに行ったりもします。年に一度、北海道から見える方もいます。ほぼ毎日見えて焼き鳥でお酒という方もいます」

――テイクアウトもやっているんですね。

「コロナ前からやってはいたんですけど、大々的に始めました。テイクアウトをはじめたことで店に入りづらかったお客さまが、おいしかったと、また店にいらしてくださったり。これからは、家族5人でどうですかとか、接待でこんなコースとか、店の側からご提案してもいいかと思います。赤ちゃんも、お子さんもうちはウェルカムですし」

——コロナを経験すると、もう20人でどんちゃん騒ぎとかはあり得ないような気もしますね。一緒に働いているスタッフの方に心がけていることはありますか。

「縁あってうちで働いてくれるスタッフには、楽しく働いてもらいたい。いまの時代、働くならどこでも働ける。店を嫌いになったらすぐやめられる。だからここで働く時間をなるべく有意義に、働いてもらってありがとうという気持ちで、しかし仕事そのものには厳しく、そのバランスをとりながらやっていけたらと思っています」

格好よくて商売熱心な晃さん、爽やかで一生懸命である。

「同じことばかりやっていても飽きられてしまいますし、新しいことを入れていかないと。お客さまも世代が変わっていきますし、その時代、時代で新鮮な体験を味わってもらえるように」

次はサンマの釜飯。砥部《とべ》焼のカップでビールが飲みたい。

律儀で親切、
泰然自若の町のお助け隊

テート薬局

（取材日　2021年9月29日）

根津の藍染大通りに2021年1月まであった。入り口に象のサトちゃんがいる、親しまれる店だった。

今年83歳になられた小林尚《たかし》さんに、お話を伺う。店はすでにきれいに片付き、その奥の板の間にはお茶の準備ができていた。空間の感じが、自分の生まれ育った動坂の長屋に似ていて、なんだか胸がキュンとなった。

楽しかったですよ。悔いはありません

——まずは、お店の歴史から教えていただけますか。

「1911年、明治44年の6月23日に開業しまして、今年の6月で110年。ちょうど日露戦争の後だったので、帝都をカタカナにしてテートと、そんな名前にしたのでしょうね。私の知る限りでは、ほかに水道橋に1軒、テートという洋服店がありましたが。カタカナのテートは東京で2軒だけだと思います。

73のとき、あと10年ぐらいかなと思いまして、それから店を閉める準備してきました。82でやめて、ちょうど閉店して8カ月になりました」

——会社の定年は60歳ですから、20年以上長く働いたことになりますね。お疲れさまでございました。

「楽しかったですよ。悔いはありません。貧乏暇なしで、お金を貯めるとか、家を建て替えるとか、考えたことはありません。

この建物自体はもっと年を取っていて、明治30年代のものですから、もう120年も経っています。関東大震災では、この六軒長屋がバタッと前に倒れたそうですが、それをそのまま起こせたんですね。もちろん、私はまだ生存しておりませんが（笑）。うちはそのうち二軒分を使っております」

――渡辺財閥がこの先のあかぢ坂の左側に大きな隠居所を建てたのが、明治30年代と言われています。それと同じころの開発ですね。最初に建てた人はわかりますか。

「それがわからないんですよね……。うちは元々、いまの成田空港のあたり、三里塚御料牧場の近くの農家の出なんです。桜の名所でもありますが、下総台地の地味のいい土地でね。

父・小林竹雄は兄弟の下のほうで、農家を継ぐこともできず。テート薬局を開業した椎名百太郎さんを、同郷の関係ということもあり、手伝うようになりました。その後、昭和27（1952）年に椎名さんが亡くなり、父が後を継いだんです。父は明治41（1908）年の生まれですから、そのとき40代ですね。

私も中学2年にあがるときに、この場所に来ました。文京八中ですが、通っていた当時は、いまの文林中学校の場所にありました。戦後の開校時には、汐見小学校の中に仮住まいしていた時期もあったんですよ」

――尚さんは、薬屋さんを継ごうと思っておられたんですか。

「はい。東京薬科大学を出て、5年間、いま話題のファイザーに勤めました。東薬は140年の歴史があり、いまは八王子に移転したのですが、私のころは新宿の柏木にありました。当時は4年制でしたね。

父から店を引き継いだのは昭和42（1967）年、前の東京オリンピックのあとですね。そのころは根津だけでも同業者は15軒あった。いま残っているのは、根津銀座のダルマ薬局さんだけ。ダルマさんは昭和30年代の開業ではないかな」

できるだけ町の方のお役に立ちたい

――1992年にお話を聞いたときには、「商売は直滑降、クリスチャニアならまだ紆余曲折があっていいけど」と言っておられました。

「あれはバブルのはじけたころでしょう。当時は大学病院の脇に調剤薬局がどんどんできていきました。うちも各大学病院にお願いにいって、日医大の調剤もやっておりましたが、年々厳しくなりましたね。娘がふたりいますが、後は継ぎません。

一方、スーパーができて酒屋さんが潰れていったように、ドラッグストアがチェーン展開をして、飲料や食品、生活用品まで売るようになった。でもいまはドラッグストアもコロナ禍で売り上げが下がって、厳しいようですね」

――コロナ以降、ドラッグストアでは、感染対策のマスクやアルコール消毒液など、売れているのかと思っていました。

「後継者の問題もあって、中小の薬局は大手のドラッグストアに経営統合されているところも多いんです。対面での店舗は少なくなっていくのでしょうね。

東大赤門前のコンビニでも、一時期は併設の調剤薬局が24時間体制でやっていました。ただ、人件費もかかりますし、東大病院の院外処方箋の薬を赤門前まで取りにいくのは大変ですからね。撤退してしまいました。

東大病院はもともと好仁会という財団法人の薬局が病院の地下にあったんですよ。それが院内で独占的だというので、いまは龍岡門の外に調剤薬局ができています。順天堂大学だけは、調剤を外に出さない。患者さんを薬で30分以上は待たせないと言い切っておられます」

――へえ。面白いです。でもバブル以降も30年、お店を続けられたのですね。

「おかげさまで、地域に密着して仕事をしてきたからです。できるだけ町の方のお役に立ちたいと思って。根津はひとり暮らし、ことにお年寄りでおひとりの方が多く、訪問看護とか往診もあるので、薬も家まで届けて差し上げてた。

本当は在宅だと加算も取れるんですがいただかなかった。お金の問題じゃない。根津は密集していて、平らですから配達もできたんです。千駄木、谷中もありますし、日暮里や三河島のほうまで自転車で配達もしました。あのころは携帯もないし、住所のメモを握りしめて、わからないと途中で公衆電話から電話をかけたりしてね。そして、薬を毎日分に分けて朝昼晩と居間の壁のポケットに入れて差し上げました。

かかりつけの医者がいるように、かかりつけの薬屋さんがあると安心ですよ。店を閉めてからでも、近所の方が風邪薬や下痢止めをくださいと戸を叩くこともありました。また町会所有の車椅子もお借りしていて、お年寄りをそれでお家まで送っていったことも。

大正生まれの方と、戦後生まれの家族、またその下の孫の世代では、なかなか同居は難しい。習慣も食べ物の好みも生活時間帯も違いますから、どうしてもひとり暮らしが多くなります。かなりのお年でもシャキッとしてなんでも自分でなさる方もいます。自分で119番へ電話しちゃう方もいます」

――うちの母もひとりのほうが気楽だと、92歳でひとり暮らしです。孫たちがよく世話をしに行ってますが。以前、お店に伺っているとき、ノロウィルスがはやっていたころで、その疑いがあるお子さんを連れたお母さんが入ってこられました。そのとき小林さんが厳しい顔で「あ、森さん、すぐ、店から出てください」とおっしゃいました。

「感染症の場合、できるだけ、患者さんとそうでない人を離さなければならない。うちみたいな小さな店ではなかなか難しい。とにかく離れてほしかった。

インフルエンザもそうです。患者さんに接することも多いので、私は毎年12月の初めくらいに予防注射をいたしました。インフルエンザは1、2月がピークで、抗体は3カ月くらいしか効きませんから」

――しかしいま、薬漬けということも言われたりします。薬の飲み過ぎということはないんですか。

「町の薬局で売っている薬は手軽ですけれど、たとえば風邪薬でも、鼻水を止める、熱を冷ます、咳を止める、喉の痛みを取るなど、複合した薬なんです。目薬だと、かゆみ止め、ドライアイ、ひいてはビタミンまで入っている。ところが病院で処方される薬はひとつの薬に一成分。ですから、たくさんの種類の薬をきちんと飲んでいただくため、そのことを説明しながらお渡しします。

お医者さんに診てもらい、薬を飲んだことで安心して高熱が下がることもあるんですよね。私も長年、患者さんと付き合ってきましたから、その方の性格や、お年、体重、アレルギーなどもわかっているので、処方箋は必ずチェックして適量かどうか、過剰な要素がないかどうか、僭越ですが先生に申し上げることもありました。

このあたり、ひとり暮らしの若い方も多いんですよ。学生も多いですし。そういう方は栄養面や生活時間が心配で、アドバイスをすることもありました。やはり薬を早めに飲んで、初期症状で抑えるということが大事なんですね」

——薬剤師の仕事で一番大変なことはなんですか。

「安心安全な仕事をしないといけない、ということです。薬には適量というものがありますから、濃厚診療になっていないかを確認しないと。患者さんに治ってほしいなあという気持ちで薬の面から考えてきましたから、よくなってくださるとうれしいです」

藍染大通りを使ったイベント

——ところで、尚さんは、地元藍染町会でも「こんにちはあいそめ」というミニコミを出しながら、この藍染め大通りを盛り立ててこられました。

「この町会は公園がないんですね。それで日曜日にこの前の通りを歩行者道路にして、いろいろな行事をやったり。珍しいくらい広くて、イベントには使いやすい幅なんです。野外映画や、金魚すくい、盆踊り、太鼓、綱引き、流しそうめん、いろんなアイディアを出しあってね。何をして子どもたちを楽しませ、友達が作れるようにしようかと。町会にお金があったころはバスを雇って、奥多摩に行ったりとかしましたが、そのうち、バスを使わずに、電車を乗り換えて行って、先発隊がキャンプの準備をしてました。

うちは娘ふたりを育てるのも店でしたから、お誕生日会なども家でしないでピクニックにしたんです。千代田線で松戸で乗り換えて、20人ぐらいで、お弁当を持って梨狩りに行ったり。自分の町を出て何か体験できるように心がけました」

――あのときのお仲間はどうされてきますか。

「肉屋の渡辺さんは奥さんの田舎に越されたし、絵描きの杉山さんは亡くなられて、惣菜屋さんだった吉田さんと私と、いまは町にふたりしかいません。彼がいま、町会長をやっています。『こんにちはあいそめ』では、いろんな方と接することができましたよ。いまは、この並びにもいろんな面白いお店ができて、若い方たちが頑張ってくださっています」

――ご主人、マイペースで泰然自若って感じですね。

「財を成すとかは全然考えてないですから（笑）」

――奥さまはどうなさっていますか。

「いまはふたりで朝から根津神社でラジオ体操、あとはよく町を散歩しています。地域に密着してきたから、町を歩いていても、あ、テートさん、と声をかけていただきますよ。お酒は60歳でやめました。
うちの妻は浜松の生まれで、鎌倉で彼女の叔父と叔母が医者をしていたので、その縁できてくれました。子どもを連れて浜松まで車で帰郷したこともありました。8月はじめの土曜の夜には、花火をやっているところも多くて、高速道路から眺めながら。根津生まれだと田舎がないからね」

——うちの父ともずいぶん遊んでくださったようで。

「文京区はもとの区の成り立ちから本郷と小石川に分かれているわけですが、古い組織なので、医師会、歯科医師会、薬剤師会が三師会といって交流が盛んです。歯科医である森さんのお父さまともゴルフも一緒に行きました。森さんの弟さんの若先生とはカラオケをしましたね。彼が来ると、にぎやかになって」

——30年前の私の取材では、小林さんこそ、「マイクを握ったら離さない」と書かれていますよ。「人呼んで根津の山川静夫アナ」といわれる小林尚さん、て。「口の悪い仲間は『アルコールもいける。いざとなったら薬用アルコールもある』と言う」だって（笑）。

根津でずっと暮らして後悔はないですかと聞くと「ないですね」とひとこと。律儀で親切、謙虚で利害度外視、だからこそ、いざというとき頼りになる町の重鎮だ。散歩と禁酒、お手本にしなければ。

（閉店）

父に仕込まれた仕事ぶり

杉本染物舗

（取材日　2023年11月29日）

根津神社正門前。古くからある染物店だ。昔はよく、店の横手に伸子張《しんしば》りされた布が風に揺れていた。いい風景だった。

ここのお姉さんが40年前、区役所の伝統工芸の職人たちのイベントで染め物をしていた姿を覚えている。杉本順子さん。そのあともちょくちょく会うのだが、そのときのピチピチした明るい様子が目に焼き付いている。

「あらあ、森さん。変わんないけど太ったんじゃゃない」と平気で口にするところがやっぱり下町風。

お姉さんは変わんないわね。いや、お互い40年ずつ歳をとった、と私。

「いやあ、私もこのへん、だぶついてきたわよ。もう、父も母も他界して、私ひとりなのよ。開店休業みたいだわ」

——表で売っていたしじら、あれは徳島のだっけ、私、あれ、10反は買いましたよ。母と妹がせっせと縫ってくれて、私もまだ3枚くらい持ってる。最初は1反3300円だったかな。

「いや、2800円だった。いまは9800円で売っているけど、いま仕入れたら上代（売値）1万円は軽く超すわね。夏は涼しくていいわよ」

紺屋と書いて「こうや」と読む。それがうちの商売

——いつからお店を。

「この仕事はおじいさんの次郎八と父の徳蔵、それから父の兄とで湯島で始めて、父の結婚後に根津に越してきたらしいよ。戦前、ここに五軒長屋があったのを買ったのね。その端っこの一軒で始めたけど、手狭になって、隣があいたので二軒つなげて使ってた。

うちの母も同じ湯島の人で、母方のおじいさんは吉原で幇間《ほうかん》、太鼓持ちをしてたみたい。そのせいかはわからないけど、母はなんとなく着物の着方がちょっと小粋でうまかった」

——お父さんは戦争に行かなかったの？

「父は昭和天皇と同い年（1901年生まれ）で、明治の人。青年団とか自警団とかやっていたけど、戦争には行かなかったわね。うちは昭和6（1931）年生まれの兄と10年生まれの姉がいて、私はずっと離れて昭和19年だもの。父は兄を勤め人にしたかったんじゃないの。こんな職人の仕事、儲からないし、たいへんだから。姉は勤め人に嫁いで、私が残されて、あとをやっているというわけ」

——へえ、末子相続なんですね。

「高校を出て、土日は父の手伝いをしながら、平日は旅行会社に勤めていたんだけどね。24

のときに急性肝炎にかかって、もう死ぬ一歩手前だった。寝てたら親戚のおじさんおばさんが枕元にいるから、こりゃなんだ、と思ってたらみんな死ぬと思ってお別れに来てたんだって。あのとき、なんか新薬を使ったのよね。それでどうにか命を取り留めたけど、鏡を見ちゃダメって言われた。何気なく見たら、顔がまん丸になってた」

——それってステロイドかな。

「その前にも、赤ん坊のときから3回ぐらい大病をして、親には相当迷惑かけたし、お金も使わせたし、恩があるわけよ。私ぷらぷらしてたもん。24にもなって、1年くらいなにもしなくても親はなんも言わなかった。治ったら今度は私が働く番だと思って」

——ってことは、学校は根津小学校？

「もちろんよ。サワノ酒店とか、林屋米店とか同級生よ。子どものころは根津神社で遊んだね。学校のそばのカメ公園でも遊んだけど。根津神社も前はこんなじゃなかった。まず、石の鳥居があって、いまみたいな赤い鳥居はなかった。入り口にあった石の『根津神社』という石標はもっとずっとずっと高くて『ね〜〜づ〜〜じ〜〜ん〜〜じゃ〜〜』と見上げるような感じ。その後ろに灯籠《とうろう》があって、その周りの囲いがちょうど女の子2、3人は入れるくらい、おままごとのいい遊び場だったのよ」

——本当にいい環境ですね。

「そうそう、私はガキ大将だった。ほら、樋口一葉の『たけくらべ』で横町組と表組というのが喧嘩するじゃない」

——それぞれ親の職業とか、金持ちと貧乏人とか、複雑なものを引きずって。『ウエスト・サイド・ストーリー』もそうでしたよね。

「ここだと、この上の毎日新聞の寮にもたくさん子どもがいたのよ。新聞社に勤めるインテリのお子さんたち。こっちはしがない町の商売屋。それで喧嘩するのよ。でもからっとしたもので、あとですぐ仲直りして一緒に遊ぶんだけどさ。知ってる？　根津は明治時代は遊郭で、そのあとヤクザ者もいたからね」

——いまはすっかり大手町から5分のマンション街になったけど。不忍通りは遊郭の中通りですものね。その両側に遊郭があった。

「うちの建物も遊郭みたいなものじゃなかったのかな。どうも昔風の階段で2階の造りもそうなのよ。ちゃんとした遊郭は根津神社の西側で、この辺は、遊郭には上がれないようなお金のない人が遊ぶところで」

——それは聞いたことがある。明治21（1888）年の6月30日に遊郭が深川の洲崎に引っ越して、でもそのあとも根津にアヤシい店はいっぱいあったって。

まあそんなことより、お仕事の話を聞かせて。

「うちは染物屋。紺屋と書いて、こうやと読むんですけど、それがうちの商売。着物の洗い張りや染物ですね。洗い張りというのは、着物をほどいて、反物の状態に戻してから水洗いをして、水で縮んだ生地の幅を整えるのね。いまは、部分洗いや、着物をほどかずに、そのままの状態で洗う丸洗いも増えました。私は丸洗いの場合も、ある程度汚れをとって機械にかけてもらうんだけどね。

昔は小伝馬町にきもの洗染協同組合というのがあったけど、染物屋の数も減ったからね。そのころはこの辺も着物を着る人が多かったんでしょう」

――うちの動坂の家の裏の細道にも洗い張りをするおばあさんがいたわ。電柱と電柱の間に洗った布を張って、下にひごみたいなので突っ張らせて布を伸ばすのよね。

「それを表でできなくなった。公道を使ってなんだ、と役所に苦情を言う人もいてね。そもそも布は織ったときには糊の成分がついて、ごわごわしてるのよ。それをとらないで着物に仕立てて着てる人がいるけど、湯通しして糊をとればもっと生地が体になじんで、色も冴えるのにねえ。そんなことも知らない人が多いのよ」

着物はその人らしい着方をすればいい

――舟橋聖一に『悉皆屋《しっかいや》康吉《こうきち》』という小説があるけど、悉皆屋さんていうのは？

「あれは着物のよろず相談所みたいなもので、持ち込まれた着物を、それぞれ必要に応じて職人に下請けに出すから、自分では着物を洗ったり、シミを抜いたり、伸子張りをしたりはしないのよ。つまりマージンを取るコーディネーターね。

うちの場合は、まず着物の状態を見せてもらって、何が必要か考える。たとえば、年に一、二度着るくらいなら、まず着物を見せてもらって、衿のところだけ拭いてしまっておいて、それで、3年くらい着たら、全体を洗いましょうか、とか。ほどいてみると、袖の中なんかあんがい埃《ほこり》がたまるのね。それを取ってきれいにするとさっぱりする。染みがあるものは染み抜きをする。そうすると、着物を長く着てもらえるでしょう」

——洗い張りと丸洗いだと、費用はどのくらい違うんですか？

「そりゃ丸洗いのほうがずっと安いわよ。丸洗いで5、6千円としたら、洗い張りは、まず着物をほどくでしょ。ほどいて洗うでしょ。湯のし（蒸気を用いて、幅をそろえてしわを伸ばす）をするでしょ。そしたら今度は仕立て。縫い直すだけでも2万円近く、もっとかかるところもある。うちも縫ってくれる人がいて、お願いしていますよ」

——昔は着物を縫うのは娘の当然の教養だったのにね。うちでも母と妹はやれたんだけど、私はそんなの時間の無駄だと思ってた。ほかにやる仕事がいっぱいあるし。

そうすると、杉本染物店が一番よかったのはいつごろ？

「うちの黄金時代ねえ。やはり父のころ、それも年の離れた兄や姉が子どもの時代かな。忙しくてねえやもいたし、小僧さんもいたし。私が継いだころはもう下火だったわね。父は81で亡くなって、それから継いだんですけど、ふだんから仕込んではもらっていました。商売する人は、親の仕事を見てますよね。見てれば、やっぱり面白くなる。父は道具も身近にあるものを使っていたりして、へぇ、こんなふうに使うんだ、とかね。父は、手間がかかる分はしょうがないけど、お客さんにはなるべく安く、という考え方。そうすると、お客さんも来てくれる。安くて下手じゃ困るけど『あそこの店はうまいけど高いよね』というよりは、『うまいわりに値段はこなれてるな』と。そういうところ、尊敬していました。そういう姿勢を見られたのは幸せなことだったなあと」

――私の子どものころ、お母さんたちがPTAとか授業参観には着物を着ていたものね。私も娘時代には母が今年は小紋、今年は紬とか、毎年、着物をこしらえてくれたもの。

「そんなに持っているなら、森さん、着なさいよ。似合うわよ」

――国際交流でインドに行ったときに、なんでキモノを着てこないの、と言われて。洋服なら1分で支度できるけど、着物じゃそうはいかないでしょう。ずいぶん横幅が出たから、苦しいような気がして。

「慣れれば5分で着られるって。着物はその人らしい着方をすればいいんで、別に着物教室みたいな、きちんとした苦しそうな着付けをしないでもいいよ」

――そう、あのおはしょりというのがいやなんだ。沖縄みたいな対丈《つったけ》の着物なら楽でいいなあ。それと袋帯という、あの大きな太い帯もいやなのよ。まさか三尺《さんじゃく》（男性用のやわらかい帯、子ども用の兵児帯など）じゃなんだけど、半幅帯を粋な貝の口に締めるくらいならねえ。私が着物を着るのは夏にお宅で買ったしじらを着て納涼大会に行くときくらいよ。順子さんは着物着るの？

「それを言われると弱いな。体を使う仕事だから作業は着物着てできないしね。最近は、母の残した着物を引き取ってくれませんか、と持ち込まれることもあるけど。古着のリサイクルはやっていないから」

――若い人で着物が好きで着ている人も多いですね。そんなに背丈もなく、幅もない人なら、古着屋さんで2、3千円で手に入るから、結構洋服より安くおしゃれが楽しめるでしょう。それにしても根津というところは濃い町ですよね。

「ほんと面白い人がいっぱいいた。そこの魚多のおばあちゃん。魚多の御主人のお姉さんだった人。その魚さばくのが見たくて。普通は何も言われないんだけど、忙しいと、『邪魔邪魔、あんた帰んなさい』と追い払われた」

――ああ、あの店は根津遊郭のころからあって、お客さんにお刺身、台のものを入れていたのね。私もあのおばあちゃんにお話聞かせてください、と言ったら、新聞紙を切りながら「あたしゃそんな暇はないよ」と断られちゃった。

「やまと絵の森村宜永《よしなが》さんのお宅が火事になったでしょう。あのとき先生が冬なのに避難して下着で震えていたから、父は裏に毛の付いた胴着を着せてあげたんだって」

——あの一件も、老夫婦がお住まいで庭の枯れ葉でお風呂を焚いての火事と伺いましたが。その隣が上海楼って旅館だった。山の湯も3・11で煙突に穴が開いて廃業されたし、どんどん昔の町並みがなくなる中で、武田表具店は建物もそのまんまで、ありがたいわ。

ところで根津は谷間の庶民の町、ある意味、口さがないというか、悪意はないが噂話が飛び交うといいますね。

「守ってくれてもいるし、お節介ともいえるけど。父が死んだときは、いろんな人がいろんなことを言いに来た。『あんたたちもたいへんね』と。母が死んだら、さらにすごい。父と母がいるときは言えなかったようなことを言われたりして、針のむしろとはこのことか。『あんた、男出入りがあるんだって?』とかね。だって問屋さんはみんな男だからね。ほんとにたいへんよ」と順子さんはカラカラと笑った。

涙がつまった
庶民の甘味

秋田屋

（取材日　2022年5月30日）

根津の駅前に秋田屋という餅菓子屋がある。

抹茶に合う上生菓子ではなく、番茶かほうじ茶で頬張るのがうれしい大福や豆餅、だんごを売っている。いわゆる駄餅屋。庶民的な値段。疲れたときは甘味にかぎる。私はこの草餅や三角形の豆餅が好き。夏になると氷を食べたくなる。水ようかんも。

何年か前にビルに建て替えた。いまは兄妹3人が主力で働く。エプロン姿がかいがいしい。先代の奥さん、それこそ身を粉にして働いてきた田口幸子さんに聞く。

「この店は田口春吉と春江のふたりが創業したんです。舅の春吉は、もともとここでやってた人の店で働いていて、昭和8（1933）年に、建物ごと居抜きで譲り受けました。私が嫁に来たころは、前の店の家紋の入った番重《ばんじゅう》という、お菓子を入れる箱がまだありましたね。両親ふたりとも秋田の出身。春吉は早く亡くなったけど、姑の春江は98になるところで亡くなりました」

甘いものが食べられるならいいかと

――幸子さんも秋田の出身なんですか。

「私は昭和12（1937）年、東京の深川の生まれです。父は大学まで出て、養蚕の技師をしていました。人はいいんですが、仕事はそれほどできないんです。母のほうが頑張り屋でした。

母は福島出身で、それこそ貧しい農家に生まれて、少女のころに山形の糸取り工場に売られて、必死で働いた。工場には女工が逃げないように鉄条網が張ってあったそうです。そのときに養蚕技師で来ていた父と出会って駆け落ちして、子どもが5人生まれました。

戦時中、私の姉は勤労動員で軍事工場で働いていたし、兄は予科練に行ってたから、私とすぐ上の兄は秋田にあった父の姉の家へ疎開して、母は小さい弟と深川で生活していました。

秋田の伯母は父のことを可愛がっていたので、とてもよくしてくれました。割烹旅館だったので食料には不自由しなかったですね。まあ、こんな話は秋田屋とは直接、関係ないんですが」

——いえ、私は空襲や疎開の聞き書きもしているので、興味があります。

「戦後、秋田屋のおかみさん春江の妹が静岡で焼きそば屋を始め、たまたまそちらへ手伝いに行きました。ややこしいんですが遠縁なんです。そしたら、東京の姉のところが夏は忙しいので1カ月だけ来てほしいということで、手伝いに回された。

ここに来たらひとり息子の勝一がいて、私が3つ年下でちょうどいいと、妻《めあ》わせられた。それが昭和35（1960）年で22歳のとき。否も応もないんです。私もまあ、甘いものが食べられるならいいかと思って。

結婚式は根津神社でやりました。披露宴はこの家の2階でやったんです。慶應病院の食堂の調理長が手料理を作ってくれました。この家は空襲では焼けなかったのに、戦時中の強制疎開で取り払われ、戦後、バラック小屋みたいなのを建てていました」

——じゃあ、甘いもの食べ放題だったんですか。

「とんでもない。来てみたら舅はもう亡くなっていた。姑は品物が売れ残っても私には食べさせてくれなかったです。秋田からお土産でもらったお酒も自分の部屋に持っていって、亡くなってから見たらお酒が飴色になっていました」

主人は遊び人。でも嘘はつかなかった

——この仕事は、朝早いんでしょう？

「団子や草餅を、朝5時起きで作りました。白衣を着て三角巾をして、無我夢中で働きましたね。そのころはどら焼きもやってたし、夏はアイスクリームやアイスキャンデーも作って売っていました。

昭和35年、39年、41年と生まれた子どもたちは勝手に育ってくれました。働きずくめで、PTAなんか出たためしはありません」

――じゃ、勝一さんと手を携えて。

「とんでもない。勝一は遊び人でしたから。もっとも、吞む打つ買うのうち、『打つ』だけです。競輪と麻雀。団子坂におばあさんが闇でやっている麻雀屋があって、そこに入り浸ってた。子どもをおんぶして何度迎えにいったことでしょう。二晩続きでやっているから、顔なんか粉をふいていましたよ」

――じゃあ、お店の役には立たない？

「それで困ったんですよ。義母が怒るでしょ。でも、私のせいでもあるのかな、と思ったりもしてね。別れたって帰るところもないし。いまでこそ言えるけど、もう飛び降りて死のうかと、夜中に二度ほど、鶯谷の鉄道の跨線橋まで行きましたよ。福島の兄のところに実家の母がいたので、相談にも行きました。

そうしたら、母は泊めてさえくれなかった。小さな家ですから、余分な部屋があるわけでもないしね。通帳とはんこを出して、帰りの汽車賃がないならこれで出してお帰り、と。そのときは冷たいと思いましたが、いま思えば、1泊でも泊めたらもう東京に帰れなくなるとわかっていたんでしょう。でも、主人は嘘はつかない人でしたね」

――外から嫁に来て、根津はどんなところですか。

「近所はみんないい人たちでしたよ。人情があって。隣がパン屋さん、その向こうが日本そば屋さん。ご飯が足りなければ、丼を持っていって分けてもらったり、醤油や味噌がなくても、ちょっと貸してと言えるような仲で。

地域の子どもたちがなついて、みんな寄ってくれてね。中にはお母さんが働いていて夕食が食べられない子どももいる。『おばちゃん、今日はご飯なに？　僕にも食べさせてくれよ』なんて言いますから、どれだけ食べさせたかわかりません。

来たときはなんてことない町でしたが、昭和44（1969）年に地下鉄千代田線が通ってから人が増えました。いまでも1階に寝ていると下を地下鉄が通る音が枕に響きますね。そもそもうちの前が都電の停留場でした」

――それから谷根千ブームが起きて。

「根津神社のつつじまつりのときは、店の前は雑踏みたいになりました。テレビで紹介してもらっても、手で作るんだから、できる数には限りがあるし、てんてこ舞いで。お客が並べば近所の方にも迷惑かけますし。

そういってもこの辺はずいぶん変わりました。魚屋さん、肉屋さん、豆腐屋さん、何軒かずつはあったんですよ。お寿司屋さんもね。お風呂屋は宮の湯さん、赤津湯さん、それがみんななくなってしまって。

私は幸い病気ひとつしたことがないけど、主人はある日、手が動かないと。軽い脳梗塞になって、最後は肺がんでした。麻雀しながらどれだけ煙草を吸ったものやら。2001（平成13）年に亡くなりましたから、もう20年になります」

――いろんなお客さまが次から次へと見えますね。

「うちは朝8時に開けて、夜も8時までやってますからね。朝行きがけの方も見えるし、帰りに寄られる方もある。お雑煮とか安倍川とかを食事代わりに店で召し上がる方もいるんですよ。噺家の三遊亭好楽さんが自転車に乗って買いに来てくださったり、池波志乃さんもお近くなので。この間は角野卓造さんも見えました」

――これから何かなさりたいことはありますか。

「やっと暇になったと思うと、今度は体がついていきません。旅行もしたいんだけど。月に2回くらいお友達で集まってカラオケをしますね。それ以外は早く起きて自分の仕事を済ませたら、あとはテレビを見たり、昼寝したり、自分の部屋にいるの。年寄りは余計な口を出さないことです。

幸い、息子とその家内、上の娘は一緒に暮らしているし、下の娘も近くにいてみんな仲良く働いてくれてますから。孫もふたりずついてとってもいい子たちですよ。私の自慢です」

長らく働いてきたのに、その苦労がみじんも見えない色白で穏やかな幸子さん。静かに語る向こうで、家族総出でキビキビと働く気持ちのいいお店である。

えも言われぬ
だしの味

ちゃんこ大麒麟

（取材日　2024年7月2日）

根津交差点から東大農学部に上る坂は弥生坂。左のとばくちに大麒麟《だいきりん》というちゃんこ屋さんがある。

「たぶん、根津界隈の居酒屋ではうちが一番古いんじゃないの」と店主の甲野薫さん。茶色い作務衣に銀縁の眼鏡、タオルではちまきという出で立ち。

「僕は17歳からいますもん。もう30年くらいかな。僕で三代目ですけど、初代の主人は『大麒麟』、大関まで行ったお相撲さんです」

大麒麟将能《たかよし》は本名堤隆能、1942（昭和17）年生まれ、佐賀県の佐賀郡諸富町《もろどみちょう》出身の力士だ。この町は、いまは佐賀市のうちである。中学生のころは柔道の選手、また生徒会長を務めるなど人望もあって、頭もよかった。同郷の二所ノ関親方（元大関・佐賀ノ花）に見出され、1958（昭和33）年初土俵。のちに麒麟児、その後、大麒麟と改名した。1963年新入幕。

初代・大麒麟関が現役時代に開業

そうか、この名前は覚えている。子どものころ、相撲はテレビで見ていた。いわゆる柏鵬時代。柏戸と大鵬の両横綱が強かったが、麒麟児は大鵬と同じ部屋で、柏戸に強かった。柏戸に金星を二度上げている。もう一勝は佐田の山。

しかし度重なる怪我もあり、三役を務めながらなかなか〝大関取り〟のチャンスをものにできなかった。1970（昭和45）年5月場所より大麒麟と名を改め、同年11月の九州場所で12勝3敗、ようやく大関昇進を果たす。このとき、当時の貴ノ花を高々と吊り上げた名勝負は角界の記憶に残る。

得意技は右四つ、寄り、吊り、うっちゃり。しかし快調は続かず、1974（昭和49）年に引退して年寄・押尾川を襲名。生涯戦歴は710勝507敗、大関在位は25場所だった。師匠の二所ノ関親方の死後、部屋の後継争いが起こる。事態は紛糾し、結局、親方の次女と婚約した関脇金剛が跡目を継ぐことに。納得できない大麒麟は内弟子らを連れて谷中の瑞輪寺《ずいりんじ》に立てこもる。二所ノ関騒動、押尾川の乱などといわれた。

「そういえば谷中の瑞輪寺の門前に相撲部屋があって、大鵬があそこでバットを振っている写真を見たことがあります」と私は言った。

「引退後もいろいろあったようですが、ここに『ちゃんこ大麒麟』を開いたのは、1972年の現役のときですね。今年で53年目。親方は僕が入ってからもお店に見えていたから、見覚えがありますよ。当時、押尾川部屋は江東区木場のほうにあったんじゃないかな。お相撲さん関係のお客が多かったと思います」

大麒麟は頭脳明晰で知られ、哲学書などの読書と囲碁が趣味、声はわりと甲高かったという。長男は医師となり、後継者がいないため２００６年に部屋をたたみ、２０１０年に68歳で没。

雑誌「谷根千」を始めたころ、そんなことは知らなかったが、なぜか、大麒麟さんには毎回広告をいただいていた。

――広告料の集金は、善光寺坂に面した上野桜木の事務所に伺っていました。いつも機嫌よくさっとお金を出していただいて。

「あ、その人は大麒麟の奥さんのお兄さん、小島さんですね。二代目の主人で面白い、いい人です。夫妻で経営しておられましたが、お元気で上野桜木の裏のほうにお住まいです。いまでも時々お客で見えますよ」

――ゆとりがある感じで、副業かなにかでお店をなさっているのかと思っていました。

「副業でなく本業です。この並びでジラフって安い洋品屋もやってました。ちゃんこの店に顔を見せることはありましたが、オーナーという感じで、お店は加々美さんって店長に任せていました。その方から僕が受け継いで三代目」

――あのう、「谷根千」という雑誌も置いていただいていたんですが。

「あれはまったく売れなかったね」と内容に興味がないかんじ。「それよりせっかくこられたのですから、うちの自慢のそっぷのちゃんこ、召し上がってください」

メニューに「1人半前から」とあったので、それと、とりあえずビール。突き出しにワカメと胡瓜の酢の物を頼んだ。しっかり仕事のしてある、きれいな盛り付けだ。私はここには何度か、客として来たことがあった。しかしこの20年ほどは来ていない。店内は当時とあまり変わらないですねえ。

「冬場にアルバイトなし、ワンオペで大忙しのこともありました。あれは大変だった。コロナのときは客が来なくて、テイクアウトなんて大袈裟なもんじゃないけど、持って帰りたいという常連さんには、ペットボトルにスープを入れて、中身とセットにして包んだり。もう無理はしたくないね。10時半がラストオーダーですが、9時半に客がいなかったらそのまま閉めます。いまは暑いからこんなもんです」

生まれ育った根津で商売が続けられてよかった

奥に客がひと組、入り口近くに女性ふたり連れ。小上がりは掘りごたつで、足が楽だ。茶色の大きな鍋が運ばれ、テーブルはにわかにガスコンロに早変わり。最初、だしの醤油が濃いのかと思ったら、鍋の色が透けていたのだった。取り鉢によそうと透明に近い。う～ん、いい味。

「鶏ガラのスープです。初代の大麒麟さんのときはかつおだしと鶏で、それから二代目、私と少しずつ味を変えてここに行き着きました」

ちゃんこの具材が運ばれてきた。うわ、材料は大皿に山盛り。

「厨房で作って持ってくることもできますが、自分で好きなペースで鍋をするのもいいもんですよ。まず鶏のつくねを入れてください」

それにしても多彩。鶏つくね、鶏もも、銀ダラ、ホタテ、エビ、カニ、豚バラの厚切りのほか、白滝、白菜、春菊、長ネギ、エノキ、豆腐、油揚げをお鍋に入れていく。ここは同行の編集者が鍋奉行として、とてもきれいに作ってくれた。

アルバイトの青年が「どんどん入れてくださいい。いいだしが出ますから」。しばし夢中で箸を動かす。鶏のつくねは山芋でつないでいるらしい。レンゲで汁をすくう。薄味だが、えもいわれぬ。よくこんないい味が出ますね。

「そりゃ、長年やってればね。19歳から、ここでちゃんこつくってますから。化学調味料とか入ってないので、純粋な味を楽しんでもらえたらいいんじゃないですか」

「すみません。〆張鶴を升酒で」と注文すると、これまたたっぷり。メニューに170ccくらい、と書いてある律儀さ。これで800円。最近ではとてもリーズナブルな値段ではあるまいか。

仕事が一段落したご主人、コップにビールを注ぐ。それじゃいよいよ三代目は。

「僕はいま50歳。1974（昭和49）年生まれ。根津生まれ、根津育ちです。根津小学校から第八中学校。たしかにあのころ、学校は相当荒れて、僕らも悪さをしたほうですよ。両親が離婚して、17歳で自立しなけりゃならなかった。高校は行ってたけどやめました。アルバイト情報誌の『フロムＡ』を見て17歳でこの店に入った。4年やって、勉強が足りないと思って、そのあと4〜5年はあちこちで修業した。前の店長がやめることになって呼び戻されて、27くらいで店長になりました」

言葉少なではあるが、並々ならぬ苦労があったに違いない。

ほかに看板メニューは、と聞くと、鶏のつくねの焼いたのかな、というので1本。竹箸につくねを巻き付けてこんがり焼き、甘辛い醬油をまとわせたもの。おいしい。

ああ、食った食った。おなかがいっぱい。でもこのおつゆ、もったいないなあ。持って帰れない？

「う〜ん、いま、ペットボトルの空きがないの。そこの赤札堂でタッパー買ってきたら持って帰っていいですよ。昔は家からマイタッパー持ってくる人、いましたよ」とご主人ニコニコ。

――それじゃ、やっぱり〆の雑炊といきますか。

先ほどからよく働く、アルバイト青年の立ち居振る舞いが品がいい。

「東大の学生ですよ。いま、2カ月くらい。真面目に頑張ってくれてます。時々東大や藝大の学生がバイトに来ますけど、あまり続きませんね」と主人。

お酒を運んできたとき、小声で「何学部?」と聞くと、「工学部です。一度飲食を経験したかったんで、ネットで見つけて応募しました」と言う。

主人は奥に陣取った男性3人としゃべっている。聞くと、中学の同窓生なのだとか。

「生まれ育った町で商売続けられてよかったです。昔の友だちは来てくれるし。なんと言ってもちゃんことというのがね。根津に居酒屋はたくさんありますが、ちゃんこを出すのはうちくらい。これで両国へいったら1万円飛びますよ」

たしかに。それにしても時代の変化が激しいなかで、50年以上やっているのは、本当にすごいこと。お店が続いた理由はなんですか。

「儲かってないからじゃないですか。いかにも儲かってなさそうでしょ。日銭稼いで、一生懸命やってます。店を広げようと思ったことはないですね。他人にやらせると、自分の味でなくなっちゃうから、そこは結構だいじです」

主人は恥ずかしがって写真を撮らせてくれなかった。また秋風の立つころ、来てみたいものだ。

いいと思ったら なんでもひとりで

根津の谷

（取材日　2022年5月30日）

地域雑誌「谷根千」を始めたころ、ここに置いてもらい、2号で店主の鳥居房枝さんに原稿（エッセイ「自然食雑感」）をお願いした。子どもが小さなころは、みりんでも醤油でも野菜でも油でも、よいものが食べさせたくて、配達のついでによくこの店で買い物もした。でも、このところずっと行っていない。ベジタリアンの店として広く知られ、店を拡張してレストランも始め、外国人でいっぱいと聞いた。

「お久しぶりです」とお会いした店主の房枝さんはちっとも変わっていない。前より少しほっそりされ、おしゃれな縞模様の木綿のモンペ姿。まったく年齢不詳。

「そうお。私は昭和15（1940）年生まれの戦中派なのよ」

うっそー、じゃ82歳ということ。物静かな哲学的な風貌や話し方も変わりがない。

冷え性を治すには、やっぱり食べ物だと

「根津の谷《や》を始めたのは昭和53年、1978年だから、『谷根千』の雑誌より6年くらい早いのかな。いやー、『谷根千』も本当にがんばったね。うちは大正からここできんつばを売ったり、質屋と電話金融をしていたの。その前は鳥越にいたらしいけど。だから私は根津生まれの根津育ち。

5歳ぐらいだったけど空襲も覚えているわよ。防空壕に入ったのとか。根津小学校の地

下にも、ものすごく長い防空壕があったのよ。B29が飛んでくると、真っ暗な空がものすごく明るくなってね。両国のほうに焼夷弾が落ちて、向こうの空が真っ赤になってた。東大の研究機関があるからこの辺には爆弾や焼夷弾も落とさなかったと思うのね。ほんとかどうか知らないけど。

父と母と弟は戦争中もずっと根津にいたけど、兄と私は母の実家のある福島の会津西方《にしかた》に疎開しました。会津若松からさらに山奥に入ったところでね。ずいぶん汽車が混んでいてぎゅうぎゅう詰めだったのを覚えてます。トイレなんか、子どもは手渡しで窓から出入りするのよね。あんなの生まれてはじめてだった。

そこに2年くらいいたかな。雪が多くて2階から出入りするような豪雪地帯、寒くてね。行った先にも子どもがいっぱいいて、私もまだ小さかったのに背負わされて、子守もしたのよ。

根津は関東大震災でも焼けなかったものね。前の家は100年は経ってたわよ。隙間風は入り放題、猫も入り放題。家は傾いていたけど潰れなかったわね。父は大学1年のときに亡くなり、兄も亡くなったけど、その後ここを6階建てに建て直したの」

きれいな声でさらさらと語るがなんとなく威厳がある。最初に会ったときから自分をしっかり持った女性だと、畏敬の念を抱いてきた。

「根津は都電が店の前を通ってたでしょ。どぶもあって、蛭《ひる》もいたわね。昔は八百屋さんも3つ4つあったんだけどね。魚屋さんも貝屋さんもね。銀行が赤札堂になったのよ。角には、交番、郵便局があって、着物の多古《たこ》やさんは古い。その向かいの角にパチンコ屋もあったわね。

子どものころ、いまは東大の浅野キャンパスになっている浅野屋敷でいろんな草花や木の葉をとってきておままごとをして遊んだりね。

私はそのまま六中（文京区立第六中学校）に行きたかったんだけど、5つ年上の兄貴が探してきて中学からは大塚の跡見学園に通いました。都電20番線で一本だものね。大学はほんとは早稲田で英語を勉強したかったんだけど、慶應なの。ちょうど60年安保のときが20歳で、あのころ、国会前にもいたわよ。そういう影響は受けた世代よ。

もちろん卒業したって、女子に就職口なんてなかった。川崎で小学校の先生に内定していたけど、先生になる自信はなくて。私は寒がりというか、体が冷え性なもので、どうにかそれを治したくて。病院に通ったりしたんだけど、薬で治すのはいやじゃない？　体の中からと考えて、やっぱり食べものだと。それで、自然食品センターという卸問屋に勤めた。いずれは独立しようと思っていたけれど、5年くらい勤めたかしら」

――もう1960年代に自然食のお店があったんですね。

「渋谷に天味《てんみ》という自然食レストランがあって、来日の際にはビートルズも利用したとか。それから日吉に卸の部門があってね。おかげでいろんな勉強をして、あちこちで自然食のお店作りの手伝いもして、体を食べ物で治している人たちとも出会って。玄米食と味噌汁で、それから大きな病気はしないわね」

一時は、外国のお客さまばかり

――親の代からのお仕事は、すんなり業種を変えられたんですか。

「自分が食べたいから、お店を始めたのでね。最初は品川の戸越銀座でやろうとしたんだけど、兄貴がわざわざそんな遠くを借りるよりここでやればと言ってくれた。その気持ちに兄弟がみんなついてきてくれたということかな。そのとき私は38歳だった」

――最近、和食も見直されているし、一汁一菜でいい、という本も売れていますね。

「その通りだと思う。身土不二《しんどふじ》というじゃない。日本は縄文時代からお米を作っているんだから、日本人の体には米が合っているのよ。糖質制限ダイエットが流行っているけど、玄米をよく嚙んで食べれば、唾液がたくさん出て免疫力が高まるし、どんどん体が排出するから太るはずはないよ。額の両側、大切なところを米を嚙む、つまりこめかみ、と言うでしょ。

自分に合わないものを取り入れようとするとアレルギーを起こす。それは自然な反応なんです。私はずっと玄米と3年寝かせた味噌でつくる味噌汁。旬の野菜をたっぷり入れて。野菜は加熱して、甘いものは控える。それで体質が変わり、北向きの店に一日立っていても大丈夫になった。

玄米の中にはあらゆる栄養が入っている。小さいお子さんやお年寄りはよく噛めないから、精米機でちょっと精米して表面を取ってあげるといいのよね」

——うちも精米機があって、玄米を3分づきとか7分づきにするんだけど、あの余ったぬかをどう利用していいかわからなくて、ふきんに包んで掃除したり、それで顔を洗ったりするんだけど。

「それはもったいない。何にでも使えるのに。あそこに栄養素があるんだから、お風呂に入れるよりも、スープにして飲んだりしたほうがいいわよ。湿疹とかアトピーを治すのにもいいのよ。

動物性のものもたまには食べるけど、とりわけいらない。お正月のお雑煮に入れるくらい。外国の人も日本の和食がすごく体にいいし、おいしいって、コロナの前は一時、外国のお客さまばかりでした」

——お味噌汁を作るのが面倒で。

「お味噌をお湯に溶くだけでいいじゃない。あるいは一日分つくって、そこにお米入れちゃえばおじやになるし」

――現在食料自給率は38パーセント。お米を食べて、農家に感謝と応援しなくちゃね。

「そうなのよ。アメリカからの輸入小麦粉の中には遺伝子組み換えのものもあるし、日本でちゃんとした小麦粉が取れるのに輸入なんて冗談じゃない。豆腐を作る大豆も、なんでも気をつけたほうがいい。

うちは何軒か直接取引の農家さんの野菜がきますし、またいくつかの自然食品の卸からもきます。『大地を守る会』のステーションにもなってたことがある」

続けられる秘訣は「自分が食べたいから」

――よくこれだけ長く続きましたね。大変だったでしょう。

「でもほら、自分が食べたいから(笑)。兄も兄嫁も弟も妹も、みんなが手伝ってくれましたから、どうにか体が保《も》つんでしょう。ものすごくたくさんの品を少しずつ置いているから、仕入れも売るのも配達もたいへん。それと運動には関わらない。なんでもひとりで、いいと思ったらやるの。

これから、ますます食べものが大事になるでしょう。食べものが体をつくるわけだから。

あと食べ過ぎの人も多いみたい。玄米をよく噛んで食べると、体が応えてくれる。それとお味噌汁で十分なの」

そこに妹の文子さんが現れる。タイプの違う、華やかな元気な方だ。

「姉とは7年違うから、私は70年代の学生。こういう仕事はあの学生運動の中で生き方を問い直した人が始めた場合が多いのでは。欧米でも、学生運動をして既成社会からドロップアウトしてヒッピーになったり、農業を始めた人はたくさんいました。本当にこの店は兄弟姉妹で作り上げてきたんです。私は姉とはまったく性質も違う。そう見えないけど姉のほうが精神的に強いです。

母も98歳で亡くなりましたが、ずっとお店を手伝ってくれてました。開店当初からゴミの問題も意識にあって、新聞の折込チラシで品物を入れる紙袋を作っていてね。にんじんでもじゃがいもでも1個売りしているから、そういうのを入れるのにも意外と便利でね。そのまま冷蔵庫に入れると野菜が保つんです。レジ袋もお客さまから集めて再利用していました。店にイスがあって、いつもそこに座っていた。ヨシノといって明治38(1905)年生まれの、ここで関東大震災も空襲も見てきた人で、看板おばあちゃんでした。

姉のつれあいは絵描きだったけど、配達は自転車でどこまでも行ってくれました。年末の自然食のおせちもたくさん注文いただいて。いまは私の娘が店を引き継いでいます。私は本当は大森のほうに家があってつれもいるんですが、人手不足でこちらが忙しくて、そちらはほったらかしで」

——こちらを広げて自然食のレストランもなさっているんですね。

「いまは金曜、土曜にやっています。天井を高くしたいので小屋裏を見せて、ひのきの間伐材で内装をしました。壁は漆喰《しっくい》だしね。テーブルはみんなかたちが違うけど無垢材です。蔵だったときの棚がもったいないというので、一枚板を利用してつくりました。

レストランがお休みの日も、日替わりでお弁当があります。これが人気があって。とっても能力の高い若い男性が今日も作っていますが、それを見ていてもわあ、と思うくらい教わることが多いんです。たとえば切り干し大根でも、私たちはそのまま煮つけたり、あるいは若い人なら油で炒めてから煮たりするでしょ。でも彼はそれぞれをまずから煎りして、それから味つけをするんです。だから、素材のしゃきしゃき感が残っていて、とてもおいしいの。

玄米を炊くのも圧力釜で炊いてるだけじゃなくて、重石《おもし》を乗っけてみたり、いろいろ試しながら工夫していて、もうびっくりすることばかり。妥協しないんです。マヨネーズも手作りで、お客さまが帰りに買いたいと欲しがるのですが、それは特製なので、と」

彼の作る自然食のランチは雑誌「dancyu」でも紹介されるまでになった。試しにそのお弁当を買った。玄米がふっくらと炊けていておいしい。さらに漬物でも包丁がキレキレで、断面がつるっとしている。ひじきと豆の煮物はあっさりとした味だけどしっかり味がついている。小松菜となめこのおひたし。驚異的においしいのはゴボウやにんじんの入ったかき揚げ。大満足だった。

子どもが小さいときには私も食べものに気をつけたものだ。彼らが巣立って、自分はまあいいか、と甘くなっていたが、今日は活を入れられたかんじ。これからの時間を楽しく過ごすためには自然食をなるべく取りたい。

長い時間の中で自然農法の農業を5年間もやり、私は多くの生産者と出会い、米、味噌、醬油、みりん、油、だしつゆ、牛乳、バターなど基本的なものは無添加・無農薬のものを使っている。野菜は旅行の帰りに必ず直売所によって、その土地の新鮮なものを買ってくる。時には無農薬の野菜を送ってくれる友達がいる。それでも近くに「根津の谷」さんがあることはどれだけ心強いことだろう。

江戸和竿は
うっとりするほど美しい

竿富

（取材日　2023年11月29日）

池之端に釣り竿屋さんがあるのは知っていた。しかし団子坂あたりを起点に動いていた私、伺うのは今度が初めて。吉田嘉弘さん、昭和11（1936）年生まれ、87歳のいまも江戸和竿を作っている。

「ここ（不忍通り）は両側とも道を広げちゃったでしょう。この家ももともと10坪ちょっとしかなかったのが、7坪くらいになっちゃって。狭いしさ、もう足も腰も痛くて。でもこの仕事、デスクじゃできないからね」

店内には布や革の袋に収まった釣り竿が、側面のガラスケース内にびっしり並んでいる。

釣りが好きで、竿をつくるようになった人が多いよ

「うちほど商品が豊富にある店はないと思うよ。ひとつの注文で、仕上げるまでに早くてもひと月ほどはかかるから、いっぺんに同じものを5本ぐらい作っておく。残りは置いとけばそのうち売れちゃう。でも息子は勤め人で跡取りはいないからさ。今年で米寿だから、なんとかそれまではと思っているんだけど。竹はそこにあるだけじゃなくて、屋上に竹小屋があって、この10倍はあるけどね。最後余ったら仲間の同業者にあげちゃうの」

――東京で同業者はどのくらいいらっしゃいますか。

「そこに組合のチラシがあるけどね。いま14軒くらいかな。南千住の竿忠さん（四代目の中

根喜三郎氏）が理事長で、私が副理事長だったけど、もう年も年だから若手に交代しようと一緒に退いたんです。いま竿忠さんは特別顧問で、私は顧問。彼の妹は先代林家三平師匠の妻・海老名香葉子さんです。

――私、一度中根さんのお話を聞いたことがあります。ご家族9人が空襲に遭い、ご自分と妹さんしか生き残らなかったと。じゃあ、釣り竿作りも高齢化の一途ですか。

「最近は若い人もいますよ。といっても40、50でも若いほうだ。やっぱり自分が釣りが好きで、竿を作るようになった人が多いよ。あたしなんかもそうですよ」

――へえ、じゃあ初代なんですか。

「いえ、父もそうなの。富蔵という名前でね。別の商売についてもいいっておやじは言ってたけど、あたしは釣りが好きだったからね。竿屋になるって後を継いで、二代目になったんです。おやじの師匠は尾久の竿幸《さおこう》って、有名な竿師です。

祖父は吉田富五郎という庭師でしたよ。植富という。庭師はおやじの弟が継いで、駒込病院の下、動坂あたりでね。料亭とかお屋敷の庭をやっていたんじゃないかな。

うちでは代々、富蔵と富五郎が交互に名前になっていて、長男である兄も富五郎になるところだったんだけど、それじゃ古くさくてかわいそうだってんで、孝佑《たかすけ》になりました。そんな名前は流行らなかった」

——へえ。富五郎、いまなら格好いいと思うけど。

「あたしは5人きょうだいの次男。もうあたしと弟だけになっちゃった。家があったのは下谷の竜泉ですね。そう、吉原のすぐ近く。そこで3月10日の大空襲に遭ったんです。焼夷弾がバラバラ落ちてね。最初、竜泉小学校に逃げたんですが、おばあさんに『ここも危ないよ。こういうときは暗いほうへ逃げるのに限る』と言われて、三ノ輪のほうが暗かったのでそっちへ逃げました。あとで聞いたら竜泉小学校にとどまった人は全滅したってね。ただ一番上の姉が見つからない。はぐれちゃったんだ。あとで連絡がとれて、動坂の植木屋のおじさんのところに逃げてたのがわかってね。その日のうちにみんなで動坂に行きました。空襲のあと、小学3年生になってから、学校から福島に疎開しました」

——下谷区は福島に集団疎開したんですよね。いじめとかはなかったですか。

「あんまりないねえ。というのは上のクラスに兄貴がいたし。行ったのは会津の西山温泉て奥も奥、3つも旅館を借り切ってたんですよ。滝之湯という大きな温泉に毎日入れましたし、ときどき農家に行って夕食をいただくのですが、とってもよくしてもらいました。

戦後は竜泉には戻れなくて、根岸の金杉の通りに家を借りて。その後、姉ががんばって家を建て、おやじはそこで仕事をしていました。

——仕事はお父さんから習ったんですか。

「子どものときから、自分が釣りに行く竿は勝手につくっていたの。最初は竹竿でトンボ釣りね。先にとりもちを付けてさ、ちょうどいいしなり具合の竹を使ってね、よくトンボ釣りをやった。ずいぶんいたもの。不忍池あたりにもしょっちゅう遊びに行ってたね。

そのうちハゼ釣り始めてね。いずれおやじの後を継ぐからその前に他人の飯を食うのもいいだろうってんで、中学を出て丸4年、中野の竿作、加藤さんのところにいました」

——内弟子ですか。

「まあ、徒弟だね。寝るところと食べるものはもらって、あとは小遣い程度ですよ。自分のところも、おやじが別の若い人を育てていたし。子どものころから父親の仕事を見たり手伝ったりしていたから、門前の小僧で仕事はできた。

一回失敗したのはね、竿作さんの田舎の長野から丸餅が送られてきた。それでお雑煮をつくることになったんだけど、餅は焼くのを知らないから、そのまま鍋に入れて、お餅をどろどろにしちゃったことがある。洗濯なんかもしませんね。汚れたのをためておいて、休みの日に家に帰ると母親がやってくれたもん。あのころの男はそうでしたよ。家にはおふくろ、おばさん、姉もいたからね。台所なんかに行くと、『男子厨房に入らず』と言って追っぱらわれた。

そのうち、庭師のおじいさんが亡くなるころ、もうそろそろ呼び戻して、あとは手元で自分の仕事を教えなさいというのが遺言だったんで、おやじが迎えに来たんです」

釣りで負けるのは悔しくて。だけどね、負けるとお客がくる

――お父さんはどんな人だったんですか。

「堅いね。竜泉にいても、吉原なんか行ったことないんじゃない。私の修業時分、昭和33（1958）年までは新宿あたりに赤線や青線があったけど、私も行ったことはないですね。

そのうちお客さんの会社で働いている女の子を紹介してくれてね。かみさんもらうのなんか面倒くせえや、と思ってたけど。品川のおばさんというのが、おふくろに話をしてくれるというのでね、それでもらいました。きれい好きがとりえでね。そのおばさんが『よっちゃん（嘉弘さん）のところに行ったらトイレでご飯食べてもだいじょぶだね』と言っていたくらい。

それで、おやじと一緒に根岸にいるのもなんだしと思って、根津のここがあいてたんで買ったんだね。古い家で、そんなに高くはなかったよ、そのころ」

――お客さんはどんな方が多いんですか。

「お医者さん、税理士さん、社長さん、いろんなお客さんがいますよ。昔は従業員を働かせて自分は年がら年中釣りに行っているような優雅な人もいた。私も釣りが好きですから、お客さんは釣り友だちでもあるね。昔は釣りは趣味で、プロの釣り師なんていなかったんですよ。もっともスポーツフィッシングの人は大きな船を仕立てて、カーボンの竿を現在は使ったりするから、和竿で釣ろうなんてのはいまだに趣味人だね。

昔は文士も岡倉天心とか、幸田露伴とか、釣りする人は多かったでしょ。釣りが趣味の総理大臣というのもいたはずだよ。おかげで、この店を建て直すときも、設計もお客さん、施工もまた別のお客さんがやってくれました」

——竿の材料の竹はどうやって手に入れるんですか。

「和竿で使うのは、布袋竹《ほていちく》や、矢竹《やだけ》、真竹《まだけ》、細い淡竹《はちく》など、特徴によって使い分けます。昔は竹屋が持ってきたり、布袋竹は大分から取り寄せてたけど、いまは山に切りに行きます。竹はどんどん増えるから、採りに来てくれて、と喜ばれるくらいなの。

油を抜いて、干して、よく乾くまでに3年くらいかかるんです。それくらい寝かせると、細工がしやすいの。袋から出して見ても、写真撮ってもいいよ」

——わ、きれい。それになんという芸術品。

「それはタナゴ用。印籠継ぎという手法で、竹を削って、差し込んでつないでいけるようになっているの。これは10本継ぎだね。

そして上に漆をかける。ここ、胴の部分の色が薄いでしょう。これは漆をつけて、布で拭き取るの。それを乾かして、また塗って拭き取る、という工程を繰り返す。俗に『拭き取り』って言うんですけどね。漆にもさまざまな塗り方があって、職人の個性が出ます」

——この、少しグラデーションみたいになっているのもみごとですね。

「節のところから徐々に薄くなっていくでしょ。『節影《ふしかげ》』といって、これはとくにお客さんからの要望が多いね。

このグリーンの部分は『山立て』といって、凹凸をつけるように漆を塗って硬くするの。その上に、今度は別の色の漆を塗って、それを研ぎ出していくわけ」

——こちらはイイダコ、ハゼ用と書いてあります。釣る魚によって、竿が違うんですね。

「それぞれの魚に適した竿があるからさ。一番短くて細い竿がタナゴ用ね。1~2月がタナゴ、3~4月はフナ、それからヤマメ、時期になるとアユ。といっても、下町にはアユは少なくて、そのころはアオギスだったけど、アオギスもいなくなっちゃったね」

——気候変動で魚も変わってきているみたいですね。

「アオギスの場合は、埋め立て。浅場で釣る魚だったから。東京では、シロギスとアオギスは同じ時期で、初心者はシロギス、うるさ方はアオギスに行った。アオギスが終わるころには、ハゼの時期が近づいてくる」

——私も子どものころは東京湾によくハゼ釣りに連れていってもらいました。

「昔はハゼがよく釣れたね。ハゼは11月末から12月、1月ごろはだんだん大きくなって脂がのってくる。とくに刺身がうまい。生きてるやつは身が透き通っていて」

——はい、去年、お寿司屋さんで初めて食べてびっくり。すごくおいしい。ハゼは馬鹿でも釣れるといわれてホイホイ釣っていたけど。

「でも、技術の差が出るのもハゼですよ。昔から『お彼岸の中日のハゼは中気のまじない』と言ってね、お彼岸にはハゼ釣りをしたものです。普通はお彼岸とかお盆は亡き人の冥福を祈るから、殺生はいけないと避けるところだけど、ハゼを焼いて干しておくと、『ちょっと、お彼岸のハゼくださいな』なんてもらいに来る人がいました」

——それは初めて聞きました。あれ、あそこの壁にあるのは？　横綱って。

「釣りの会に入ってたからね。歳をとるにつれて、ただただ釣りを楽しむという心境になってきたけど、それまではずっと競争でさ。ほかのことはいいんだけど、釣りで負けるのは悔しくて。だけどね、負けるとお客が来ますよ。悔しがってるだろう、と。慰めに来るんだか、からかいに来るんだか。

一緒に行った人が18尾しか釣らないのに、１８０釣ったこともありますよ。地方のお客さんで一緒に釣りをしようという人もいます。それは東京式の釣り方を見たいんだね。ずいぶん教えもしたし、教わりもしました。なに、私なんかせいぜい月に5、6回くらいしか行きませんでしたが。最近は足が弱ってね。へたして海に落っこったりしても人に迷惑だし、ほとんど行きませんね」

――ものすごい強い力の大きな魚なんかに引っ張られて、竿が折れることもありますか。

「あるけど、修理すればいいんだからさ。我々、部品がないから直せない、ということはないんです。他の職人がつくった竿だって直しますよ。プロのつくった竿ならば。それはおやじから言われて、ずっと守ってます。ただし、アマチュアのはやだよ。昔は銘も入れなかったものだが、いまは入れますね。それだけにヤワな仕事はできない」

これは明日あさってに取りに来る竿です。12万と言いたいところだが、あれこれもらい物もしているし、長い付き合いだから10万かな、と言う。こんなに時間を費やした芸術品にしては驚くほど手頃な値段だった。

私は5年ほど宮城県で畑をやっていて、その合間に、松島沖でアイナメ、ソイ等を釣っていた。ある年の暮れ、大きなナメタガレイが釣れた。それで刺身、唐揚げ、頭《かしら》は煮付けにして、正月目一杯食べたことがある。3・11以後は人の命が奪われたその海で、釣りをする気にはならない。しかしこんな美しい竿でなら釣ってみたい気もする。私はうっとりとその竿を眺め入った。

知る人ぞ知る
市中の隠

江戸千家　池之端

（取材日　2024年12月4日）

茶道というと裏千家、表千家が有名だが、江戸中期に紀州から江戸に出て茶道を伝えた流派がある。江戸千家、その始祖、川上不白《ふはく》の墓は谷中の安立寺《あんりゅうじ》にあり、池之端にはひっそりと緑濃い江戸千家家元の稽古場がある。40年ぶりだろうか、お邪魔した。

代を譲られて、先代は川上名心《みょうしん》さんとお名前が変わっておられたが、体型も身のこなしも変わらない。「名心というのは父から貰った号なんですよ。それをそのまま」

こちらは体を鍛えないまま、膨張して正座もできない。これがご無沙汰の理由でもある。広いお座敷に通された。花月の間、昔は花月楼といったそうな。

「ついこの間、足を骨折したばかりで、まるで不調法で」とまずは弁解。

「どうぞ、お気になさらず椅子を使って。なんなら私も椅子にしましょうか」と気を遣ってくださる。

「あのとき、森さんは建築史家の前野まさる先生と江戸期の茶室を見に来られて。その後、近くでマンション建設があったときにもご相談しましたね。私ども、反対運動をしましたので」

あ、そんなこともありましたね。またお会いできてうれしいです。ほうじ茶が出て、なんとなく静かな午後、ほの暗さで心が落ち着く。

「ずーっとある店というのに、うちが当てはまるかどうか、お役に立つかわかりませんが、まあ、古くからある喫茶店と考えれば……」と気さくにおっしゃる。

代替わりで十一代家元になられた若い川上宗雪《そうせつ》さんが話す。

「うちは谷根千地域の観光マップなどを見ても載ってないんですけど、もう少し、皆さんに認識してもらえるようになっているといいな、とは思うんですが」

先代名心さん、「江戸時代からの茶室は都の文化財ということで、修繕などの費用として少しですが補助も受けていますので、できる範囲で公開もしてほしいというのが都の意向です。いまも建築や茶道の研究者や、グループでの見学などはどうぞと。『市中の隠《いん》』というのが私たちのあり方です。ひそかに知る人ぞ知るでいいんです」。市中の隠、いい言葉だ。


吉宗が将軍にならなければ、江戸千家は生まれなかった？


――お稽古は月にどのくらいやっておられますか。

「月の稽古日は4回、さらに上級者の研究会が月に4回ほど。そのほか、初釜とか、月釜などの茶会もあります」

――まず、江戸千家の、成立の歴史から伺いたいのですが。

30代の若い家元が解説してくださる。先代は静かにそれを聞きまもる。次代を信用し、後はまかせた、という感じだ。

宗雪「初代の川上不白は、1719（享保《きょうほう》4）年に紀州の新宮《しんぐう》に生まれました。新宮の殿様、水野家の家臣である川上家の次男です。水野家は紀伊藩の江戸詰家老の職にあったので、不白も若くして江戸に仕官し、主君の命で16歳から京都の表千家で15年間修行しまして、30歳過ぎて江戸に戻った。その後関西と行ったり来たりしながら、32歳ごろ江戸に移っています」

――大変ですね。東海道を。

名心「紀伊出身の徳川吉宗が八代将軍となった時代で、江戸では織部、遠州、石州といった武家茶道が嗜まれていた。ところが紀伊藩は千家流の、町人社会のお茶をやっていたんですね。それで吉宗は、将軍になっても自分は千家流がいい、と通したのではないかと推察するんですが。将軍が千家流をつづけたことで、江戸で千家流を教える人が必要になった。だから吉宗が将軍にならなければ、江戸千家は生まれなかったのではと思われます」

――初代は最初からこの池之端に住んだのでしょうか。

宗雪「いえ。記録によると、60年ほどの江戸での暮らしの中で、駿河台、神田明神、水道橋、神楽坂、赤城明神下のあたりと、住処を転々としていました。現在、青山霊園になっている青山家、あそこにもいた記録がある。市ケ谷にも水野家のお屋敷があって、江戸後期の地図には、その近くに茶師川上と載っています。水道橋とか後楽園あたりにも茶室があったという但し書きがあります」

——わりに近いところを転々としていますね。

宗雪「当時の江戸の町の中というか。谷根千までは北上していないような感じですね」

名心「不白は人気があってね。どうしてこんなに高い身分の人たちと交流できたか、不思議だという人もいますが、不思議なほど、多くの大名に取り立てられた。それは自らの才覚と、バックに紀伊藩があり、老中の田沼意次も茶道の弟子だったということで、あちこちの大名家に出入りを許されたのだろうと。各藩の江戸屋敷の日誌にも出てきますし、松平不昧《ふまい》ともお茶の交流の記録があります。また寛永寺の門主様にも伺っていました」

——ではここに移られたのはいつでしょう。

宗雪「奥にある、流祖の座像の台座には明治2（1869）年と刻まれています。池之端に来たのは七代目の蓮々斎《れんれんさい》（本名は帰一《きいち》）あたり、明治初期、ひとけたから10年ごろだと思うんです」

名心「維新になって幕藩体制が崩れて、水野家からの俸禄もなくなり、路頭に迷ったということではないか。いったんは故郷の新宮に戻って、どうしようかと悩んだと思います。しかし東京にはお弟子さんもいるし、戻ってここに住んだ。当時は下谷区上野花園町七番地です」

――花園町は寛永寺のお花畑だった場所、仏様にあげるお花を作っていたところです。

名心「それで面白いのが、ここの元の地主は牧山修卿《まきやましゅうけい》という人物。咸臨丸《かんりんまる》に乗り組んだ医師で、のちに東京府病院の副院長を務めた人です。この牧山修卿と七代目、帰一との関係がよくわからない。咸臨丸と言えば、福沢諭吉も乗っていたし、艦長は勝海舟でしょう。それ以上のことがわからないのですが、森さん、調べてくれませんか」

調べたところ、牧山修卿は天保時代、1834年生まれで、坪井信良《しんりょう》、緒方洪庵、竹内《たけのうち》玄同に学んだようだ。とすれば、一流の名医についたことになる。西洋医学所の肝煎りから明治8（1875）年に東京府病院の副院長、13年に上野で開業、明治36年に70歳で亡くなっている。

名心「牧山氏は感染症が専門だったそうですが、どうも経緯がわからなくて。もうひとつ、いま私たちのいる花月の間は、上野広小路にあった料亭『松源』の遺構だと伝えられていて。記録はないんですが、円窓など、いかにも料亭の窓なんですよ。私の子どものころ、一度解体修理しまして、以前は平屋でした。帰一の茶会記を読んでいくと、松源を借り切って、流祖の孤峰忌《こほうき》（毎年11月4日、不白が亡くなった日に行われる）を、お弟子さんたち50人以上集めてやったようで。この松源のことも知りたいんです」

――なんと。松源といえば黒門口にあった料亭で、彰義隊の上野戦争のときに、その2

階に官軍が大砲を設置して、山の彰義隊を攻めたところです。森鷗外の「雁」では高利貸しの末造が、若いお玉を妾に雇うときの見合いの場所になっています。

名心「岡倉天心や勝海舟も贔屓《ひいき》でした。当家の北側には森鷗外旧居と銘打ったホテル『鷗外荘』があり、閉鎖されてマンションにするので壊しています。また別の、近くのマンションの敷地からは、不忍池の船着き場の跡が出てきたそうですよ」

――鷗外が上野花園町にいたのは明治23（1890）年、最初の結婚をした1年くらい、至近距離に住んでいたわけですね。

名心「鷗外さんと交流があったという話は残念ながら聞かないんですが、実はこの部屋にかかっている書は鷗外先生のもので『香酣茶熟』、香りがたけなわになったころ、茶が熟している、とお茶を製造するときの様子を表したもの。まさに茶室にぴったりなんです」

――すばらしい書ですね。この辺にはまだ古い方がおられますか。

宗雪「いや、理化学用ガラス器具の柴田製作所（現・柴田科学、ハリオ）の工場もあったんですが。あと不忍池の水際ですから、この辺の家はだいたい一段上げて建ててありますね」

名心「私の子どものころは山と池が遊び場でした。冬は不忍池でスケートができたんですよ。私は忍岡小で、校歌はサトウハチロー。息子のころは一学年5人というので、谷中小に入れました。いまは周りにマンションも増え、また忍岡が盛り返してますけどね」

——話が茶道とずれてしまいましたが、そもそも千家というのはどういう成り立ちなんでしょう。

宗雪「利休はご存じのように豊臣秀吉の怒りを買い、切腹させられるわけですが、徳川家康などの取りなしで子どもたちは生き延びます。利休の孫の宗旦《そうたん》には4人の息子がいて、そのうち3人がそれぞれ京都に表千家、裏千家、武者小路千家という茶家を構えた。これがいまの三千家になります。川上不白は表千家の七代、如心斎のもとで修行をして、江戸に広めるという活動をした。不白自身は江戸千家と名乗ったわけではないですが、流儀として確立し、江戸千家と呼ばれるようになっていった」

——それぞれ、どう違うのでしょうか。

宗雪「ひと言で説明は難しいですね。お点前《てまえ》は、どちらも知っておられる方はピンポイントでここが違う、あそこが違うということがわかると思います。組織や資格制度もそれぞれ違います。まあ、言ってみれば大学のスクールカラーの違いという感じでしょうか。うちはあまり細かいことを言わずに、流儀外の茶道具なども今日のお茶会にいいなと思えば使いますし、お茶を愉しみ、みんなでゆったりとした時間を共有する、というところに重きを置いています。最近、膝が痛くて正座ができない方も多いので、立礼《りゅうれい》でもいいし、そういう方も通っておられます」

名心「熱心な先生ほど、正座して稽古しすぎて膝を壊す。私はいま体操の教室もやってますから、森さんもどうですか。ヨガに太極拳、お相撲の四股《しこ》を踏むような動きなど10種を組み合わせています。畳の上は体操をするのにもちょうどいいですし」

——皆さん、お稽古はお着物ですか。

宗雪「いいえ、洋服の方、中にはハーフパンツなどで来る方もいますよ。江戸千家の支部は、不白が各地の大名に教えていた縁もあり、北は青森から西は九州まであり、ありがたいことに呼んでいただいて、年に1、2回は各支部に回ります」

——お菓子はどちらのを使っていらっしゃるのですか。

宗雪「よく使わせていただくのは、谷中の喜久月《きくづき》さん、あそこの若旦那は私と谷中小学校の同級生です。あと銀座の空也《くうや》さんは、以前は池之端にあったので、その当時からのおつきあいですね」

とびきりおいしいお茶をいただいて

あまり暗くならないうちに、お茶室をひと回りツアーしてらっしゃい、と先代がおっしゃるので家元に案内していただく。江戸期の小間のお茶室「一円庵」へ。寄付《よりつき》の太い柱に何か文字が。

宗雪「これは初代の不白の書で、『三冬古木秀《さんとうこぼくひいづ》　九夏雪花飛《きゅうかせつかとぶ》』と彫られています。入り口にある『来也《らいや》』は、下谷廣徳寺の福富雪底老師がお書きになったものです」

長い廊下、そこからお庭を横切り、広間も見せていただく。ひと回りすると、先ほどの花月の間で先代が待っていてくださった。

――先代の、お父さま、お母さまはどんな方でしたか。

名心「うちは九代目の父が難病で、早く亡くなっているんです。だから父に手づからは教わったことはない。母は商家の出ですが、厳しかったですね。子どもを育て、茶道を守り、大変だったと思います。兄弟は3人で、ひとりはお茶に関わっていますが、もうひとりはこれまた全然別の仕事をしています」

――家元はいくつからお茶をなさっているんですか。

宗雪「物心つくころには。私は父に教われましたから。大学を出て4年間、京都の武者小路千家官休庵に修行に行きました。お茶を媒介として、心地よい時間、空間をつくり、共有する。その目的のために、狙って、意図をもって点《た》てる。形ありきではなく、どうやったらおいしくお茶が点てられるかを考えて、茶筅《ちゃせん》を振りましょうと言っています」

――この辺はわりにお茶室が多いですね。

名心「朝倉彫塑館や、千駄木の睡庵《すいあん》、それこそ武者小路千家の官休庵（東京稽古場）など、あちこちにあります。茶道人口は減っていますが、一度やってみたいという方は多いようです」

静かに器に湯が注がれる。茶筅を振るシャワシャワというその音があたたかい。

「ご自由にどうぞ」と先代。季節の棹《さお》菓子に、お茶がとびきり上等。いままでいただいたことがないようなお茶だった。「おいしいです」とため息が出る。

宗雪「お好きなペースで。あとでお菓子を味わってもいいと思いますよ。その甘みで残りのお茶をいただくのでもいいと思います」

なあんだ。それでいいんですね。

暗がりで、私の器は花がたくさんちりばめられているように見えたが、「これは五百羅漢が描いてあります。江戸後期の、加藤春岱《しゅんたい》の作です」。目の高さまで掲げてみる。

先代ご自身の器、「これは上口愚朗《かみぐちぐろう》です」。

ええぇっ。谷中の大名時計博物館の。初めてです、愚朗さんの作品は。心が静まっていく。こんな豊かな時間はめったにない。どのぐらいいたのだろうか。

――お弟子さんはどうやって増えるんですか。と最後に愚問。

「ぽちぽち、それでいいんですよ。どっと来ていただいても困る。私が表を掃除していたとき、たまたまご夫婦で自転車で散歩してらして、ここ、いいですね、来てもいいんですかと言って、実際お稽古にいらした方もいます」と名心さん。

「いや、父は言い方が素っ気なくて、あれじゃ入門を断られているかと思われるかもといつも思います」とインターネット世代の若き家元。

「ちゃらちゃらしちゃダメだ。中身が大事だよ」と先代。「もう古い作法は受け入れられない状態になっていると思いますけど、座敷で虚心に向かい合ってお茶を飲み、他愛ないことでも話せるという場所はこれからの時代、大いに必要だと思います。幸い、うちみたいな小さな流儀は拡大を求めるより、ほんとうのお茶の魅力を愉しむほうへ行くべきだ」

ここにも日本中で私が見てきた世代間の相克《そうこく》はないようだが、それは自然なことのように思える。基本おふたりは仲良しの親子だ。

「最近は形勢逆転で息子に怒られてばかりです」と先代。「森さん、今度は金曜日の夜にいらっしゃいよ。みんなでおしゃべりして楽しいですよ」と誘っていただいた。お茶は素人だし、正座はできないし、という気後れが今日でほどけた。

外はすっかり暗くなり、私は一瞬、２０２４年の東京にいることを忘れた。

そういえば40年ほど前にお訪ねしたとき、「まだ跡継ぎができなくて」とおっしゃってた。そのあとお生まれになって育ったのが今日の立派な息子さんか。光陰矢の如し。帰り道、なんだかひとりで頬がゆるんでニヤニヤしてしまった。

ご主人がポツリと話す
谷中清水町の昔話

BIKA（美華）

（取材日　2018年11月8日）

かつて谷根千を流れていた細流、藍染川は駒込・染井に発し、文京区、台東区の間を流れ、上野の不忍池に注ぐ。すでに暗渠《あんきょ》になって川の姿はないが、その昔、川の水を利用した仕事がいくつもあった。染物店にシート店、金魚屋さんなど。

わりと広いよみせ通りを抜けると、へび道というくねくねした道も川の跡で、この景色がいまは何やら人気らしいが、その先また根津に入ると、道幅は広くなり、また言問通りを越えて先は狭くなる。

そこに「ＢＩＫＡ」という小ぶりだが、実においしい中国料理の店がある。さっぱりして、油っこくない。また食べたいなあ、という味なのだ。

私はことにここのニラそばが好き。雑誌「谷根千」も長年置いてもらっていたけど、お店の由来は聞いたことがなかった。職人気質《かたぎ》のご主人、モダンな感じの奥さんに、一度話を聞きたいと思っていた。

この人と一緒になって、中華の料理人になった

料理人で主人の小池一郎さん、最初の一言。

「僕はここの生まれです」

——え、ここ？

「そう、うちの父はここでタイル屋でした」

そういえば、私の生まれた動坂の家の3軒先にもタイル屋さんがあって、昔の家の流し台はきれいな空色のタイルでできていた。あれ、きれいなんだけど、目地にご飯粒とか引っかかってね。

「そうなんだよ。もともと群馬出身の親父がいつごろ、根津に出てきたのか。戦争に8年も取られて。満州の上から下まで行ったそうですよ。僕は親父が30歳のときのひとり息子です」

——大変でしたねえ。戦争に長く行って、結婚が遅くなったという話はよく聞きます。じゃ、ここで子ども時代を過ごしたんですね。

「よく水の出る土地でしたね。伊勢湾台風のとき、小学生でしたが、水が父の胸のところまで来たのを覚えている。みんな裸で歩いてました。いまでも近所で家を壊すと、地中から太い松杭が出ます」

——低湿地には、松杭でまず筏《いかだ》を組んで、その上に家を建てたんですね。

「学校は台東区ですから、大通りを渡ったところにある忍岡小学校です。それから恋愛をして、この人と一緒になって、中華の料理人になった」

ここで奥さんの菊子さんがちょっと口を挟む。

「うちは父が、信濃町の慶應病院の前で、『美華』という中国料理店をやってたんです。私としては『中華料理の仕事は本当に大変だ』と思ってました。みんなが楽しんでいるときに、仕事をしなくてはならない。休みの日にどこかに連れていってもらう約束をしていても、急なお客さんでダメになってしまったり。油も使って掃除が大変、肉・魚介・野菜と多種多様な食材を揃えておかなければならないし。7人きょうだい、誰も継がなかった。

私がここに嫁いだあと、オイルショックのころに主人の父が倒れて、タイル屋の商売もうまくいかなくなってしまって。それで、仲人だった香蘭というラーメン屋のご主人から、『ぶらぶらしていてもなんだから手伝うか?』と声をかけてもらったんです。

それを知ったうちの父が『だったら、ちゃんと中華の修業をしたらどうだ』ということになり、六本木の中国飯店や赤坂の樓外樓で修業を積むことになったんです」

――うわ、上海料理のおいしいお店ばかり。

「中国飯店は、いまは富麗華《ふれいか》という2店舗目が有名ですね。僕たちも六本木あたりでデートしてたほうですが、あの町は夜じゅう遊ぶ町。だから、お店が終わると朝の4時。

昭和40年代のことですから、調理場で鳥を絞めたりしてましたよ。あれを見て、3カ月鶏肉が食べられなかった。正月なんか、初詣の客でお店はいっぱい。中華鍋に山盛りのチャーハンを作っても、5分で空になってしまったりして、まさに山のように売れました。15

年ほど修業をしてから、ここで店を始めました」

そのとき、菊子さんの父上が、信濃町の「美華」のガラスのドアをくれた。

「実は両開きなんで、あと1枚あるんですが、うちは間口が狭いんでね」

――この赤いドアがそんな由緒のあるものとは知りませんでした。そうすると、店内の螺鈿《らでん》の衝立《ついたて》も？

「それもそうです」

中国料理はお店で食べるに限る

今日はランチ、私はやっぱりニラそば。同行者はそれぞれ、ザーサイそば、えびそば。相変わらずさっぱりしておいしい。

「鶏の頭と足のところだけでスープを取っているんです。あそこが一番だしが出る」とご主人。

ニラを細かく切った緑色と、その中に茶色の肉あんの色のコントラストも最高。また夜に来て、いろんな料理が食べたくなった。

「メニューにないものもこの人、作りますからね」と奥さん。

特に、農家を営むいとこの畑で、中国野菜のタネを提供して植えてもらうと、とてもおいしいのだという。

「青梗菜《チンゲンサイ》とかね。露地物だから全然違うんです」

許可を得て、厨房を覗かせてもらう。さすがに腕っこきの仕事場はきれいに片付き、必要な調味料がすぐさま使えるように並んでいる。

「火力の強さが大事。39センチ、120穴のある強力なガスバーナーです」という。これだから、中国料理は家でなくお店で食べるに限る。

「信濃町の美華には、まだ下積み時代の俳優、高橋英樹さんがよく見えていました。そんなこともあって、テレビ番組の企画で、高橋英樹さんが根津のＢＩＫＡに来てくださったこともありました」

いまはと尋ねると、「根岸から三平師匠の息子さん、正蔵師匠がお母さんの海老名香葉子さんなんかと家族で見えますよ」とのこと。たしかに、根岸では知られすぎている正蔵師匠も、根津の横丁では静かな時が過ごせそう。

「このあたりは谷中清水町といって、漱石の小説なんかにも出てくる町ですが、理化学研究所の所長だった大河内正敏さんの大きなお屋敷があって。その孫が女優の河内《かわち》桃子さんですよね」

ああ、江戸時代には、大河内家は松平といって、例の「知恵伊豆」と呼ばれた松平信綱の屋敷があったんですよね。

「戦後の一時期、真島町の三浦坂近く、相川紙器のあったあたりに、宮城まり子さんが住んでましたよ」「人参湯ってあったでしょ。あのあたりに伴淳三郎と清川虹子さんもいたんじゃないかな」などと、仕事の手を空けたご主人は、町の昔話をぽつりぽつりとお話ししてくれるのであった。家族と、大事なお客さまと、行くのにいいお店だ。

第三章
千駄木

（文京区千駄木１～５丁目、本駒込４丁目内）

その昔、駒込村といい、千駄木はこの駒込村のうちである。地名の由来は、一帯が雑木林で1日に千駄の薪を積み出したことからだという。かつては千駄木町のほか、千駄木御林のあった高台のお屋敷町の林町、坂下町、私の生まれ育った動坂町といった町名で呼ばれていた。これら旧町名はいまも町会名に残る。すべて頭に駒込を冠する。東京大学に近いこともあり、明治以降、多くの学者や文化人らが住んだ。かつて森鷗外と夏目漱石、ふたりの文豪が時を変えて住んだ駒込千駄木町57番地は、いまは向丘2丁目20番7号となった。

浅草生まれお母さんの下町トーク

おでん処たかはし

（取材日　2023年11月29日）

今年は夏からすぐ冬になったみたい。別の場所からの取材帰り、足と腰が冷えてもうたまらん。駅近くまで来て、熱燗で温まろうと開店前に入れてもらった。おでんの湯気で店内はほんのりあたたかい。助かった。

もう50年以上も、千駄木駅の北側出口から須藤公園のほうに入った左側にある。谷根千工房が公園に沿ったアトリエ坂の左上にあったとき、事務所で会合帰り、みんなでよくこの店に立ち寄ったものだった。手頃な値段でおいしいおでんとお酒、最後におむすびが食べられたからである。みんなが「谷根千門前居酒屋」などと呼んでいた。

「そう、昔はおにぎりとはいわず、おむすびとか、むすび、とかいったわよね」というお母さん、高橋由江《よしえ》さんは昭和8（1933）年浅草生まれ。その気さくで回転の速い話しぶりはこれぞ下町っ子というかんじ。

「そうなのよ。生まれて育ったのは三筋町、鳥越様（神社）の近く。実家は永井というの。3月10日の空襲で焼け出されちゃったから。いまでもあの辺は大好きね。ここ千駄木は山手でしょう。ちょっとお高い人もいるからね。でも私はここに来たのも戦前なの。ちょっとわけがあってね」という。

――へえ、どんなわけ？

と聞きつつ、私はお店に来たんだから何か頼まなくちゃとしきりに気になる。お母さんは「いいのよ。うちはのんびりやってんだから。6時になんないと客は来ないんだから」と悠然としている。

生きるのに一生懸命だったもの

「うちのお父さんは千葉の鴨川。吉田屋旅館という大きな旅館（いまの鴨川グランドホテル）のそばで、魚釣りをする人たちに餌を売ったり、竿を貸したり、舟を出したりしてた家。長男じゃないから浅草に出て、張り子紙を商ってた。知ってる？　古新聞と楮《こうぞ》、三椏《みつまた》なんか混ぜてつくる茶色い硬い紙で、だるまとか張り子の虎にする紙ね。子どもは7人。兄がいて、私がいて、その下に妹ふたりに弟3人。私の行ってたのは精華小学校。いまは統廃合で区立蔵前小学校になっちゃった。

母は東京の人で、ここは母の姉の家だったの。踊りのおっしょ（お師匠）さんでね。2階は舞台になってて。大塚の芸者さんなんかが習いに来てた」

——駒込神明町にも二業地、花柳界があったものね。踊りは何流？

「若柳流。若柳吉佐《きちひさ》といったかな」

——ああ、谷中墓地に家元のお墓があるわね。

「いま思えば、そのおばさんも元は芸者だったのかもね。旦那さんは早くに亡くなって子どもはいなかった。それで、うちはきょうだいがごっそりいたから、おばさんから遊びにおいでと言われて、しょっちゅう泊まりに行ってたの。とてもかわいがってくれた。そのうち実家と行ったり来たり。ここから精華小学校まで通ってたの」

——え、ここから歩いて。

「だってすぐだもん。日暮里の山越えてまっつぐ行けば」

——3月10日の下町の大空襲には遭わなかったの？

「いや、それが、そのときは実家にいたから遭ったわよ。いまでもあのときの恐怖感は忘れらんないね。死んでる人の草履を拝借して逃げたんだもの。あちこちの電線にこんなんなって死人がぶら下がっていた。たくさん見たわよ。近所に水兵さんというあだ名のすごくいいおじさんがいて、道路を歩いているときのためにと、うちの前の大通りにも防空壕を掘ってくれたんだけど、そのおじさんも爆弾で死んだのよね。悲しかったねぇ、あれは」

——大家族がばらばらにならなかったの？　みんな無事だったの？

「運よくね、みんなで着のみ着のまま逃げた。ずっと西に西に、上野駅を目指してあそこの地下道に逃げ込んでみんな助かった。そこから鴨川の父の実家に逃げたら、あそこは海のそばで、たくさん魚があって、食べ物には不自由しなかった。親戚が多くてみんなよくしてくれたし。ところが母が田舎はいやだというので、わりとすぐに帰ってきちゃった。もう、前にいたところはいられない。それで駒形に移って戦後は駒形中学校」

――そこを出たあとは？

「もう、働くしかなかったわよ、兄も私も。生きるのに一生懸命だったもの。観音様の境内には白い服の傷痍《しょうい》軍人がいて、募金の箱を置いてアコーディオン弾いてた時代。上野駅には浮浪児が一杯いた。かわいそうに戦争で親を亡くしちゃってね。私だって荒川の土手のすかんぽ（イタドリ）、おなかがすいて舐《な》めてたもの。

父はこんどは張り子紙を芯にハンドバッグの製造を始めて、私はそのつてで横山町にある洋服の問屋さんに入ってね。そこから上野の松坂屋に派遣された。結構長くいて、5、6年くらいいたかしら。給料？　忘れちゃったわ。みんな親にあげたもの」

最初は駄菓子屋。だんだん飲み屋になっちゃった

――関東大震災のときは、松坂屋は焼けたのよね。

「そう。再建されて、空襲では焼けなかった。デパートの人たちはよくしてくれて、楽しかった。上っ張りだけお仕着せでね。あのころ何を着てったのかしら。みんな空襲で焼けちゃったもん。上野には戦後、居酒屋だの、バーだのたくさんあって、景気がよかった。デパートが閉まって、夕方からは湯島の坂のとば口にあったバーで働いた」

――え、未成年がお酒飲んでいいの？

「そんなことうるさく言う時代じゃなかったわよ。私、こう見えてお酒がめっぽう強くてね。さあ、行こう行こう、ほら飲みなさいよ。と言うとみんなどんどん飲む。そうするとバーが私にお小遣いをくれるの。店が終わると酔っぱらった女の子たちを家まで送って、駒形の家まで歩いて帰った。何もいやなことはなかったわよ」

――さぞかし可愛かったでしょうね。目がくりくりして。じゃあ、結婚したのはいくつ？

「22か3でしょう。だまされたのよ（笑）。おばさんの世話でね。長野の人でお酒は飲まない、堅い人だ、なんていうからね。とんでもないのよ。主人は定年まで銀行に勤めてた。堅いっちゃ堅い。それで、おばさんの世話をしながら夫婦でここに住んで。

私もすることないからさ、あの時分は子どもがいっぱいいたから、公園の入り口だし、最初、駄菓子屋をやったの。日暮里の問屋で仕入れて。よく売れたわよ。それとおでん。そしたら大人が入ってきて、『おでんがあるなら、飲み物はないの』と言うから、『うちのお父さんのならあるよ』ってかんじで。お酒を置くようになって、だんだん飲み屋になっちゃったの。子どもは減っていくからそれでよかったのかもね。昭和44（1969）年に地下鉄が通ったし」

――へえ、じゃあもう60年くらいやってるのかな。

「そうね、息子がもう57だからね。最初から来ているお客さんもいるから。表通りのにしきやさんはもっと古い。いまの若大将で三代目だから」

——あそこも家族経営で、いいお店だよね。

「前は千駄木2丁目でされてたんだけど、こっちに越していま、おやじさんが千駄木三丁目南部町会の会長さん。この辺もたくさん新しい店が増えて、うちなんか埋もれちゃってるわよ」

息子さんが後を継いで、新しいメニューをたくさん考案。きょうは山芋のバター焼き、明太子の春巻。それと、と後ろを振り返ると、いまは亡き旦那さんが書いた達筆のおでん品書き。「餃子巻、ふくろ、たまご、がいいかな」。相方は「だいこん、ごぼう巻、それとはんぺん」。

もう、そんな字は読めないでしょう、とおかあさん。たしかにたこが「た古」とくずし字で書いてある。はんぺんて、半片なのかぁ。で、お酒を飲み……。

——私たちがそこの坂の上で「谷根千」をやっているころは、おにぎり、たっぷりのお味噌汁をお昼によく食べに来たわよね。

「そうそう、あのころはお昼もやってたから忙しかった。いまは閑《ひま》よ。お酒も飲めない。薬を飲んでる」

若い、今日はじめての男客が来た。「あら、どこから来たの。坂の上。じゃ今度迎えに行くわよ」とおかあさん。無口な息子さんは、料理をつくって運んだり、お酒を持ってきたりでいそがしい。お母さん、カウンターの中に鎮座ましまし、みんなはその浅草トークにしびれている。お母さん、最初に会ったときは乙羽信子にそっくりだった。「そうね、よくそう言われた」。いつまでもお元気で。ここにも脱色脱臭されない東京がある。

団子坂途中の
穴蔵みたいなイタリアン

ターボラ

（取材日　2022年5月30日）

団子坂の中腹に、坂に向いて窓のついた穴蔵みたいなレストランがある。黄色いドアを開けると中は広い。大きなテーブルとイケアの布張りのイスも昔のまま。この店の創業は1984年、ほぼ地域雑誌「谷根千」とおなじ。事務所もこの辺だったので、お昼を食べに来たり、クリスマスなど、店を貸し切りにしてパーティーをした。

「覚えてますよ、NTTタウン誌大賞をもらったときのクリスマスもうちでやってくれたでしょ。あのときはお店が人でぎっしりでしたね」

とご主人の大竹誠さん。いつも白いシェフコートを着てキッチンで料理に余念がない。だからあまりお話ししたことはない。

背広の生活が合わなくてイタリアンに転職

——昔は「安全地帯」の玉置浩二にそっくりで、茶髪でしたよね。

「そうでしたっけ。僕は昭和26（1951）年生まれで、故郷は群馬、育ったのは東京の梅ケ丘や狛江、大学は学習院の経済学部です。喫茶店でバイトしたり、友達と遊んでばかりいた。大学出て、いったんは茅場町の小さな雑誌社で2年くらいサラリーマンをしたんですよ。

あるとき大学の同級生の親友が、会社を辞めてイタリアンの仕事をしたいと言い出した。

茅場町の会社の近くに、ジャムやピーナッツクリームで有名なソントンが経営するピッツエリアがあって、つてがあったので、そこを彼に紹介したんです。

会社帰りに通ううち、僕も背広の生活が合わないなあなんて思っていたので、そのピッツェリアで一緒に働くようになりました」

——早くに切り替えられたのはよかったですね。

「ところが、まもなくソントンが経営から手を引くことになって、オーナーが代わり、パブレストラン・イフになった。代替わりの際、店にもとからいたチーフの使い込みが発覚しまして。オーナーから『あなたたち若いふたりに後を任せる』と言われてやってみたら、60万だった食材の仕入れが20万になりました。

オーナーの女性は、生意気な若造が言うこと聞かないのであきれてましたけど。いい人でちゃんと給料も払ってくれた。結局、そこで8年やりました」

——当時、イタリアにも行かれたんですか。

「1980年に結婚して、とりあえず現場に行ってみなくてはと思って、新婚旅行でイタリアに。パリから入って、スペインからずっと海沿いをローマまで、ユーレイルパスで回りました。往復のエールフランスのチケットと、最後に泊まるパリの宿だけ予約して、14日間。

それより前、さっき話した親友が3カ月イタリアに行っていて、ローマのトレビの泉の近くで鞄屋さんをしていたキクコさんという日本人女性にお世話になって。キクコさんのだんなさんはイタリア人でね。後から行った僕らも、彼女に本当によくしてもらいました。毎晩のようにおいしい店に連れていってもらったり。サバティーニとか行くと、キクコさんが『ちょっとあそこにいるの、バート・ランカスターよ』なんて。

キクコさんはイタリアに来る日本人のお世話をいろいろされていたんですね。中近東の公共工事の仕事をする日本人とか、お世話になった人たちが帰りに寄って、『かあちゃんにお土産』ってキクコさんの店で買っていくの。いざお金を払う段になって、服を脱ぎだすので驚いた。盗られちゃいけないと、みんなお金を胴巻きに入れていたんですね」

——私も1977年に最初にローマに行ったとき、母の着物の伊達締めの中にお金を入れて行きました。胸が苦しかったけどね。それで本場のイタリア料理はどうでしたか。

「イタリアのジェノバに移った夜、たまたま入った店で出たスパゲティがうどんみたいに軟らかくて、泣きたくなりましたよ。ここまで来てこれかよって。でもローマに着いてからのお店はさすがにおいしかった。モッツァレラチーズなんて、たまらなくおいしかったですね。

イタリアではお店で食べたものもみんな手帳に書き留めて、スペインではバルでどうやって煮るのか焼くのかとお店の人に聞いてね。マッシュルームのアヒージョとか、タパスを教えてもらいました。

それにしても、イタリアの男性は本当に女性が好き。サバティーニに行ったとき、お店のワインを入れるカラフェがすてきなので、このカラフェが欲しいと言ったら、『いいよ、お前にやる。代わりに奥さんにキスさせろ』とか言ってさ。そのとき、僕の目を片手でひゅっと押さえて。それで、はい、あげるよって。ほんとにやることがしゃれてますね」

——奥さんに叱られなかった？　でもイフがうまくいっていたのに、どうして独立したんですか。

「僕も彼も32、33歳になって、売り上げがそうそう上がるわけではないし、ふたりの基本給に毎日4～5時間の残業代がかかると、僕たちふたりの人件費だけでもたいへんだろうと思ったんです。

それで彼は代々木八幡の自宅を建て替えて、地下に自分の店をつくることにして、僕は千駄木で独立しようということになった。

ここは瀬谷さんという耳鼻咽喉科のお医者さんのビルで、この場所はライムライトという喫茶店でしたが、そこが空いていたので。たまたまビルの企画会社の社長とイフの女性オーナーが知り合いで、紹介してもらいました」

常連さんの好きなものをつくるうちメニューが増えちゃった

――ターボラという店名はどこから。

「ターボラはテーブルのこと。ターボラ・カルダというのは、イタリアで大衆食堂のことです。リストランテ、オステリア、タベルナ、ピッツェリア、バールなど、さまざまなカテゴリーやスタイルの店があるなかで、言ってみれば近所の人が来てくれる気の置けない店。町イタリアンみたいなものかな。

最初は前菜とパスタだけでやってました。でも、常連さんたちのリクエストに応えてつくったりするうち、メニューが増えちゃった。長くやっているので、小さいころに来てて20年ぶりに来ました、なんてお客さんもいますね。

開店当時に手伝ってくれたのが弟で、ＬＰのレコードジャケットでつくってくれたメニューを、いまも使っています」

――たらこのクリームパスタなんて、絶対うちでは作れない。生クリームが入っているんですか。

「生クリームだと味が濃くなりすぎてしまうので、乳脂肪分が少なめのものを使っています。

常連さんはお顔を見れば、何を頼むか、だいたいわかります。それで、たまに別の人が取ったのを食べて『これ、うまいね。こんなのあったの？』なんておっしゃる。最近はなぜかお昼はトンノ（ツナ）のスパゲティの注文が多いんですよ。

『谷根千』の山﨑さんもよく見えますが、彼女が好きなのはトリッパ。牛のハチノスの煮込みですね。オーソブッコ（仔牛の骨付きすね肉の煮込み）もメニューにありますよ。鶏のジェノバソースとか」

――イタリア料理といっても、いまはトスカーナ料理、ベネチア料理、ミラノ料理ってお店もいろいろ分かれていますね。

「そうですね。古くは永田町にロマーノというローマ料理の店があって、食べに行きましたね。それからアルポルトとか。芸能人が行くので有名だったキャンティや青山のアントニオなどが草創期の店ですね。

それと高田馬場のリストランテ文流。ここは料理書も扱っていて、ここで料理雑誌を買いました。たとえば、オーソブッコだったら、どのレシピにも共通して入っているもの、アレンジで入っているものを見比べながら、じゃあ、自分はどういうふうにつくろうかなと。あとは実際に食べにいって、舌で覚えて自分の好きな味をつくっていく。

いまならレシピはネットにも載ってますし、若いシェフはイタリアに飛び出せる。僕らのころは料理書を買って試すしかなかった。それもなぜか料理の本は高いんですよ。

うちはイタリア料理を主体になんでもやってます。『Hanako』に載ったバブルのころは、アルバイトも含めて、厨房3人、フロア3人でやってましたが、いまは昼は息子とふたり、夜はかみさんも来て3人です」

——ランチもこの値段でよくやってらっしゃいますね。

「消費税が3パーセントから5パーセントに上がって以来、値段は上げていません。ロシアとウクライナが戦争になって、小麦の宝庫なのでパスタの値段にも響きます。サーモンなどロシア産のものもありますし、その他いろいろ上がって。困った困った、どうしましょう」

——体を大事にしてくださいね。ちゃんと健診をやってます？

「70歳になるまでは年に数回、献血してました。そうすると全部数値がわかるから。やっぱりちょっとガンマの数値が高いですね。料理をつくりながら飲むのはほとんどビール。たまにワイン。これに何が合うかなと胃が考えますから」

——40年を振り返って、お店でイベントとかはありましたか。

「あ、そうそう、2002年の日韓ワールドカップのときはここに大きなスクリーンを立てて、ハーフタイムにがーっと料理をつくって、また飲みながら見てました。アルバイトの子たちと店が終わったあと、飲みにいくことも多かったです。春と秋には競馬場にみんなで見に行って、ござを敷いてワイン飲んだりしてね。冬はスキー、クリスマスはラストオーダーのあと僕がローストチキンを焼いて、朝まで飲んでいました」

――楽しそうね。谷根千のお店では店主とアルバイトが家族みたいなお店が結構ありますね。コロナではどうでしたか。

「緊急事態宣言で休んで、また開けたときはまるで体がついていかない。しかも夜は8時までだったから、みなさん、仕事が終わって7時ごろお見えになって一挙に注文なさるから、もう手が回らない。なかなか調子が戻りませんでした」

――もうイタリアへは行かれないんですか？

「行きたいですよね。例の同僚だった親友が50代で亡くなったんです。そのとき骨を少しいただいて、本当はいけないんでしょうが、彼の好きだったローマのボルゲーゼ公園に少し埋めて、あとは地中海に撒きました。

彼とは年がら年中一緒だったから。両方とも家庭持ちなのに、我々はまだ学生時代よろしく、あちこち飲み歩いていました。

それで、彼の奥さんとうちの夫婦と友人たちで、彼の三回忌、七回忌、十三回忌とイタリアに供養を兼ねた旅行をして、十七回忌も行こうとしたら、コロナになっちゃった」

ややかすれた声が渋い。使われていた時代、食材60万円の仕入れを20万まで落とした正直な青年、その面影がいまでも残る。

彼は自分がオーナーになると、使われる側の気持ちを大事に、アルバイトを育ててきた。おかげで、ここでアルバイトをしていた谷根千キッズのひとり、ガクはイタリア料理が得意になって妻に喜ばれ、いまも大竹シェフを慕う。

いつまでも団子坂にあってほしい店だ。

NO MEAT NO LIFE！
朗らかで親切な肉屋さん

ミートショップ　オオタニ

（取材日　2024年7月26日）

幸せに思うのは近所においしい肉屋が2軒、魚屋が2軒あることだ。お気に入りのひとつは、団子坂上の駒込学園の並びにある肉のオオタニ。昭和27（1952）年創業。いつも店の中は混んでいて、豚こまや挽き肉100グラムのお客さんから、ひとりで2万、3万と買っていく人もいる。外には遠くからのBMWとかベンツなどの高級車が停まっていることも。居酒屋や飲食店などプロの客も多い。

入ると今日はなにを買おうとパパッと頭を巡らす。忙しいときは左側の惣菜棚だけで買い物を済ますこともある。シュウマイに焼き豚に牛肉のたたきに鶏胸肉の冷製に唐揚げ、これはそのままパーティー用のメニューにもなる。「はい、ご注文は」と男性スタッフが手を上げる。「奥さん、相変わらず忙しいね」と包んでもらう。ゆっくり時間があるときは、牛肉のミスジ、イチボ、ハラミなどもおいしいし、たまには張り込んでランプステーキ。最近、年をとったせいか、脂身の多いところより赤身がいい。切り落としもうまい。

カウンターの中には男性が5人くらいひしめいている。みんな朗らかで親切だ。いつもひょうひょうとスライサーの前にいる店長の菅野《かんの》幸義《ゆきよし》さんに聞く。

こういう商売だからね。みんな、ニコニコになっちゃう

「さあ、俺もここに来て20年くらいだからな。創業者は小谷さんというんだけど、屋号は大谷。最初はこの裏に商店街があって、戦後にそこにお店を持ったんだね。初代の会長はもう亡くなったね。福島出身で厳しい人だった。

いまの社長が二代目で60代。社長は優しいよ。それで厳しい。仕事はできるし、働き者。朝の2時から働いて、8時ごろまでここで仕事して、それから千石のほうへ」

――お店はこちらだけじゃないんですね。

「千石1丁目は事務所で、小売りはやってないけど、毎週、金、土曜にガレージセールをやってるんですよ。うちは卸もやっているし、オンラインショップもありますからね。俺はもともとはスーパーなんかで肉の売り場をやっていて、ここには一応面接受けて入ったよ。福島の飯館村の出身です」

――それで3・11のあと、避災地応援のセールをやっていたでしょう。被災者の側なのに寄付を募るのではなくて、セールをやるのがすごいなと思いました。

「そうね。東京電力の原発事故のせいで、親類たちもふるさとに住めなくなって福島市に移っています。そのことを忘れてほしくないんでね。

いまは妻の実家に近い佐倉に住んでいるので、京成線4時51分の始発で来ますよ。6時半にはここに着いて、仕込みを始める。牛肉は部位別に来ますが、まずはきれいに筋を取る、その掃除が大事なんです。社長がいれば牛肉をカットするのは社長、俺は豚肉を切る係。社長は牛肉を切るのもうまいね。社長がいないときは、俺が牛肉も切るけどね。肉屋になったころは、先輩がやってるのを見て覚えたけど、いまはね、こういう時世だから、教えないとダメでしょ」

――お店のおすすめはなんですか？

「やっぱり牛だね。暑い時期は、焼き肉とかステーキ、冬場はすき焼きにしゃぶしゃぶ。いまは少し変わって、しゃぶしゃぶは暑いときも出るから、あまり季節感はなくなった。うちでは牛肉はホンモノの竹の皮に包んでいます」

――新型コロナ流行初期はそれをまたセロハンみたいな袋で二重にしてくださって、安心でした。豚肉や鶏肉は真空パックで保《も》ちがいいし。お惣菜もおいしいですね。

「惣菜系はつきじ植むらから来た人が作っています。揚げ物は、今度入ったネパール人のラマ・プリティちゃんがやってます。彼女はよく働くよ。頭はいいし、大学も出ているからね、英語はできるし。彼女が来て男ばかりの店がぐんと明るくなりました」

――前から、お店の人はみんな明るくて親切ですよ。

「こういう商売だからね。みんな、ニコニコになっちゃうけど。俺はもうすぐ77で、定年過ぎてからはアルバイト。お昼は賄《まかな》いというのはないんですが、ご飯をみんなで炊いて、店の余り物で済ませたり、好きなものを買ってきて食べたり。

仕事が忙しくないときは、3時、4時ごろには上がりますね。家に帰ったら何もしない。この仕事は長時間労働、子どもたちは同じ仕事はしたくないという。でも俺は後悔してないね。仕事は楽しいものね」

セールの日は長蛇の列。開店30分で売り切れの品も

菅野さんは、俺は口下手だから、もっと弁の立つのと変わります、と現れたのはナンバー2の金子恒義《つねよし》さん。

「僕はもともとは運送の仕事をしていました。千石の事務所では主に飲食店への配達をやっていたんですが、コロナで飲食店が閉まって、仕事がなくなり、社長に千駄木店に行けと言われまして。でもこれが楽しいんだよね。配達先のお得意さんとの会話も楽しかったですが、お店はお店で、やっぱりお客さんとじかに接するのは楽しいです。

千駄木店に来て4年くらい、いまは接客がメインです。手が足りないときは、スライサーで肉を切ったりもしますが、ベテランの菅野にはかないません。切ったはしからトレイに並べるでしょ。仕事が丁寧で、きれいで素早いんです。

うちは生肉で来て、朝さばいて、売りきりですから。肉も新鮮です。できたら冷凍しないで、賞味期限内に食べきってもらいたいんだよね。冷凍するとドリップ（肉汁）が出るの

で」

——でもこの前切り落としの牛肉を買って、ひとり暮らしで食べきれなくて、いったん冷凍して解凍したけど、おいしかったですよ。２００グラムで、肉じゃがと、ピーマンと肉炒め、最後はタイの牛肉サラダを作りました。

「それはよかった」

——やっぱり菅野さんみたいに、朝早く来るんですか。

「僕は田端新町に住んでいるから、西日暮里駅まで行って、千代田線に一駅乗ってあとは歩き。5時20分ごろには着いてますね。担当は朝のサンドイッチ。ローストビーフサンドにヒレカツサンド」

——ああ、それそれ。ビーフサンドおいしいんだよね。でも朝一番に売り切れるでしょ。以前、朝、打ち合わせのある山﨑（谷根千の同僚）が9時半の開店と同時に買って持ってきてくれました。

「ビーフサンドは一日、8食限定なんです。ローストビーフを切って、端のほうの形にならないものをサンドイッチに回しているので。サンドイッチはほかにも、金・土・日限定のものも10種類ほど販売しています。あと、ステーキにならないところを、角切りのサイコロステーキ用にすると、これも開店から30分で売り切れます」

――ほんとにねえ、20パーセント引きセールの日は長蛇の列です。私はだから肉ぐらい定価で買おうとわざと避けちゃうけど。

「でもね。20パーセント引きのクーポンを持ってまた来ると、それ以上に買ってくださるからいいんですよ。一時文京区のＰａｙＰａｙが30パーセント引きで、合わせると肉が半額で買えたときがあって、そのときは閉店までずっと長蛇の列で近所にご迷惑かけました」

――お店で一押しはなんですか。

「そうだね。自分がビールを飲むのに、一番いいつまみは牛のモツ煮込みと、なんといっても牛のたたきだね」

――たしかにおいしい。豚バラもしゃぶしゃぶ用は2種類あって、とろけるようです。

「ハンバーグもおいしい。手こねの生のと冷凍のと。手こねは牛肉１００パーセント、１２０グラム。冷凍は合挽きで１５０グラム。どちらも２５０円で、ファンも多いです」

――たしかにお店の前を通ると、ついつい買いすぎますが、冷凍物を買っておくと便利です。私は冷凍のミノ、馬刺し、ラム肉のしゃぶしゃぶ用も重宝してます。

「そうそう、あれも意外に隠れたファンがいるんです」

――有名人のお客さんとかも？

「作家の吉本ばななさんが、うちのコロッケがおいしいと何かに書いてくれたんだよね。それでいまでも買い物に来る人がいますよ。一度、『吉本ばなな先生が書いてくれたんですよ』とお客さんに言ったら、その人に『私、吉本の助手なんです』と言われてさ。

お寺さんはまとめ買い。法事なんかのときにふるまうんじゃないですか。あと東洋大の相撲部の合宿所にも肉を届けてますが、まあ半端ない量です。ちゃんこの材料でしょう」

——金子さんは数字につよいし、SNSもやっているんですって。

「ええ、僕が店のLINEを担当しています。お客さんに登録してもらって、週3回、お得なセール情報や、おすすめ情報を出します。たとえば、サイコロステーキを明日は売りますと流すと30分でなくなるわけですよ。あとは、落とし物の情報なんかも載せたりして」

——とにかく楽しそうに仕事していますね。

「みんな仕事時間は仲良く一致団結するけど、プライバシーは侵さないからじゃないですか。帰りに一緒に飲むこともない。ただ、年末は31日までやりますからその前の2、3日は臨戦態勢、皆、朝3時には来ます。店長の菅野も佐倉からでは間に合わないので、近くにホテルをとって泊まります。だから、年末だけは店が閉まると近くの店でご苦労さん会。それは楽しいですよ」

ひとりの客がいくつもの品を違うグラムずつ買う。よく間違わないものだなと思うが、家に帰ってレシートを見るとピタリと合っているのがすごいと思う。

美術館の裏口から入って裏口から出ていく仕事

谷中田美術

（取材日　2024年12月2日）

谷中田國弘さん提供

この会社の看板はよみせ通りで見慣れていた。谷中だから「やなかだ」と読むのかと思っていた。「よくそう言われるんですが、栃木のほうにある名字で、『やちゅうだ』と読みます。谷中の地主かと聞く人もいますけど、そんなことはなくて。私は昭和41（1966）年生まれでいま58歳。会社が谷中から向丘に越してもう40年以上たちますね」と三代目の谷中田國弘《くにひろ》さん。

いまは団子坂上の光源寺の真ん前の5階建てビルが事務所だ。1階はトラックの入る駐車場、ちょうど外から帰った奥さんが「どうぞどうぞ」とエレベーターに乗せてくれた。声がハスキーで気さくな方。

すごく大きなエレベーター。美術品を運ぶというのが実感できた。2階に着くと、いましも美術品の梱包が行われている。これも広い空間。その奥が事務所で、隣の応接間に案内された。社長はパリッと背広にネクタイ。

「あまり取材とか受けないんですよ。うちはあくまで黒子の仕事。裏方ですから。ただ、地域の本というのと、『谷根千』の森さんに一度会ってみたいのもあって」

——そうですね。いままで40年お会いしなかったのが不思議なくらい。

「大学生のころ、朝倉彫塑館のアルバイトをなさっていたと読みました。朝倉先生の奥さまの甥御さんの山田さんのころですよね」

――はい、区の建物になる前に、お茶会のお世話をしておりました。雨戸を何十枚も開け閉めして。

「谷中の朝倉文夫先生には、うちの祖父も可愛がっていただきましたし、父は、文夫先生が亡くなったとき、夜、線香番をしてたそうですから。私はもちろん文夫先生には間に合わなかったですが、千駄木にお嬢さんの響子さんがいらして、よく伺いました。響子さんが亡くなられ、アトリエに残ったお作品を台東区に寄贈されたので、田中小学校跡の文化センターに仮で運んでいます。来年くらいには、お披露目の展覧会があると思います」

――ところで、美術品運送というのはどんなお仕事なんでしょう？

「作品を梱包して、運搬する。美術館の裏口から入って、作品を展示するのが仕事です。皆さん、美術館に行って、前と展示が入れ替わっていても、それは誰がやっているんだろうって考えることはあまりないと思うんですね。美術館に行けば、当たり前のように美術品が飾ってありますから、あまり意識されないかと思いますが」

青葉城址の伊達政宗像は、祖父が運んだ

――この仕事は、いつごろからあるんですか。

「近代でいえば、上野公園に竹の台陳列館ができたころでしょう。１９２６（大正15）年に

東京府美術館、いまの都美術館ができたのも大きかったですね。あれが大きな美術館のはじまりです。京都では京都市京セラ美術館もよく行きますが、あそこは現存する公立美術館でもっとも古い建築で（1933年創建）、建築家で館長の青木淳さんがきれいに改修されて、人気スポットになっていますね。日展の全国巡回展は私どもでやらせてもらっているので、再来週からの京都での巡回展にあわせて、作品を梱包し、大型トラック4台で運びます」

——初代の方は、どうやってこの仕事に？

「関根さんという親方さんが、この向丘にいて、それこそ、朝倉文夫先生のところなんかに出入りしていた。半纏《はんてん》を着てリアカーを引くような運送ですよ。関根さんにはお子さんがいなかったので、番頭さんの白井さんが継いだ。その田端にあった白井運送店に、祖父が勤めてたんですね。

うちの祖父、谷中田国雄は栃木の農家の次男坊で、貧しい時代なので尋常小学校を出て東京に丁稚《でっち》奉公に。白井さんのところで修業して、白井さんも後継ぎがいなかったので、二十歳で祖父が譲り受けて、1926年、大正の末年に『谷中田運送店』を開きました。再来年でやっと100年です。

祖父の代の大きな仕事は、仙台の青葉城址に伊達政宗の騎馬像を据え付けたことかな。原型は宮城県出身の、藝大を出た小室達《とおる》という彫刻家の作で、伊達家の参勤交代のルートを5日間かけて、日暮里の鋳造《ちゅうぞう》所から、トラクターで仙台まで運んだんです」

――写真にも「谷中田運送店扱」と木札が掲げられていますね。

「昔は、都美館（東京都美術館）に運送業者の事務所というか待合所もあった。当時は荒くれ者も多くて、冬になると暖房もなくて寒いから、生意気な若い画家の作品なんか、燃やしちまえ、とドラム缶の火にくべたりしてたとか（笑）。本当かわかりませんけど」

――へえええ。

「祖父も大旦那、なんて呼ばれてました。父は若旦那。社長、とかじゃなくてね。それこそ、腹巻が金庫だったって」

――美術品運送の会社って、全国に何社くらいあるんですか。

「日通さんとかヤマトさんとか、大手の運送会社の美術部を除けば、専門でやっているのは20社もないんじゃないでしょうか。仕事はニッチというか、隙間というか。上野桜木の星谷さんの日美（日本美術商事）や、瑞輪寺の前にあった彩美堂さんは額縁屋さんでもありますが、美術運送もやっていて、いまの事務所は台東区役所前に越しています。あと牧野商会さん。昔の美術館は入り口で下駄を預けて上がったので、その下足番から出入りの美術運送になったと伺いました。牧野さんは、いまは書道関係がメインですね」

――得意不得意、専門というのもあるんでしょうか。

「ええ、業者はみんなうまく棲み分けてますね。うちも昔は彫刻の据え付けや設置とかの仕事がメイン。祖父は彫刻家の先生とお付き合いが多かったので。据え付けも美術館だけでなく、駅前だとか。よく昔は駅前に銅像が建っていたでしょう。

――西ケ原には長崎の平和公園の祈念像を造られた北村西望《せいぼう》先生がお住まいでしたね。

「ええ、西ケ原には息子の治禧《はるよし》さんがおられて、先生は晩年、井の頭公園の中にアトリエを建てておられた。戦時中、空襲が激しくなって、西望先生から石膏原型もみんな壊して捨ててくれと言われたんですが、それはしのびないと、うちの祖父が疎開させせまして。それで戦後にお返しに行ったら、すごく喜ばれて。長崎のあの像の小さなレプリカをいくつかこしらえたというので一体、私どもにいただきました。私も、西望先生からお小遣いをいただいたことがあります」

――谷中の全生庵《ぜんしょうあん》の金色の観音様も北村西望作ですね。木彫の平櫛田中《ひらくしでんちゅう》先生も最初、谷中の経師屋《きょうじや》寺内銀次郎さんのところに居候しておられたとか。

「その後、上野桜木町に立派なアトリエを建てられ、のちに小平のほうに越されましたが、伊勢神宮の遷宮に合わせてそのつど、20体の御神馬《ごしんめ》を木彫でなさった。あれも伊勢までうちで運ばせてもらいました。桜木町には朝倉先生の弟子の木内克《きのうちよし》先生がいらしたし、駒込林町の高村光太郎先生のところも、祖父の時代に出入りしていました」

——本郷新《しん》さんの野外彫刻なんか、ものすごく大きいでしょう。

「はい、本郷先生のもやらせてもらいましたが、台座だけでも重いです。そのお仲間の舟越保武先生や、佐藤忠良《ちゅうりょう》先生、このおふたりは仲良かったですね」

——そう聞くと、この辺だけでもたくさん、彫刻家がいたのですね。中原悌二郎が大好きですが、大正10（1921）年に亡くなっているからちょっと早すぎますね。

「ええ、うちは大正終わりの創業ですから。母から聞いた話では、年の暮れに、美術学校に掛け取りにいくと、学生さんたちが『谷中田の親父が来たぞ』と塀を乗り越えて逃げてしまうんだそうで。昔もいまもアーティストで有名になるのはひと握り、みんなお金なかったですからね。いまも、とくに若い彫刻家なんかはとにかく飯が食えないですから」

——お父さまの代はどうだったんでしょう。

「父の一男の代で、会社として大きくなって。美術館に出入りするうち、焼き物も運んだり、じゃあ洋画もやらないか、日本画も運ばないか、となって、そのうちに展示も、と広がってきた。僕も、門前の小僧習わぬ経を読む、じゃないけど、子どものころから祖父や父の仕事を見てきました」

一流になる方は威張りません

——國弘さんは、小さなころから谷中ですか。

「生まれも育ちも谷中で、幼稚園は立華学苑、小学校は谷中小学校です。子どもも。PTAの会長もしましたよ。子どものころ、フレスコ画で有名な画家の有元利夫さんが、よみせ通りのあたり、生家の文房具屋さんのシャッターに絵を描いておられたのを覚えています。あそこもパン屋さんになって、あのシャッターもどこへ行ったのやら、もったいないですね」

——それで、この仕事をすんなり継がれたわけですか。

「きょうだいが姉と妹なんで、おまえが三代目だと言われて育っちゃって。父たちの差し金で、外で勉強してこいと、島流しに遭いましてね。イタリアのペルージャにあるアカデミア・ベル・アルテという美術学校を受験して入って、彫刻の修復など習いました。最初は帰りたくて仕方なかった。でもだんだん面白くなって。3年ほどいました」

——ペルージャはイタリア語の語学学校もあって、いいところですね。アッシジも近いですし。おじいさんはおいくつまでお元気でしたか。

「祖父は僕が20歳のときに、82歳で亡くなりました。僕には優しかったけど、怖いおじいちゃんでしたね。父はいま88歳で健在ですが、カーッとなると怒鳴ったりするのも祖父そっくり。頭もつるつるで、そこはさいわい僕は似なかったけど。ただ母が僕が33のときに亡くなりまして。宮崎から嫁いで、母も相当苦労したと思います。うちのカミさんは埼玉の浦和の人です。私は2009年に父と交代したんですが、カミさんは会計とか、会社全般のことをやってくれています。おかげさまで息子も会社に入ってくれて、四代目もいるのでちょっと安心です。いま、そこで梱包の仕事をしているでしょう」

——一品ものの貴重な美術品を扱うのはとても神経のいる仕事ですよね。

「はい。代替えがないものですからね。もちろん、いろんなことがあります。ただ、昔より車両もよくなっていますし、緩衝材という保護材もよくなっていますから。温度管理にも気を遣っています。万が一の場合の保険も掛けてありますよ」

——いままでいろんな美術家に会われたでしょう。

「一流になる方は威張りませんね。そして細やかにこっちのことも考えてくれる。東山魁夷先生も何度も市川にお尋ねしましたが本当に人間ができているなあ、という感じでした。最近の方では千住博さん、これまた芸術院会員で、ベネチアで金獅子賞を取ったり、飛ぶ鳥を落とす勢いですが、ご本人は謙虚で、本当にジェントルマン。あんな完璧にそろってる人はいませんよ。どうやってお育ちになったのかと思いますね」

――お宅では代々の家訓みたいなものはありますか。

「お世話になった先生のご恩を忘れないこと。黒子に徹すること。われわれは裏口から入って仕事をして、裏口から出ていく仕事です」

――そのお仕事の楽しみはなんでしょう。

「とにかく、お客さまより先に、批評が出るより先に、私どもが絵や彫刻を見ることができるのですから。それが醍醐味ですね。展覧会のオープン前の最終チェックは僕がします。誰もいない展覧会場を入り口から順に見ながら、完成形を見て回ります。遠くから見てもどなたの絵かわかります。それがわからないようではつとまりません」

谷中田さんも本当に面白いすてきなラテン系ジェントルマン。そして、ハスキーな声の奥さまはサッパリと明るく、男前だった。ふたりのなれそめを聞いてみたい気がした。

土曜日の11時から 17時だけ

なかじまや糸店

（取材日　2024年7月20日）

不忍通り、団子坂下のバス停の前に「なかじまや商店」という黄色いほろの店がある。ずっと気になっていた。それに「工業用ミシン糸」と書いてある。自分には縁がない店かと思っていた。土曜日の午後、のぞくと、あれ、毛糸やボタンも売っている。「これはこれは、『谷根千』の森さんじゃないですか。会えるなんて思ってなかった」というご主人は昭和30（1955）年生まれの加藤潔《きよし》さん。ほぼ私と同世代だ。

あらためて日を決めて伺った。平日は勤めを続けながら、父母が営んだ店を土曜日だけ、11時から17時まで開けているという。

「そう決めてしまえば、お客さんもその日を目指してきてくださいます。工業用ミシン糸を箱買いするプロのお客さんはもう20軒ほど。ほとんどが家庭で縫ったり編んだりする一般のお客さん」

間口は二間半くらい、ただし奥行きがすごい。俗に言う鰻《うなぎ》の寝床である。奥のほうにテーブルがあって、扇風機がまわっている。「芋甚」のアイスモナカが出てきた。わ〜い、これぞ昭和の夏だ。

父は無口で戦争のこともほとんど話さなかった

「僕はあまりこの商売に興味を持てなくて、父も後を継げとは言わなかった。きょうだいは、姉と弟と妹の4人です。父は無口だったし、とにかく一生懸命働いていたことしか覚えてない。もっといろいろ聞いておけばよかったんですが。父は大正13（1938）年生まれで、戦争にも行きましたよ。満州のほうへ。でも最後の応召だったので、上陸したのか、それすら僕にはわからない。父も戦争のことはほとんど話さなかった」

——なんで加藤さんなのに、なかじまやという屋号なんですか。

「それは父が丁稚《でっち》に入った店の屋号です。父はまじめな商売人でしたが、本当はそのまた母の話が面白い。祖母は日本橋の席亭の娘だった。ところが好きな人との間に次から次へと子どもが産まれて。それで別の人と正式に結婚することになったときに、前に生まれた子どもたちを手放した。父は根津の加藤という家に養子に出されたんですね」

——翔んでる女性ですね。でも昔はそんな話はよくありました。うちの母も両親が離婚して浅草に養女に来たんです。

「そうですか。姉はそういうことに興味があって、自分でも調べているようですが。父は加藤毅《たけし》、母は節子といいます。母は町屋の出身で、戦争中は福島に疎開していたそうです。父の兄が新宿の中井で化粧品を商っていたのですが、母はそこの店員をしていて、父と知り合ったのだと思います」

——お父さんが修業された「なかじまや」はどこにあったのでしょう。

「それもわからないし、父がどうしてこの仕事についたのかもわからないんです。とにかく父は戦後、千駄木で店を持ちました。姉は1953年生まれですが、そのときはもう千駄木にいたようです。この辺にも、当時は婦人ものを縫うような縫製工場がありました。主力商品はミシンで服を大量生産する糸で、エースクラウンというシリーズ。糸巻が何本か入って箱入りでしたから、それなりに商売にはなったのだと思います。色見本がありますが、いろんな色があるでしょう。ほかにも、工業用スパン糸『キンバスパン』て短いわた状の繊維を合わせた糸、絹の手縫い糸の『金ひどり』、毛糸はスキー毛糸とか、いまはハマナカ、オリンピックも扱っています。

父はオートバイでお得意さんに商品を届けていて、母が店番。夏休みなんか僕も配達の手伝いをしましたが、いやだったたねえ」

——そのころと町並みはすっかり変わりましたか。

「そうですね。団子坂下のこちら側の角はいまもいる滝上さん、理髪店で、昔はその隣に松風というおばあちゃんひとりでやっている小さな居酒屋があった。そして福よしというそば屋があった。うちの右隣が別府さんてパン屋さん。その隣のお寿司屋さんだったところがいまはマンションになっています。路地をはさんで、畳屋さん、おでん種屋さん。いま銀行のATMになっているあたりにも床屋さんがあった」

——下町の商店街だったのですね。この辺、子どももたくさんいたんでしょう。

「ええ、この裏の路地で遊んでいましたね。少し大きくなると、須藤公園や東大のグラウンド、谷中墓地。もうその遊び仲間もいない。あ、池之端の亀屋といううなぎ屋さんの主人が幼なじみで、この辺に住んでいました。いまは彼の弟がそこに住んでいますが、弟さんのほうもそば処かめやという立ち食いそばのチェーン店をしています」

——そうすると潔さんは汐見小から文林中ですか。

「はい。幼稚園は谷中の初音幼稚園に行きました。汐見小は関東大震災後の建物で、当時としては最先端のコンクリートでしたが、僕たちのころはもう老朽化していた。文林の校舎は木造でした。まだ都電20番線が通っていて。高校は北園高校、自由な学校でね、掃除なんかしなかった。日暮里駅から山手線で巣鴨駅まで、そこから地下鉄で通ったのかな」

吉本隆明さんに町で出くわした

——お店の前で本を売っていらっしゃいますが、あれは蔵書ですか。幅広くて、いい本ばかりですね。

「そう言われると、うれしくなっちゃう。最初、500円で売ってたのですが、ちっとも売れなくて、300円にしたら、少し売れるようになりました。僕は大学を出て、コンピユータ関係の小さな会社に勤めたんですが、実は英文学科なんです」

――なるほど、それで文学書が多いんだ。

「『百年の孤独』が新版で出るというので、さっそく往来堂書店で買っていま読んでいるところです。法政では、柄谷行人先生に英語を教わりました。

千駄木というと、僕らの世代は吉本隆明をみんな読んでいましたね。吉本さんとは二度出くわしたことがある。一度目は学生のころ、日暮里駅のそばで。二度目はずっとあとに団子坂下の交差点で」

――お話しされましたか？

「まさか。憧れの人ですから。出くわしただけで光栄です。背の大きな人でしたよ。著作集も持っています」

――私も持っているけど、字が小さくてもう読めないな。

「そうですか？」と言って、奥からすぐ持ってきてくださる。

――初期の詩が好きだわ。それと「都市はなぜ都市であるか」というのがよかった。路地の調査をするときにすごく役立ちました。

「女房は吉本ばななさんの姉、漫画家のハルノ宵子さんと学校で同級だったそうです。妻の本も少しずつ売っています。娘はあまり読みませんしね。だんだん片付けなくてはと」

——それでご両親はいつごろまでご商売を続けていらしたのでしょう。

「まあ、仲のいい夫婦でしたよ。たまにケンカもしてましたが、ふたりで株をやったりね。でも株で儲かったという話は聞かなかったな。母が先に2010年に79歳でなくなり、父はそれから3年生きて、2013年に89歳で亡くなりました。

前の日まで元気で働いて、その日は池袋の文芸座にひとりで映画を見にいっていたんです。高峰秀子の主演する古い映画だったかな。家は別々でしたが、夕飯は一緒にしてた。夜になっても帰ってこないので、おかしいな、と思って心配していたら、警察から連絡があって。脳溢血だったかな」

——好きな映画を見にいって、そのまま旅立たれるとは、大往生ですね。

「映画館の人もそう言ってました。でも急に逝かれるのも困りますよ。母のほうはがんだったのでね、入院して看護したり、別れるまでの時間もありましたが」

外を通る人が、気になるらしく本の台を見たり、店の中をのぞき込んだりする。長過ぎるスカートの丈を調節するため、ベルト代わりの芯を買っていく人もいた。

「やっぱりパンツのゴムひもが一番売れるかな。お年を召した方ばかりです。こんなにたくさん買っていって使い切れるのかな、なんて思っちゃって。若い人は来ない」

と言ったとたんに妙齢の女性が、糸を買いに現れた。さらに外国人の若い女性ふたり組が、入り口の英語の本を買っていった。若い人も来るじゃないですか。

「きょうはたまたま」

音楽も静かなクラシックが流れている。年配の男性が道を聞きに入ってきた。

「まあよく、こんな商売で、4人も子どもを育ててくれたものですよ。父が死んで、土曜だけ店を開けるようになって、もう10年。論語に『子曰く、父在《いま》せば其の志を観《み》、父没すれば其の行いを観る。三年父の道を改むるなきは、孝と謂《い》うべし』とありますが、こういう商売をしてたんだな、とやっとわかるようになりました」

子どものころ、うちの母は仕事のかたわら、洋服はむろんシミーズ（死語らしい。スリップのこと）までみんな縫ってくれ、季節になると神田の生地問屋に布を選びにいった。まだ気の利いた子ども服などそんなに売っていないころだ。既製品を買うのは、パンツに靴下ぐらい。冬が来る前に、母は小さくなったセーターをほどいて、ヤカンの口の湯気に当てて伸ばし、編み直していた。

動坂の家の3軒隣には三井さんという糸屋があった。ほかに、ボタン屋さん、手芸材料屋さんも。「ああ、三井さん、覚えてますよ」と潔さんは懐かしそうに言った。

私はそれこそズボンのゴムを、同行の編集者は、洋裁をするお母さんに頼まれた糸とボタンを買って帰った。なんだか心豊かになった気がした。

（2025年3月末で閉店）

父、野口福治は徹底的に町につくした

野口園

（取材日　2024年3月13日）

不忍通りのルネ千駄木プラザというマンションの1階に、野口園という大きな間口のお茶屋さんがある。中に入ると静かな優雅な雰囲気。女将《おかみ》さんは着物に藍染めの半纏《はんてん》すがた。三代目の野口健治さんは昭和10（1935）年生まれ。

――雑誌「谷根千」も長いこと置いていただき、一度お話を伺いました。創業は明治25（1892）年で、もう132年だとか。そもそもご先祖はどちらなんですか。

「うちはじいさんの野口藤十郎が埼玉の桶川なんです。あの辺は野口という姓は多いらしいですね。まず上野に出て人力車をやった。10人ぐらい車夫を抱えて、上野駅に着いたお客を人力車で迎え、旅館まで送る仕事をしてた。一方、おばあちゃんが湯島でお茶屋さん、そう、お茶っ葉を売る仕事を始めたんです」

あれでも団子坂はやわらかくなった

――そこからなんで千駄木へ。

「そのころ不忍通りは団子坂下までしかできてない。南は根津遊郭の中通りでした。明治21（1888）年に遊郭が洲崎に退けたので、そことつなげて道を延ばした。根津はもう酒屋も魚屋もあって開発の余地がなく、千駄木のこのあたりがこれからいいかも、と思ったんでしょう。当時、まだ周りは田んぼで、うちくらいしか商売屋はなかったんじゃない？

タクシーができたころに人力車の仕事はやめて、お茶屋専業になったんじゃないかな」

――あとは団子坂下の菊見せんべいくらいですかね。あちらはたしか明治8(1875)年創業です。

「明治の末まで、団子坂で菊人形が栄えたからね。駒込病院の先、天栄寺の門前に土物(野菜)の市場があって、そこへ品物を持っていくにも団子坂がわりと便利だった。団子坂の下には坂道で大八車を押す『押し屋』という人足がいたそうです」

――ああ、坂が急だったんですね。「立ちん坊」とか、「軽子《かるこ》」ともいったそうです。神楽坂の北側には、軽子坂がありますね。いまでは使えない言葉ですが。

「あれでも団子坂はやわらかくなったんだよ」

――わあ、おもしろい言いかた。あれでも、急坂を削ってなだらかにしてるんですね。それから、二代目のお父さま、野口福治さんは『ふるさと千駄木』(1981年)という立派な箱入りの本を出され、郷土の歴史を記しておられますね。これは私たち「谷根千」のバイブルでした。

「うちの親父は明治31(1898)年生まれ。商店会ができたのが大正3(1914)年だから早いほうです。そして『千駄木下町会』ができたのは大正10(1921)年。戦後、この町会は3つに分けられたので、このあたりは千駄木二丁目西町会。不忍通りに市電が通ったのも大正10年です」

——最初は上野広小路から終点が団子坂下で、坂下町、いまのNTTサービルのところが市電の車庫だったそうですね。そのあと市電は神明町まで延びて。

「車庫も神明町に移って空き地になりました。坂下町の車庫のあとは新道《しんど》が原《はら》といって子どもの遊び場でしたね。

路面電車から地下鉄に変わると、電車のレールを埋めたまま車道にしたので車道と歩道に段差があって、親父はその整備などにも携わりました」

——福治さんは、戦後、地下鉄千代田線の千駄木駅の誘致もなさったそうですね。

「あの駅ができたのも親父の力です。最初はできるもんかと言われていたけど、野口さんがやるならと上千駄木町の町会長、田代医院さんが言ってくれて。町会の方たちも協力して、皆がどんどん運動に加わってくれた。3年間、本当に頑張って運動していました。

地域につくした功績で父が叙勲を受けることになり、地域の人たちは喜んで駅のそばに父の胸像を建てようと言ってくれたんです。父が固辞したら、みんなでお金を10万円だか持ってこられて、これで地域の歴史を書いてほしい、と。それで私も手伝って、父の記憶を郷土の歴史として書き残すことにしたのが『ふるさと千駄木』です。自費出版でみなさんにお配りして、もううちにもこれ1冊きりしかありませんが。

親父は他人さまのことばかりで、店はおっぽり出して、おふくろと番頭さんたちにまかせきり。なんせ戦時中、根津神社に火がついたときにはその消火しにいっている間に、自分の店が焼けちゃったんですから。でもね、あとから聞くと、店が焼けているなか、近所の方たちがうちの家具を大八車で運び出して、別のお宅で預かってくださっていた。母もやはり桶川の人ですが、高等女学校を首席で出たようなしっかり者で、僕らの宿題なんかもたちどころに教えてくれた。なんでお茶屋にお嫁に来たんだか」

汐見小の大きな煙突が地域のシンボル

——ちょっと遡りますが、この辺は関東大震災ではだいじょうぶだったんですね。福治さんは『ふるさと千駄木』で「店先には十五、六本のお茶の入った茶瓶《がめ》が棚から落ち」とは書いておられます。人的被害はなく、いまのみずほ銀行のところにあった四軒長屋が倒れて下敷きになった人を助け出した。さらに、本郷のほうに火が延びてきても、「切り通しの電車通りでくい止めないと、七軒町から根津、千駄木が焼けてしまう。若い者は消火に手を貸してください」と警官らが触れて回り、すっとんでいった、と。貴重な記録です。汐見小学校は、震災のあとの昭和2（1927）年の創立でしたね。

「汐見小も、親父たちが運動してできたものです。父親は根津小卒ですが、根津小学校は汐見より20年早い。千駄木小学校は10年早い。どちらも子どもが増えて満杯になり、その間にもうひとつ学校をつくってくれと。

このあたりはお屋敷町ですから、学校を建てられるような大きな敷地がなかなかなかったんですね。最初、藪下道の辺にあった専修商業学校、あそこの校舎が焼けて空き地で残っていたところにしようとしたが手狭だった。それで白井遠平という北海道の代議士の、藪下に面した別宅を30万とかで買ったんだって」

――最初の汐見小学校は震災のあとだから鉄筋コンクリートの最新式、スチームが巡らされていて、それでお弁当を温めることもでき、生徒はそれが自慢だったそうで。

「汐見小の大きな煙突がどこからでも見えて、地域のシンボルでした。正門は藪下通りに面していて、向かって右側の階段は校長しか使ってはいけなかった。戦時中、汐見の二代目校長は助川金次先生といって、大礼服みたいな服を着て威厳がありましたよ。

空襲のとき、私は汐見小学校から栃木県の塩原・福渡にある温泉旅館に集団学童疎開で不在でした。疎開先の隣町には根津小学校がいました。どの学校も農家からの食料の買い付けは苦労したと思います。僕は4人女が続いたあとの末っ子で、女学生だった上の姉たちは女子挺身隊といって長野で落下傘を縫ってました。

最初のころはどうにかお米が見えるくらいのお粥でしたが、あとは小麦粉を練ってつくるすいとんとかお芋くらいになったね。そのときも父は父兄会を代表して、3カ月に一度くらい東京から食料を持って、高校生にもかつがせて、疎開先まで運んでくれた。だけど、絶対僕には会わなかったです。ひとりだけ、父親に会えたらほかの子がかわいそうだと」

あった店、いた人を思うと懐かしくも少しさびしい

——俳優の奈良岡朋子さんは汐見小学校でご一緒でしたか。

「奈良岡さんは三番目の姉と同級生です。奈良岡正夫さんて画家のお嬢さんです。学芸会では『楠木正成』を演《や》ったんですが、奈良岡さんは立派な冑《かぶと》を着けて正成の役、姉は運動靴を履いた変な衣装で正成の息子、正行《まさつら》の役をやっていたのを覚えています」

——「桜井の子別れ」、天皇のためには死も厭わない、いかにも戦時中ですね。そうすると千駄木は健治さんが学童疎開でいない間に空襲で相当焼けたんですね。

「ええ。焼け野原からの出発です。材木屋の天野さんが角材をたくさん寄付してくれて、町にいた職人さん、町会の役員たちが協力して穴を掘って街路灯を建てるところからはじまりました」

——本当にお父さまは地域のことにつくされたんですね。

「商店会をいちはやく振興組合（千駄木二丁目商店街振興組合）にして、その初代理事長を務

めました。町会長は、住宅地の人にまかせるというのが持論でやりませんでしたが。でもなんでも商店街が協力しないことにはうまくいかない。父はつつじまつりの再興にも一生懸命で、根津神社の7人の宮総代のひとりでした。95歳まで元気でした。母は99歳で亡くなりましたが、100歳まであとちょっとでした」

——健治さんは、はじめからお茶屋さんを継ぐ気だったんですか。

「まあね、男の子ひとりですから小さいころから言われてました。わたしは山が好きなもんでね、大学を出てからまず10日くらい山へ行き、覚悟を決めて修業に出た。お茶のことを勉強しに静岡の生産者のところで1年半働き、そのあと浅草・鳥越の大佐和という老舗で売る方の仕事を覚えました。

父の代では狭山のお茶を入れてたんですが、わたしは掛川のお茶です。そろそろ3月から また静岡の茶畑を見に行かなければなりません。茶葉を太らせるために1回追肥をするとそれだけで値段がぐんと上がりますので、そのあたりの見きわめが必要ですね」

奥さまのミチルさんが急須でお茶を淹《い》れてくださったが、甘みと渋みのバランスがよく、とてもおいしかった。お茶の淹れ方を教えていただきたいくらい。

「お恥ずかしい。感覚でやっていますから。いったん沸騰させて少し冷ます。それでゆっくりと淹れるんですが」

——お店の包装紙に、「道灌を偲ぶ野口のお茶処」と書かれていますね。この文字はどなたが。

「親父の字です。うちは商標登録が『銘茶 道灌』なんです」

——いくらくらいのお茶がよく出ますか。

「まあ、100グラム1000円くらいのものですね。あと、深蒸し茶で『さわやか』という300グラム入りのものも好評です。お茶は開封しなければ1年は保ちますよ。

いまの人は家でお茶を淹れて飲まなくなりました。小学2年生がうちに社会科見学で来るのですが、急須を知らない子どもが多いです。お茶というと、ペットボトルのお茶だと思っている子がほとんどじゃないかな。文京区でも組合に入っているお茶屋が以前は20軒ほどでしたが、いまは4軒しかありません」

——ご商売のほかになにか趣味はおありですか。

「大学時代は羽を伸ばして登山とスキーにのめり込み。うちのかみさんは錦糸町の和菓子屋の娘ですが、この人が登山もスキーも私の弟子第2号なんです」

「いまでもスキーはやってます。軽井沢の奥のほうで。娘がふたりですが、彼女たちもスキー1級です」とミチルさん。

「あの女の子たち、うまいな、なんて声が周りから聞こえると、俺の娘だと自慢したくなる。下の子が後を継いでもいいといって婿さんも来てくれたんだけど、その旦那が区役所の部長になっちゃったんだよ」

——でも、いまはみなさんご長寿ですし。お婿さんが退職するまで、健治さん、がんばって。

「私も商店会の理事長を30年くらいしてきて、いまは隣の鳥安さんがなさっています。汐見小学校の同窓会長も33年やって、汐見の70周年、80周年、90周年の実行委員長をしました。いまは後進に譲っていますが、3年後、2027年で100周年ですね」

——長く町を見ていらして、どんなふうに変わりましたか。

「商店街も120軒あったのがずいぶん減りました。新しく出店する人たちはこの町に住んでいないし挨拶にも来ない。商店会にも入りません。昔みたいな協力や結束はできないですね。あのころの乾物屋の斉藤さん、煙草屋の望月さん、冨久寿司さん、前っかわに川崎ラケットという有名なテニスのラケット屋さんもあった。いろんな顔が浮かんで懐かしいですし、少しさびしいですね」

桜茶はありませんか、とお客さまが見える。卒業入学シーズンならではのお茶だが、「いまはなかなかつくる人がいないんですよ」とのことだった。

旦那と猫たちと本当によく働いた

戸田文具店

（取材日　2021年1月22日）

25年ほど前の正子さん

谷根千工房の事務所が千駄木2丁目のニチイこと日本医科大学下に面した横丁の一軒家にあったころ、領収書や納品書をはじめ、仕事道具を買いに通った戸田文具店。まだあった。何年か前、夏に通ったら見事な月下美人が咲いていた。それと外来種のオーシャンブルーという真っ青な朝顔が咲く。今回、話を聞きに訪ねたのは冬だった。

「店の中は狭いし寒いから、外にいらっしゃい。いつもここで日向ぼっこしているの。月下美人はたくさん咲かせて、かなり近所の方に株分けしたよ。朝顔のほうはもう何年も咲き続けてくれる。おかげで、店の軒のシートのほうが植物の勢いに負けて破れちゃったけど、そのまんま。私、もう82よ。頭は真っ白、背は8センチ縮んだ」

とおばさん、井上正子さん。私たちは50代と30代で出会い、そのまま30年が経過した。でも正子さんの明るい笑顔と、ユーモアたっぷりな話しぶりは変わらない。

「狐だか狸だかわからないけど、まあ古いわね。あら、マスクしてると若く見てくれる？お化粧もしなくていいし、ヒゲが生えててもわからないからね」

山の山の山の山寺の生まれ。15歳で東京に

――いつごろからお店をやっているの。

「昭和44（1969）年からやってるから、もう50年。その前は父の姉、伯母がここに住んで、都立向丘高校に売店を持って文房具や教科書などを卸していました。そう、同じご町内の北川太一先生が向丘で教えていらして。私一時、定時制に入ったから、北川先生に教わったよ」

――北川太一先生は高村光太郎の研究家として知られた方。雑誌「谷根千」も、当時、高村光太郎関係でわからないことがあるとなんでも北川先生に伺ってきました。

「数学の先生だったのよね。奥さまはお裁縫の先生だった」と正子さん。

――正子さんはどこのご出身なんですか。

「私は福島のいわき市から出てきました。山の山の山の山寺の生まれで、実家は戸田といって、5人きょうだいの一番上。お正月生まれなんで、正子というの。

うちの寺のあたりは空襲はなかったけど、いわきの町のほうは真っ赤に燃えてた。私たち、お寺の墓地の高いところに上がって天皇陛下バンザーイなんて叫んでたけど。戦争が終わったのが6つのとき。学校で身体検査をやったとき、測定中に、防空壕に裸のまま逃げこんだのを覚えてる。

中学を出て15歳で、千駄木の伯母を頼って上京しました。昭和28(1953)年かな。常磐線で7時間かかったの。私は乗り物酔いするのよ。

中学校のとき、修学旅行でも東京に来たんだけどね。バスに乗ったらもうダメ。6年生のときはね、いわき七浜巡りだったの。それもダメ。みんなはバスから降りて灯台を見にいったのに、そのままひとり、バスの中で休んでいたら、近くに小舟が着いてね、生きたカニをどっさり運んできたの。お小遣いをいくらもってたのかなあ、それまでお土産も買いそこなってたから、有り金全部はたいて網にどっさり入れてもらった」

――カニ！　山のお寺のご家族はさぞ喜んだでしょう。15歳で東京に来たときはどんな印象でしたか。

「上野駅に着いて、市電でここまで来た。私が来たときには、伯母はもう50過ぎていたかしら。その手伝いに来たわけなんだけど、きつい人でねえ。まあ東京で女ひとり、商売をやってきた人だから。1年半で逃げ出して国に帰ったんだけど、よく考えたらやっぱり東京がいいやと。今度は自分で就職先を探して世田谷で酒屋さんに勤めていました。お酒飲めないんだけどね。何年いたかな」

――世田谷はどんなところでしたか？

「最高。東宝の砧撮影所の近くで、(石原)裕次郎さん住んでいたし。撮影所に配達も行ったわよ。お塩を30キロ自転車に乗っけて。ほかにも有名な監督さんや俳優さんもいたんだろうけど、裕ちゃんしかわからない。かっこよかった。背が高くてね。お手伝いさんに頼んで、サインをもらったの。

結婚したのは22のときね。それで次々子どもが生まれて。子どもは4人、孫は5人いるわよ。末の娘はアメリカ行っちゃって帰ってこない。何やってるんだろうねえ。でも一度だけ、娘のいるフロリダに遊びにいったことがある。11月なのに、あったかくてねえ。娘の半袖とかGパンとか借りて着てたわよ。

昭和44(1969)年に伯母が亡くなって、教科書を販売する権利を持っていたのでもったいないと、私が引き継ぐことにしたの」

——旦那さんはどこの人なの?

「京都だかどこか、あっちのほう。おとなしくていい人だった。3年前にどっかいっちゃったよ。上だか下だか。ずっと会社勤めで、店は私がやってたから、見たことないでしょ。出てこないもん。でも経理畑の人だったから、仕入れや売上の帳簿の計算なんかはみんなやってくれた。娘も勤めていたから、長女の孫3人のお守りもやったわよ。子ども7人ぐらい産んで育てたような感じよ」

——夏目漱石が明治30年代に坂の上に住んでいたときは、このあたりは牧場だったってね。この辺もずいぶん変わったでしょう。

「そうなの。隣は鍛冶屋さん、町工場もあったわね。その坂を上がったところは秋さんて昔の旗本屋敷。そこを入った角にもおまけやさんて駄菓子屋があったんだけどね。谷根千工房のところは上田さんて、細い小ちゃなおばあさんが住んでいた。その隣が千原さんてご兄弟で野球の選手。もうみんな古い人はあらかたいなくなっちゃった。昔はよく大雨が降ると不忍通りがあふれたものよね」

——そうそう。谷田《やた》川幹線の下水管拡張工事であふれなくなりましたね。買い物はどこへ行くの？　昔のほうが便利でした？

「赤札堂とか、サミットとか。でも忙しいころは買い物も行く暇なかったわね」

わたし、突然、アレルギーでコンコン、と咳が出る。正子さんが店の奥にのど飴を探しにいってくれている間に、店の前を通った見ず知らずの人が、飴をくれた。こういうのが千駄木らしい。出てきた正子さんが、自分の店の自動販売機にコインを入れて温かい紅茶のペットボトルを買ってくれた。

「私もスギ花粉のアレルギーなの。40になってからよ。大きな杉の根元に生まれたんだけどねえ」

いまあるのを一生懸命売って、それでおしまい

——なんでそんなに働くんですか。

「私たちの世代はみんなそうよ。汐見小学校や八中の前には丸山文房具屋さんがあったけれど、そこはやめちゃったんで、最近はうちのほうに子どもたちが買いに来るのね。やっぱりジャポニカの学習帳が一番売れるかな。学校では何もない罫線だけのを使えと言っているようだけど」

この狭い店内にどれだけの種類のものがあるのだろう。ノート、鉛筆、ボールペン、万年筆。筆箱、お習字の紙、筆、フエルトマット、墨汁、ファイル、アルバム、香典袋、領収書、輪ゴム、鉛筆削り、バドミントンの羽根におもちゃ。前はプラモデルがよく売れたという。お店の入り口には新型コロナ流行以来、アルコール消毒液が置いてある。

「よろしかったらどうぞ」

——仕入れはどうしているんですか。

「前は浅草橋に通って、大きな風呂敷包みに背負ってきたけど、いまはめったに行かない。ここは不忍通りから路地に砂埃が吹き付けるから、しょっちゅう品物を拭いているのよ。新しい注文はノートとか、おもちゃくらいかな。おもちゃなんかは、『あのオートバイ、よかったんだよね』なんて言って、おじさんも買いに来たりするよ。

あんまり古い商品があるので、前は中国の人が買いつけに来た。古いのくれ、古いのくれって。昔のものが高く売れるらしいのよ。勝手に引き出しを開けたりして迷惑だったけど。もうそれもコロナになってから来ないわね。売れなくなったらパッタリ売れないんだよ。文房具屋も減りました。みんなコンビニとか、100円ショップで買うからね」

——そうすると、商売は上がったり？

「もちろん。ここも前より人が通らなくなった。南北線が通るようになって、日医大に行く人が千駄木で降りなくなったし。

小さい子がお母さんと一緒に来て、おもちゃを欲しいと駄々をこねたりすることもあって、そういうときは、飴でもあげて、クリスマスにしようね、とかお誕生日に買ってもらいなさいね、とか言うんだけど。最近は飴やチョコをあげると嫌がるお母さんもいるから気を使うわよ」

小学生が自動販売機の釣り銭を探している。正子さんが「お金入れなくちゃ、お釣りは出ないのよ」と声をかけると、子どもたちはパッと離れた。

「お金を入れたのにお釣りが出ないんじゃ、助けにいかなくちゃいけないけど。でも大人の人でも、釣り銭ないかな、と探っていく人は結構いるわよ。

泥棒にも一度やられた。朝早い時間に、若い男の人が1万円出して300円ぐらいものを買いに来て、釣り銭の用意がまだだったから、2階まで取りに行ったのね。それで1万円もらってお釣りを返したんだけど、あとで見たらレジの2万円分の小銭を取られてた。いろんなことがあったね」

——ほかにも事件がありましたか？

「日医大で殺人事件があったじゃない。暴力団の組長が病棟の大部屋に入院していて、別の組の人が窓の外から射撃した。一緒の部屋の人は怖かっただろうねえ」

——ああ、ありました。あのときは私たちもここの事務所だった。あと政治家の小沢一郎が入院したときとか、歌手のフランク永井が自殺未遂で入院したときも、「谷根千」の事務所に記者たちが「電話貸してください」ってね。携帯が普及する前だったのね。

ああああーっ、これは「谷根千」ではないですか。

「そうなのよ。砂埃がひどいからちゃんとビニールの袋に入れて。ビニ本にしちゃった。色は褪《あ》せてきたけれどね」

——ありがとうございます。うちでなくなったバックナンバーはここに買いにこよう。正子さん、本当によく働いた人生ですね。

「いま、家族は猫のくろちゃんと、ムンクとあと1匹はももちゃん。一時期は13匹もいたの。拾ってきた猫はいない。みんな誰かが置いてってっちゃうか、入ってきて自然とうちに居ついた猫。私、60代は、猫のエサ代のために朝の5時から10時まで、東大の農学部にパートで清掃の仕事もしていたのよ。九段の消防署にも清掃に通ったことがある。いない間は旦那が店を開けて店番をしてくれたし。まるまる14年やったんだよ。

いまは朝、6時に根津神社でラジオ体操。まだ真っ暗よ。50、60人は来る。そのあと連れ立って散歩に行くの。90過ぎの男の人とかもいるよ。森さんもずいぶんふっくらしてきたから、朝ラジオ体操に来たらいいのに。白山や西片から来る人も結構いるわよ。会費は年に1千円」

——お店の後継ぎはいるんですか？

「まさか。いまあるのを一生懸命売って、それでおしまい。片付けないでいっちゃ、子どもたちに悪いから」そう、おばさんは言った。

——個人的にはそんなに事件もない、お幸せな一生ですね。

「でしょ、だって名前が正子だもの。正しい人生よ。こんな簡単な名前で、横と縦で書けるから、ボケても自分の名前くらいは書けると思うの」

2月になって寒くなると、オーシャンブルーの朝顔の葉が落ちる。3月になるとまた芽が出て、夏には長期間、きれいな真っ青な花が咲く。

「朝顔なんてヤワなもんじゃないの。幹が私の腕くらいの太さがあるんだもん。あなたもベランダで挿し木で育てるといいよ」。そう言って、正子さんは笑った。

埼玉の両親の農園から仕入れる無農薬野菜

金杉青果

（取材日　2021年1月22日）

戸田文具店とおなじ横丁に面している。20年前、小学校の授業を終えて、谷根千工房の事務所に帰ってきた我らの子どもたちは、夕方まで、このお店でうまい棒とかアイスとかを買って食べていた。そのころ、子どもたちの相手をしてくれたのはいまのご店主、鈴木孝弘さんのおじいさん、おばあさんだった。

産地直送は初代から。自転車で埼玉から一日2往復していた

——お店、いったいいつからあるんですか。

「およそ創業60年くらいではないかと。出身は埼玉の松伏町《まつぶしまち》といって、吉川市、越谷市、春日部市、野田市に囲まれた、駅のない町なんですが、代々そこで農業をしてきたそうなんです。うちのおじいちゃんはそこから自転車に野菜を載せて、ここまで一日2往復して売りに来ていました。いまの舗装された道でも片道34キロあるんですが、当時は砂利道とか、ガタボコ道ですからね。頑丈な鉄製の自転車に山積みにして往復していたと聞いています。最初の10年ぐらいは、隣の山本畜産さんの前の掘っ建て小屋みたいなところを借りてやってたらしいんですが、ご縁があってここの土地を紹介していただいて、この店を建てたのが約50年前ぐらい前」

——初代がおじいさんですね。

「祖父の名前は鈴木誠治といいます。金杉青果ですけど、名字は鈴木なんです」

——あら、そうなんですか。そうすると、お店の名前はどこから？

「金杉というのは、出身の松伏町内の地区の名前なんです。昔は、金杉村といったらしいんですが。いまも金杉交差点というところがあって、信号機に『金杉』と書かれています」

——ここは鈴木誠治さんの自転車での東京出張販売所だったんですね。誠治さんは、いつごろまでお仕事なさってたんですか。

「祖父は大正13（1924）年くらいの生まれで、僕が高校の時まで元気でした。じいさんはお酒べろんべろんで、昔ながらのダメ親父みたいな感じだったんですけど。父が言うには、祖父はあんまり農業が好きではなくて、畑仕事から逃げちゃったんで、代わりに父がひいじいちゃんから伝授されたとか。ここのお店にいたのは祖母と父の妹です」

——それにしても、埼玉でつくった野菜を都内に店舗を構えて売る、というのは、すごく新しい発想だったんじゃないですか。

「そのあたり、祖父はどう考えていたのか、聞く前に亡くなってしまいましたが。たしかに、野菜をつくったら市場に出すのが普通でしょうから、よくぞまあ、それを持ってきて直接、都内で売ったな、と思いますね。

実家の農園の野菜は、最初から売っていたんですが、あまりアピールしなかった。僕の代になってからです。農園をやっている父の敏幸、母の三枝子は、昭和22(1947)年生まれ。ふたりは、あまり千駄木の店のほうにいたことはありません。父は祖父と違って酒は飲めなくて、腰の低い、やわらかいタイプですね。母の実家も千葉のガチ農家なんです。僕も埼玉で生まれて、高校を出るまで埼玉育ち、高校を出てこちらに。もう定めみたいな感じで、進学とかも諦めたんですが(笑)。でもいまとなってみると、ほんと、毎日、楽しくてしょうがないですね」

そこへ、女の子が遊びに来た。最近は男の子を誘いに女の子が来るんですね。

「うちのゲームで遊びたいんじゃないでしょうか。ゲームをやらせてくれるお家、少ないから。うちは野放しなので(笑)。

ちび店長は優力《ゆうり》といいます。果物の袋詰めとか、野菜を詰めた袋に絵を描いたり、お手伝いをして褒められるのがうれしいんじゃないでしょうか。うれしいと鼻がプクッとしてますから。いまは宿題してるんじゃないかな」

じゃんけんで勝つとバナナが30円!

――市場にも毎日、通ってらっしゃるの?

「市場がやっている日は毎日。足立区舎人《とねり》の市場に。昔は南千住にあった足立の市場が、いまは野菜だけ、舎人に移ったんです。そこまで、バンで仕入れに行っています。ここから車で20分ぐらいですね」

——それにしても、バナナ、一房100円は安すぎませんか。

「しかもじゃんけんして僕に勝つと30円。あいこだったら60円。市場でいま仕入れ値が安いんで。

去年の秋口は野菜が本当に安くて、一箱売っても全然儲からなかった。値段は毎日チェックして、適宜、書き変えていますよ。お客さまはやっぱりプライスに敏感です。自転車で、すうっと横目で値段を見てゆかれて、別のお店で何かお買い物してらして、その帰りに、目をつけてたものをうちで買ってくださる。そういう世界なので」

——八百屋さんはこの界隈でも結構増えていますね。

「増えてますね。理由はよくわからないんですけど。安くて、わーっと売れているお店もありますけどね。魚屋さんや肉屋さんは減っているようですが。以前はお隣が魚屋さんだった。肉の山本さん、野菜はうち、魚屋さんと並んでいると、それだけで買い物が済んだんですが」

——スーパーは商売敵ですか。

「いえ、大口とか業務用のスーパーも必要ですから。でも、この辺の住宅街は小売店がそもそも少ないので、うちだけでなるべくいろんなものが揃うように、スパゲティ、乾麺、小麦粉、カレー粉、片栗粉、インスタントラーメン、お菓子、飲み物も置いています。それらは食品問屋さんから仕入れています。

あ、このお味噌は埼玉の実家の近くの野田のお味噌。祖父の代から取引があって、うちにある商品のなかで一番古くから扱っているものですね。このお味噌を目当てに買い物に来てくださるお客さまやリピート買いの方も多くて、ファンの多いお味噌なんです」

――ご自分では農作業はしないんですか。

「実家に行けば収穫くらいはしますけどね。冬は葉物がメインで、小松菜、ほうれん草、白菜、大根とかですね。夏はなりもの、きゅうり、トマト、ピーマン、なす。季節で切り替えてやっています。

父はエコファーマー、無農薬で化学肥料も使わず、埼玉県の基準をクリアした栽培者として認定されているので、それを目当てに来てくださる方もいますね。僕がいくら市場でいい野菜を仕入れても、うちの農園の野菜しか買わないというお客さまもいます。農園の野菜は通常5~10種類ぐらいですけど、前日に穫った野菜を並べています」

――農園の菊芋もありますね。これは、どうやって食べるのがおいしいんでしょう。

「そのまま刻んでサラダに混ぜてもおいしいですよ。豚汁に入れてもポクポクした食感ですし。チップスもうまいですよね。スライスしたのを揚げて、ちょっと塩を振ればビールのつまみに最高。便秘にもいいですし、血圧上昇を抑える効果もあります」

――食べ方まで指南していただけると助かる。あそこにウーバーイーツの配達バッグがあるけれど。

「いろんな体験がしてみたかったんで、一昨年、ワンシーズンやってみたんです。4カ月ぐらい休まず、一晩50キロずつ、電動自転車で走ってました。面白いんですよね。アプリを開いてボタンを押すと、たとえば根津の吉牛（吉野家の牛丼）、お店屋さんに行って品物を預かり、注文した人の家まで配達する。一軒終わると今度はその近くの別の店から呼ばれて、またそこからお客さまの家まで走る。そんなふうに転々と流されて行っちゃう。

このあたりは坂が多いですから、日医大の坂上がって、小石川に降りて、また茗荷谷に上がって、4カ月で相当痩せました。けっこう女性の配達員も多いんですよ。夜中にやっている方もあります」

――500円の牛丼を、500円の手数料がかかっても配達してもらう人もいるんですね。昔の出前はただだったのに。

「だいたい高層マンションの上のほうの階の方ですね。タピオカ1本で5キロ走ったこともありますよ。届けに行くと、お客さまは若い女性。まあ、クーポンとか、セールとかを上手に利用する方も多いですけど」

――お宅の野菜の配達はなさらないんですか？

「白山1丁目くらいなら電話注文で行きますよ。無料です。バイクなんで問題なく行けます。少しまとめて、1500円か2000円くらい買っていただければ、喜んで行っちゃいます」

――この辺も高齢化が進んでいますから、配達は次の課題ですね。

「いろいろ作戦立てないと。潰れていくのは個人店ばかりですから。飲食店はこのところ、入れ替わりが激しいですね」

楽しくお買い物していただきたい

――新型コロナが流行しはじめてから、いつもSNSで、この辺のテイクアウトのお店を応援しておられますね。

「ええ、自分で行けなくても、おいしいところは誰かに行ってもらいたいし。本当なら、お店に来て食べてもらえたらいいものを、テイクアウトにするには容器が必要になってきますし、配達してもらえば手数料もかかりますしね。素材までこだわっているお店は、ほんと、儲けなんか出ないと思いますよ。ご近所で応援合戦やって、みんなで支えあって乗り切らないと」

――谷根千あたりでは、自分のところがよければいいんじゃなくて、助け合って、この難局をどうにか乗り切ろうみたいな感じがありますよね。おすすめはどこでしょう。

「そうですね。裏の『つむぐカフェ』のパングラタン、『とくじろう』さんのキーマカレーもしっかり仕事されて安定の味でございます。根津の創作日本料理の『醬《ひしお》』さんもこだわっていますね。僕のベストは『済州島』のビビンバ肉丼、お肉が半端なく入っていて、うまいですよ。まだ行けてないんですが、『GHOST BURGER（ゴーストバーガー）』も気になっています。ツイッターでは、他県のフルーツ屋さんとも意見交換できたりするのが面白いですよね』

――SNSを見ていると、店主の人柄もわかりますね。お店に飲みに行ったりもしますか。

「そんなに酒そのものは好きではないんですけど、飲む雰囲気は好きなので、たまには。朝は市場行くので5時前に出ますし。もっと睡眠取らなくてはいけないんですが、どうしても床につくのは12時過ぎになっちゃう。埼玉の農園も、ゆくゆくはどうしようかなと思ってるんですけどね。みかんの木でも植えようかな。でも店も空けられないし」

――ちび店長がいるじゃないですか。でもこんな難しい時代なのに、すごく楽しそうにやっていらっしゃいますね。

「仕入れてきて、店に並べるだけで楽しいですね。小分けにして袋に詰めたり、どうしたら買いやすいかなとか考えたり。かぼちゃは切り込みを入れたらガッと売れました。硬いかぼちゃを切るのが、高齢の方には大変ですものね。

お客さんになるべく楽しくお買い物していただきたくて、見たらクスッと笑えるようなポップも書いています。それと買い足しや買い忘れの方のために、大根100円とかは表の缶にチャリンと入れればいいようにしています。それと500円以上、買ってくださったお客さまにはサービスで、ちっちゃい玉ねぎ1個、おまけにつけています」

取材の間、次々見えるお客にさらりと温かく対応していた妻の理絵さん、「なにか奥さんの声も」と言うと、いえいえ、と手を振った。

同行した編集者も、バナナじゃんけんに挑戦、「最初はグー、じゃんけんぽん」。じゃんけんプロ9段の孝弘さんに見事勝って、30円でゲット。私はほうれん草、菜の花、小松菜、カブ、ネギ、チビみかんを買いました。すごく楽しいお買い物でした。

＊バナナじゃんけんは不定期開催です。

これぞ千駄木のソウルフード、焼きそばだあ！

花乃家

（取材日　2024年7月3日）

不忍通り沿いのいまのみずほ銀行根津支店は、もとは富士銀行だった。その前は安田銀行で、関東大震災後、根津から移ってきた。千駄木にあるのに根津支店というのはそのためだろう。いまも2階建てのビルで営業している。

通りを隔てた反対側の横町はなかなか下町風、間口の狭い家々が並んでいる。そのなかにある花乃家という焼きそば屋さん。「花ちゃん」の名で親しまれている。午後5時から7時まで正味2時間勝負。食べ物は焼きそばだけ。飲み物はビールに生レモンハイ、宝焼酎お湯割りに、懐かしい三ツ矢サイダーもある。

店主は伊藤文枝さん。レモン色のTシャツに花模様のサッパリした前掛け姿。

「私は昭和17（1942）年生まれ、戦中派よ。普段は私ひとりだし、昼間は歯医者さんやお医者さんに通うので忙しいの。だから夕方2時間だけ。私の年にはそれがちょうどいいの」

間口一間半、狭いが、きれいに片付いている。カウンターが6席。後ろに小上がりというほどでもないが、腰掛けて食べられそうな席がひとつ。クーラーがきいている。冷たいお水が出る。

今日は次女の千恵さんが手伝いに見えていた。

あらゆる苦労を重ねて強くなった母

――花ちゃんという店名の由来は。

「私の母の名前です。母は埼玉の生まれなの。家が貧しくて、少女のころからなんでもやった。でも子守はいやだったようね。旅館の女中をして寝る間もなく働いたり、両国あたりのメリヤス工場へ勤めに出たりして、お見合いで父と一緒になった」

――お父さんのほうはどちらから？

「父方のおじいちゃんは友三郎、おばあちゃんはれい。ふたりは名古屋の出身で、あっちは結婚をするのに見栄張ってたいへんでしょ。家柄がどうとか、結納の品がどうとか。それで手に手を取って駆け落ちして気楽な東京に来たみたい。その家に何人か子どもがいて、息子の一一《かずいち》と花は結婚したのね。

ところがその一一がまもなく戦死しちゃったの。そう、私の父。フィリピンだったかな。戦死公報がきて遺骨が帰ってきたと思ったら、中には石がひとつ入ってただけだったって。それで母は、舅、姑、私を抱えて食べていかなくちゃならなくて、えらい苦労したみたいですよ。それこそ、強くならざるを得なかったでしょう」

――お父さんのことは覚えてますか？

「私は終戦の年に3歳だったからね。荷車に乗せられて母の実家のある埼玉に疎開もしたらしいけど、何も覚えてないわ。父は写真で見るといい男です。昔のお相撲さんの吉葉山に似てるかな」

ここでがらりと戸が開いて、若い男性ひとり、お持ち帰りで、「肉玉の大と肉入りの大」をひとつずつ。取材は途切れるが、いっぺんに焼いた方が手間も少ないだろうと、私たちも肉玉を注文。焼きそばのメニューは、野菜のみ、玉子入り、肉入り、肉玉子入りの4つ。それぞれ大・小が選べる。

文枝さんの手順を見ていた。往来に向いた窓の下に大きな鉄板がある。焼きそばを3つ載せ、ラードをたらす。豚の脂だ。

「ラードも高くなっちゃって。これはよみせ通りの大澤製麺さんの麺。昔は根津のわりと大きな製麺屋からとっていたんだけど、もういまはないの」

タイマーをかけ、まずは麺をしっかり焼く。

少しほぐしてから、鉄板の空いている右側に鶏肉の小片を載せる。麺がほぐれてきたところで、小さく切ったキャベツをたっぷり投入、水を加え、さらにウスターソースを入れて麺と野菜を合わせたら、いったん左に寄せる。

鉄板の空いた中央に卵を割り、少し崩したら、そこに肉片を載せ、最後に焼きそばをかぶせる。ひっくり返すように皿に載せてカウンターに。うわ、いいにおい。

意地でも値上げしないの

待っている間に、ぶしつけにも客の青年と話した。

「子どものころからよく来てました。いまは遠くに引っ越しちゃったけど、思い出すと食べたくなって、たまに買いにくるんです」と青年。千駄木のソウルフードなんですね。

「僕、汐見小学校から八中です」という青年に、文枝さんも「そう、わたしも汐見から八中よ。ずいぶん前だけど汐見小学校の朝礼で、『外で買い食いをしてはいけません。ただし、焼きそばの花ちゃんだけは行ってもいいです』と校長先生が言ったんだって」。へえ、信頼あるんですね。「この辺、ご商売しているうち、お母さんが働いているうちが多いからね。帰って夕飯が出るまでにはすっかり腹ペコになるでしょ。よく100円玉握りしめて子どもたちが来ましたよ」

ありがたい店だ。小腹を満たすこういう店は昔あった。大阪の横町にはいまも、小さなうどん屋があって、子どもがひとりで来てきざみうどんなんか食べている。きざみは油揚げを細く切って載せたもの。さあ、続きを伺いましょう。

「どこまで話したかしら。そう、父の一一が戦死したところまでね。戦後すぐは、不忍通りの反対側の長屋にいて、おじいちゃんとおばあちゃんはおでんの屋台を引いてました。銀座のほうまで行ってたみたい。

こっちに引っ越したのはね。不忍通りの反対側の土地を富士銀行が買収して広げたからなの。もちろんうちは借家。大家さんも反対したし、店子も反対したけど、裁判やってても相手が富士銀行では太刀打ちできなかったでしょう。もとは石段の付いた立派な建物で、子どもの私も守衛さんと仲良くしてたのよ」

もしかすると、先に地主が、底地を富士銀行に売ったのかもしれない。

「それで道の反対側に引っ越した。ここはそのとき戦争罹災者のために東京都が建てた長屋があってね。九尺間口の小さな家が並んでいた。前に借りていたのは北海道の人だったけど、その人が地元に戻るときに、母にしか売らないと言ったのね。それで今度は母が中心になって、屋台ではなく、おでんと焼きそばの店を始めたの。

ここにある箍《たが》は、屋台のころのおでん鍋の枠ね。鍋はとうにだめになっちゃったけど。職人さんが手で切ってるから、えんぴつのあとがあるでしょ。これはおでんをやってた証拠品。

母の花ちゃんは人気があってね、近所の棟梁やいろんな人がよってたかってお店の造作をしてくれたみたいよ。入り口によしずをかけたり、店の外の待合椅子を作ってくれたり。

そして1階の奥のほうで、祖父母がキャベツを刻んだり、大根を切ったり、昆布を結んだり下仕事をしていた。住んでいたのは2階。

この辺には町工場もあって、地方から集団就職で来た人も多かった。みんな、『花ちゃんやーに行こう』と言ってよく来てたわね。よそへ移っても、こっちに来たときにはまた寄ってくれて」

――まるで映画の『ALWAYS三丁目の夕日』ですね。

旦那とのなれそめはダンプ

「私は汐見、八中を出て、日本橋の証券会社に勤めたの。そのとき、同じ会社に勤めていたのが夫の清。私は秘書課にいたけど、清はあの手を広げたりすぼめたりの証券取引もやっていたみたいよ。オリンピックの年は工事のダンプがひっきりなしで、私が会社の玄関を出たところに、ダンプが突っ込んできた。そのとき清がかばって助けてくれた縁なの。式は権現様で挙げました」

――まあ、なんてドラマみたいな出会い。

「神楽坂の人で、飲む打つ買うは一通りやってた。あそこは花街で芸者さんとかうんといたところでしょ。母の花ちゃんが清に『遊んでもいいけど、素人さんには手を出すな』と釘をさしたんですって。それで、『いままでと違ってまじめな付き合いをしないといけないかな』と思ったって」

――へえ、そのとおりにしたの？

「そうでもないのよ。何があったか知らないけど、女の人と飲みに行ったり、お店に連れてきたりもしたもん。女房は連れて歩くのいやみたい。娘たちとは一緒に飲みに行ったりしていたけどね。清も証券会社の仕事を辞めて、東京駅近くの焼きそばの店で修業したりして、それからこの店を母と一緒にやってくれていたの。昭和52（1977）年には2階が落ちてね、それでいまのように建て直したの」

ガラーリ、と常連さんがふたり、続いて見える。「お風呂の帰りに寄りました」という人と、「ずっと親父バンドをやっている」という人、別々に来たのに、「え、僕も汐見、八中」「僕もそう、柔道部」と同じ年回りで「あの人知ってる？」「この先生知ってる？」と始まる。

30分ほどで「ああ、楽しかった」と、また別々に出ていった。1000円あれば、肉玉焼きそばとビールが1本飲める。

「そうなの、意地でも値上げしないの。そこにあるメニューは建て直す前のもの。建て直したら値段を上げたといわれるのがシャクだから、わざと以前のメニューを使っていたの。

値段はそれから変わってないのよ。お隣には、橘《たちばな》ノ圓《まどか》さんが住んでらしてね。うちの店子だったのよ。家族ぐるみのお付き合いでした」

——え、あの落語家の？　よみせ通りに「圓の店」というお店を出してらした。

「ええ、古典落語に強かった人。おかみさんが居酒屋さんとか、おにぎり屋さんをやっていた。うちが建て直すときに店を広げたので、越しちゃったけど。真打ちまでもちろんなってたけど、もう亡くなったわね。おかげでうちには落語家さんもたくさん見えた。この横町には『女横綱』という居酒屋や、『蛇の目寿司』もありました。八百屋さん、魚屋さん、豆腐屋さん、瀬戸物屋さんもあったけど、みんななくなってしまったわね」

——それで、文枝さんのご家族は。

「おじいちゃんは92まで健在だった。おばあちゃんも84まで元気でした。母は52ですっぱり店をやめ、残りの人生は踊りとか民謡とか、76まで趣味で生きてよかったと思う。花ばあちゃんが引退したあとは、主人がずっと店のことをやってました。私も子育てしたり、店のことをやったり。

一番悲しかったのは長女が40代でがんで亡くなったことね。主人にそっくりでね。かわいがってたから後を追うように夫も73で亡くなった。

いまはひとりで気ままにやっているけど、嫁いだ次女が川越のほうから心配して時々手伝いに来てくれてうれしいわね。

小学生のころから来てた子たちが親になって、また子ども連れて来て、その子どもがまた親になって、また来てくれる。それもうれしいわね」

うちも、まさに。子どもは3人とも汐見、八中。私も事務所で仕事が終わった帰りに、ここで焼きそばを「お持ち帰り」したものだった。もう20年以上、足が遠のいていたけど、こんどは焼きそば大好きな息子のヨメさんと来てビールが飲みたい。

変えないことが逆に新しいと思って

菊見せんべい

（取材日　2022年2月9日）

千駄木駅を降りて谷中のほうに向かうと、柳通りの商店街に入って左側すぐに、間口が五間もある菊見せんべいの大きな木組みの店が見える。道からは少し引っ込めて格子戸がはまり、瓦屋根も載せて、大きな看板があって、堂々たる店構えだ。

お客さまはコロナのいまも引きも切らない。「いらっしゃいませ」の声もいい五代目の天野善之さんに聞く。

創業は明治8年。建物は三代目、人間は五代目です

――ここなら高層ビルも建つのに、どうしてこんな低層に。2階建てですか。

「これは父・善夫が昭和52(1977)年に建て直したのですが、父は拡大は必要ない、と。食べていければいいんだから、味を守り、地道に商売を続けていくほうが大事だよ、という考えでしたので。建て替えたのも前の店が文化財指定されそうになって、直せなくなると困るというので、形は残しながら新築したのです。

みなさん木造と思われるのですが、実は鉄骨鉄筋コンクリート造なんです。外側は鉄筋の代わり、近くにおられた名人の建具職人、味谷《みや》健一郎氏に頼んで、入り口の格子戸、店奥の格子戸や帳場などの木組みをやっていただいた。中も木をふんだんに使っているので、木造に見えるのでしょうね。

谷中散歩に来られる方は、地下鉄千駄木駅を降りて、団子坂の角から柳通りに入ってこられる。最初に目に留まる店ですから、みなさんに古い町の風情を味わっていただこうと。おかげさまで、行きに買おうかしら、帰りにしようかしら、と立ち寄ってくださいます」

——谷根千からちょっと外れた根岸の羽二重団子は江戸時代の創業ですが、それに続く古いお店となると、菊見さんではないかと思います。明治8(1875)年の創業ですね。

「そうです。初代は天野六五郎、埼玉の出なんですけれど。あそこは草加せんべいの本拠地ですし、おせんべいに適したお米が取れるところなんです。そこから出てきて、二代目が梅太郎、三代目が八右衛門、四代目が父の善夫、そして私です。建物は三代目、主人は五代目、建物のほうが人間より少し長く保つんですね。

見てください、この簞笥は二代目の梅太郎が作ったものなんです。もともとは建築家で、アメリカまで行ったそうなんですが」

——すごい。よくできてますねえ。なんの材だろう。

「わかりません。もう古いから捨てようかとも思ったんですが、ダメダメ、絶対取っておけという方が多くて。

私は昭和44(1969)年生まれ、祖父は昭和30年ごろに他界しておりましたから、私は父からしか知りません。その父も私が大学を出て2年ほどで亡くなり、そのまま店を継ぐことになりました。まあ、小学校のときから父の手伝いはしていましたし」

森鷗外も高村光雲も菊見せんべいのファンだった

——創業されたとき、この辺はどうだったんでしょう。

「団子坂で菊人形が盛んだったので、それを当て込んで、せんべいを菊人形見物のお土産ものにしようと始めたようです。あの当時は花見と同じで、秋になると菊見といったらしいですよ。それでこういう屋号がついた。聞いた話ではこの辺、田んぼと雑木林で、店なんか何もなかったようです」

——でも菊人形は秋の1カ月くらいで、あとの時期もお客は来たのでしょうか。

「ええ、せんべい屋はたいてい神社や寺の門前町にでき、お参りに来た方がお土産に重宝する。日持ちもしますし。反対側は谷中寺町、寛永寺まで続くので、お墓参りの方も多いんです。お寺でも檀家さんへのお土産などにも使ってくださいますし」

——明治8年当時の店のお写真を見ると、かわいらしいお店ですね。なにか、高村光太郎さんがお店のきれいな娘さんを見初めたという伝説がありますが。

「あれは単なる噂で、たしかに店に智恵子という名前のきれいな娘がいまして、たまたま光太郎と結婚した方も智恵子だったので、そんな話になったようです。

お父さまの仏師、光雲先生はうちのせんべいをよく買ってくださったそうです。団子坂の上におられた森鷗外さんも、書生さんと談論するときにはうちのせんべいをお茶請けにされていたそうです」

――一時は、お米屋さんもやっておられたようで。

「はい、埼玉からせんべい用のお米を大量に仕入れるので、欲しい方に米もおわけしようと始めたようで。せんべいが先で、米屋があとなんです。写真にも『菊見煎餅米穀部』とあるでしょ。

梅太郎の娘がつぎという名で、八右衛門は養子です。一関から店に働きに来ていたのですが、すごく使える奴ということで、長女のつぎにめあわせた。また一時、いくつか菊見ベーカリーという支店を出していましたが、いまはありません」

――「谷根千」を配達していたころは、色白で優しいお母さまと、細身でテキパキした伯母さまと、ふたりの女性がお店で切り盛りされていました。

「伯母の八重子は大正15（1926）年生まれで、自分では昭和元年と言っていましたが(笑)、94歳で亡くなりました。母は元気です。僕よりもう少し古いことを知っています。ちょっと、お母さん！」

と奥にいた月江さんを呼んでくださった。

「私が結婚したのは昭和39（1964）年、東京オリンピックの年です。実家は下谷の稲荷町で万年筆屋をやっておりまして。都立高校を出て野村證券に勤めておりました。そのころは高度経済成長で人手が足りず、やめないでくれとずいぶん言われたものです。

家族の介護があるなんて口実でやめたものの、結婚式の様子が東條會館のPRビデオで公開されてしまい、本当の理由がバレてしまいました（笑）。

私の叔母と夫の姉の八重子が同級生で、私のことを赤ん坊のころから知っていたんです。それでお見合いしまして。嫁に来たとき私は22で、大家族でした。舅はいませんでしたが、姑、その妹夫婦、夫の姉たちもいて、男衆もお手伝いさんもいて。仕事は大変でしたが、みんなやさしい人ばかりでした。私もせんべい焼きましたよ。いちおうなんでも作れます」

いまも、紺のエプロンをしめて、ふっくらと優しい月江さん。

流行るものは飽きられやすい

——お父さまの善夫さんがわりと早く亡くなられて残念です。「谷根千」のこともすごく応援してくださって、お話も伺い、資料も貸していただきました。

「父は外面はいいんですよ。うちではワンマンで、言うことを聞かなかった。父は店になんか出たことはないですね」

——お父さまからは、あかぢ銀行が倒産したときに損をされたというお話を伺いました。

「そう、昭和2(1927)年に銀行の連続倒産が起きて、うちは2万円損したそうです。前の家が5千円で建った時代の2万円ですから。ま、家を5千万とすれば、いまの2億円くらい損したのかも。あやしいよ、という噂はあったのに、うちはのんびりしてて、預金を下ろしに行かなかったらしい。それで菊見せんべいの本店が大変だというので、当時14店あった支店の人たちがお金を貸してくれて、なんとかピンチを乗り切ったと。まったく人がいい一族なんです」

——ここも小学校は汐見ですか?

「僕は汐見小学校で、震災のあとに建った古い建物のままでした。歩くとキシキシいって、体育館の奥のほうの倉庫も薄暗くて怖かった。この前もOB訪問で、汐見小学校の全校生徒を前にスピーチしたんです。

そのころ教わった『人間万事塞翁が馬』という話をしました。先生がその故事を教えてくれたんです。喜んだり、悲しんだり、毎日いろんなことがあるけれど、そんなふうにいろいろあるのが人生なんだよ、と。失敗したことを課題の日誌(人間万事塞翁が馬ノート)に書いて提出すると、先生から『でも、この経験が別の機会に生きるかもしれませんね』なんて返事をもらって。それが生きていくうえですごく参考になりました。

父は受験なんかしなくていいといったんですが、僕は自分から受験したいから塾に行かせてくれといいました。珍しい子どもですよね。中学から立教です。父は開成から明治大学で、うちの息子は慶應なので、少しずつ六大学を攻めていこうかなと(笑)」

——この仕事の大変さはどんなことでしょう。

「まず体力的なことからいえば、温度差ですね。夏なんか、せんべいを焼く工場は55度くらいになる。外は30度、クーラーをかけると20度、その差が身体にこたえますね。

思っているのは、味を変えずに、昔からいらしてくださるお客さまの期待に応えられるように、と。僕が継いで25、26年たちますけど、いつも寄るなじみの店、ふるさと的な感じの場所であるために、そこはずーっと気をつけているところです。

長く続く店というのは2種類あると思う。どんどん新しく流行るものを作って生き延びる店と、同じものを作り続ける店と。新しいものはいくらでも思いつきますが、それは意外とすぐ飽きられてしまう。僕はそれはいやなので、だったら昔からのお客さまの期待に応えられるものを作り続けるほうがいいんじゃないかと。

せっかくそういう歴史があるんだからと思っていて。だから、変えないことが逆に新しいんだ、というのが僕のイメージなんです。大変ですが、そのほうが古びませんから」

——おせんべいのお米は、いまも埼玉から？

「お米はどんどんよくなっていて、各地から選んでいます。ただ、最高級のコシヒカリを使えば最高のせんべいができるとも限りません。お米の粘りだとか、生地にしたときのできばえだとか、炊いたときにおいしいお米とおせんべいに適したお米はまた違うんですね。精米、製粉して、生地にして、それを切って焼くのですが、昔は手で一枚一枚、ひっくり返していた。それを6枚ずつひっくり返す機械ができて。おせんべいって、千回ひっくり返すからせんべい、という説があるくらい、何度も何度もひっくり返すことで、むらのない歯触りができると言われているんです。

うちのせんべいは四角。もともとは醤油のせんべいで、大正のころ、それに抹茶、白い砂糖をかけたせんべいができました。三色袋入せんべいが一番出ますね。父の代に唐辛子、私の代でごまを考案しました」

——こんなに開け放しておられて寒くないですか。

「慣れました。自然の換気です。父が、戸を開けていたほうがお客さまはふらっと立ち寄りやすいよ、と。インナーを着てバッチリ防寒対策しています」

——六代目はいらっしゃいますか？

「息子はいま、外資系のコンサルタント会社に勤めていて超多忙みたい。いまは自分のやりたいように、僕ができなかったようなことをやってこいと言っています。でもいつかは店をやるつもりのようです」

　お話を聞く間にも、お客さんがひっきりなし。大きな箱を何箱も買っていく常連さんもいる。かと思うと、若いカップルは1枚ずつ買っていった。

「ここから、よみせ通りを歩くと、谷中銀座の越後屋さんあたりで食べ終わる。そうするとそこでお酒を一杯飲んで、鈴木さんのコロッケを買って食べる……谷中散歩の定番です」と善之さん。「インバウンド最高潮のときは、そこらへんに飛行機が降りたのではないかと思うほど、各国からお客さまが見えました」

　お話の中にも、近所のお店やお友達の名前がよくあがる。千駄木三丁目南部町会の役員も務め、須藤公園の盆踊りやクリスマスイルミネーション、子どもたちとのハロウィーン、夜の映画祭に餅つきフェスティバルなど、地域のイベントにも活発に携わっている。土地に根ざした、どっしりしたお店である。

　お土産に買ってきた海苔巻きあられは、歯に優しくとてもおいしかった。

大澤鼈甲提供（Photo by tomoko osada）

工房とモダンなショールームが同居

大澤鼈甲

（取材日　2019年6月11日）

団子坂下に鼈甲《べっこう》メガネの大澤さんがある。先代にお話を聞いたことがある。恰幅のいい豪快な方だった。二代目の大澤健吾さんは打って変わって、細身で実直そう。

「父が田舎から出てきて、最初岡倉天心公園のあたりに住んでいて、ここで開業してから今年（２０１９年）で60年になるんですよ。

父は２０１１年の震災の年になくなりました。私は3人きょうだいの末っ子なんです。兄が別の仕事を始めてしまい、跡を取りました。大学へ行ったのですが、父は、職人は大学なんか行かなくていいという考えで、ほかの仕事につくなんて暇はないと言うので、大学を出てすぐにここに入りました」

鼈甲メガネのイメージを変えるのが自分の仕事だと思っています

――谷中には、相澤さん、赤塚さんと3軒も鼈甲屋さんがありますね。

「父は相澤さんで修業したようです。まあ谷中は職人の町でもありましたから。象牙屋さんも何軒かありますし」

――鼈甲のメガネ、贅沢品、というイメージがありますが。

「はい、安くて20万〜30万、高いと１００万くらいしますね。鼈甲メガネの有名人、ちょっと前は著名な政治家とかプロ野球の監督ですかね」

――なんだか、分厚くて、ゴツくて、偉そうな。黄色っぽいかな。

「そうですね。でもいま、僕がかけているのも鼈甲なんですよ」

――えーっ、フレームが細くてかっこいいですね。そんな黒っぽいのもあるんですね。

「そういう鼈甲メガネのイメージを変えるのが自分の仕事だと思っています。茶色を中心にいろんな色が作れます。ツルはチタンで、耳にかけるところも鼈甲です。

はっきり言って店に入ったとき、売っているメガネは僕にとってかっこいいものではなかった。自分もかけたくなかった。父の代とは考え方がずいぶん違うので、葛藤もありました。家族なので、甘えもあって言いたいことを言っちゃうんですよね。喧嘩にならないように、極力話さないようにしていました」

――それはどこでも聞く話です。旅館でも、料亭でも。メガネ以外も作ってますか？

「うちは鼈甲のメガネがメインですが、ブローチやネックレス、イヤリングなど、アクセサリーも厳選したものを置いています」

――デザインのトレンドが変わっていますよね。サングラスもオードリー・ヘップバーンなんか、トンボメガネでしたが、それから随分小さくシャープになった。かと思ったら、最近はまた少し丸いもの、大きなフレームに戻っています。

「そうですね。私どもでは作りたいと思うデザインを、デザイナーに伝えてオリジナルブランドを開発してきました。薄い色のほうが稀少性があるのはたしかです。日々の仕事に追われないで、じっくり考える時間がないとダメだと思っています」

――ところで、鼈甲メガネってどうやって作るんですか。

「赤道のあたりで取れるタイマイ（玳瑁）という亀の甲羅を使います。インドネシアとか、キューバ、アフリカですね。日本にもアオウミガメとかアカウミガメとかいるのですが、甲羅が紙みたいに薄すぎて使えません。タイマイだけが厚さが昔なら1センチ、大抵は2、3ミリあります。その厚みのある甲羅からメガネのパーツを切り出して、水と熱で接着し、加工していくんです。目で見るのが早いですから、2階の仕事場をご覧になりますか？」

腕のいい職人と精度の高い機械。ウミガメを石垣島で養殖する試みも

階段を上がると、若者たち数人、ベテランがひとり、机に向かって細かい作業に熱中している。タイマイは40×30センチくらいの楕円形の甲羅だった。そこからメガネのパーツを切り出し、張り合わせをした後、機械で削っていく。

「昔はこれも手で削っていったのですが、いまはとてもいい機械があって、指示を入れてコンピュータで制御すれば、大変な精度で削ってくれて、これを成形していくわけです。父の時代からのベテランの職人さんがひとり。そしてものづくりの好きな若い人たちが入っ

てくれました。私もこの仕事を継ぐ以上、メガネ作りも実際にできますし、やってもいますが、若くても私より腕のいい人ばかりです」

1階のおしゃれなショールームと、いかにも町工場という感じの2階の仕事場とのギャップがむしろ面白い。千駄木で本当にこんな美しいものを作っているのだ。

——伺いにくいのですが、いま、ワシントン条約で、タイマイを獲ることは許されず、この業界も大変なのではないですか。

「それはとても大事な話で、もう20年も前から言われています。私もこの仕事を継がないほうがいいんじゃないかと思ったくらいです。自然保護の観点から、ワシントン条約で禁止になったのです。そのこと自体は重く受け止めています。ただ、それで鼈甲メガネが作れないかというとそうではありません。

天然のタイマイをこれ以上、捕獲して使うことはできませんが、私たちはストックを持っていますし、また後継ぎがいないからと廃業する方もあるので、そこから譲っていただくこともできます。月に一度、材料の売り立て会もあります。あと、亀は交雑することがわかってきて、タイマイとアカウミガメの雑種が使えるかもしれません」

——なるほど。生物学の研究も進んでいるんですね。

「そうですね。人間は動物の皮や甲羅や牙を加工して、生活の中で用いてきました。動物の肉を食べますし、その皮や毛皮がなかったら、靴もベルトも、バッグも革ジャンもコートも作れません。人間がその命をいただいて使ってきたので、私たちの業界でも60年前から浅草寺で亀供養をしています。メガネ供養というのもあるんですよ。ただ、材料が先細りなので、携わる人数は相当、減っていますね」

――打開策はあるのでしょうか。

「10年以上前から、国の力もお借りしながらタイマイの養殖研究を行ってきました。2年前に鼈甲業界全体でタイマイ養殖の会社を作りました。ようやくそれが材料として使えるようになった。天然鼈甲が使えない以上、この仕事を続けるためには養殖を追求する以外にはありません。

自然界にもウミガメなどは増えているようですが、いったん禁止になったものを解禁にするのは難しいです。クジラなんかは脂や皮、牙などもすべて使えますが、養殖タイマイももっと甲羅だけでない利用ができないか、そうした研究もしています。昔は、ウミガメを食べる文化があったようなので、再開のお手伝いができたらと思っています」

――鼈甲は昔から使われてきた材料なんですよね。

「鼈甲はメガネだけでなく、かんざしや笄《こうがい》、帯留め、根付などにも古くから使われてきました。正倉院の御物にも鼈甲をあしらった箱とか、琵琶とか、杖もあります。産業としては、江戸と長崎が栄えたようです。和装の装飾品はあまり新しい需要はないのですが、最近また人気が出てきているようです。

それから、タイマイではないんですが、昔から亀甲獣骨文字といって、亀の甲羅に字を書いたり、亀の甲羅を火に炙って吉凶を占う神事がありました」

——あ、それ、何年か前のお正月に、長崎県の対馬で見ました。

「令和の代替わりにおける占いにも亀の甲羅が用いられたそうです。宮内庁から依頼を受けたとある方に聞きました」

——鼈甲メガネのよさはなんでしょう。

「素材が日本人の肌の色に馴染むこと、セルロイドと違うフィット感ですね。いわば、タンパク質で爪と同じですから。ただ、どうしても劣化はしますので、年に一度は磨きに出してくださいとお願いしています。研磨するときれいにツヤが出てきます。傷まないようにするためにウレタンのコーティングもできますが、お手入れが楽になり好評をいただいています。鼈甲メガネは修理も多いです。壊れても熱と水で張り直せますし、おじいさんの使っていたメガネを直して、レンズを入れ直して、自分が使いたいと持ってこられる方もいます」

——お客さんはけっこう遠くからも？

「はい、日本中から。ホームページを見てきてくださる方もあるし。日経新聞に月に一度、広告も出しています。かっこいい鼈甲のメガネを探しに来る方が多いです」

1階店舗では、夫人と女性スタッフが丁寧な接客をしている。

「高校時代の同級生なんですけども、町田のほうから嫁いでくれました。美術などに興味が深く、教わることも多いです。助かっていいます」と健吾さんは言った。

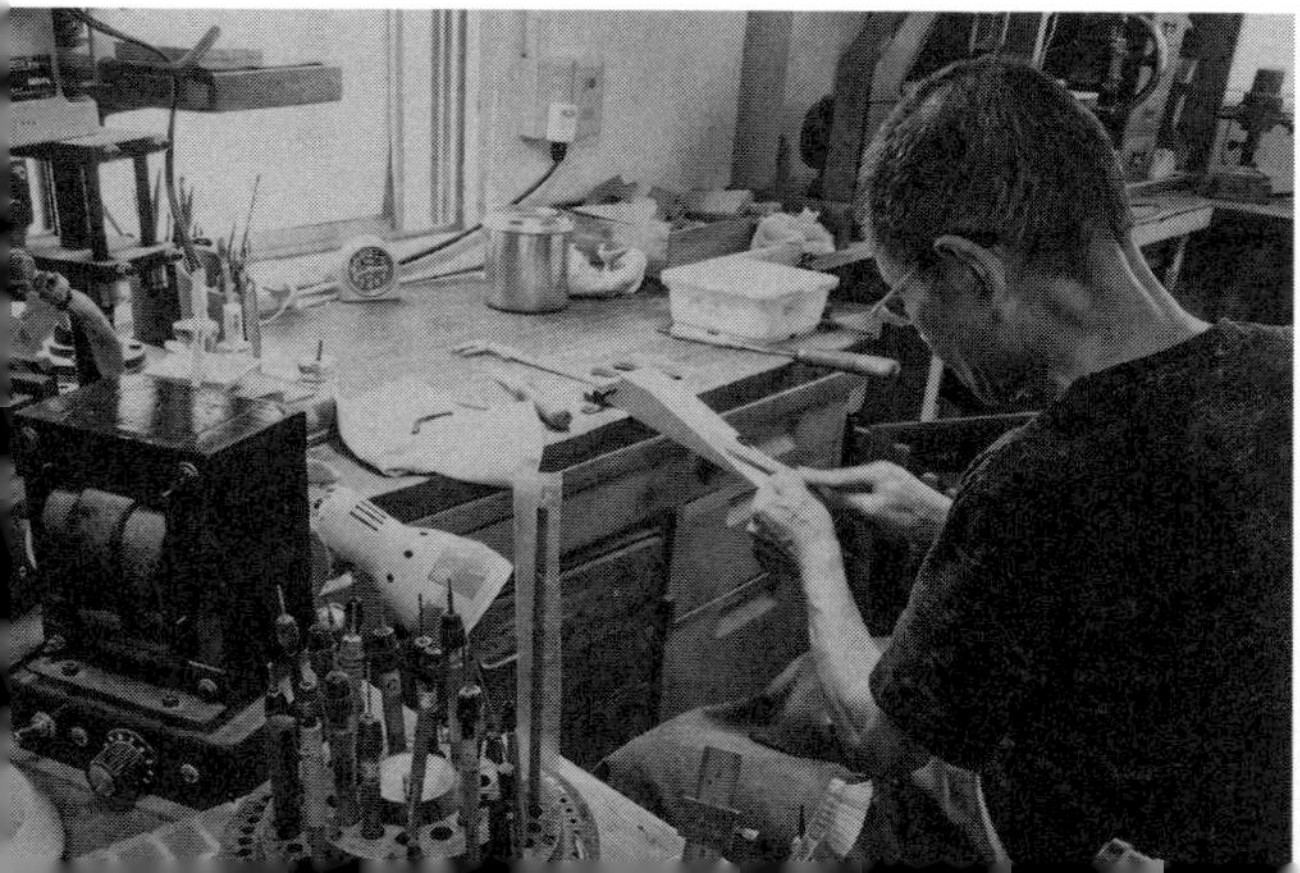

お魚一筋、先代の昔言葉は生きがいい

山長

（取材日　2022年11月11日）

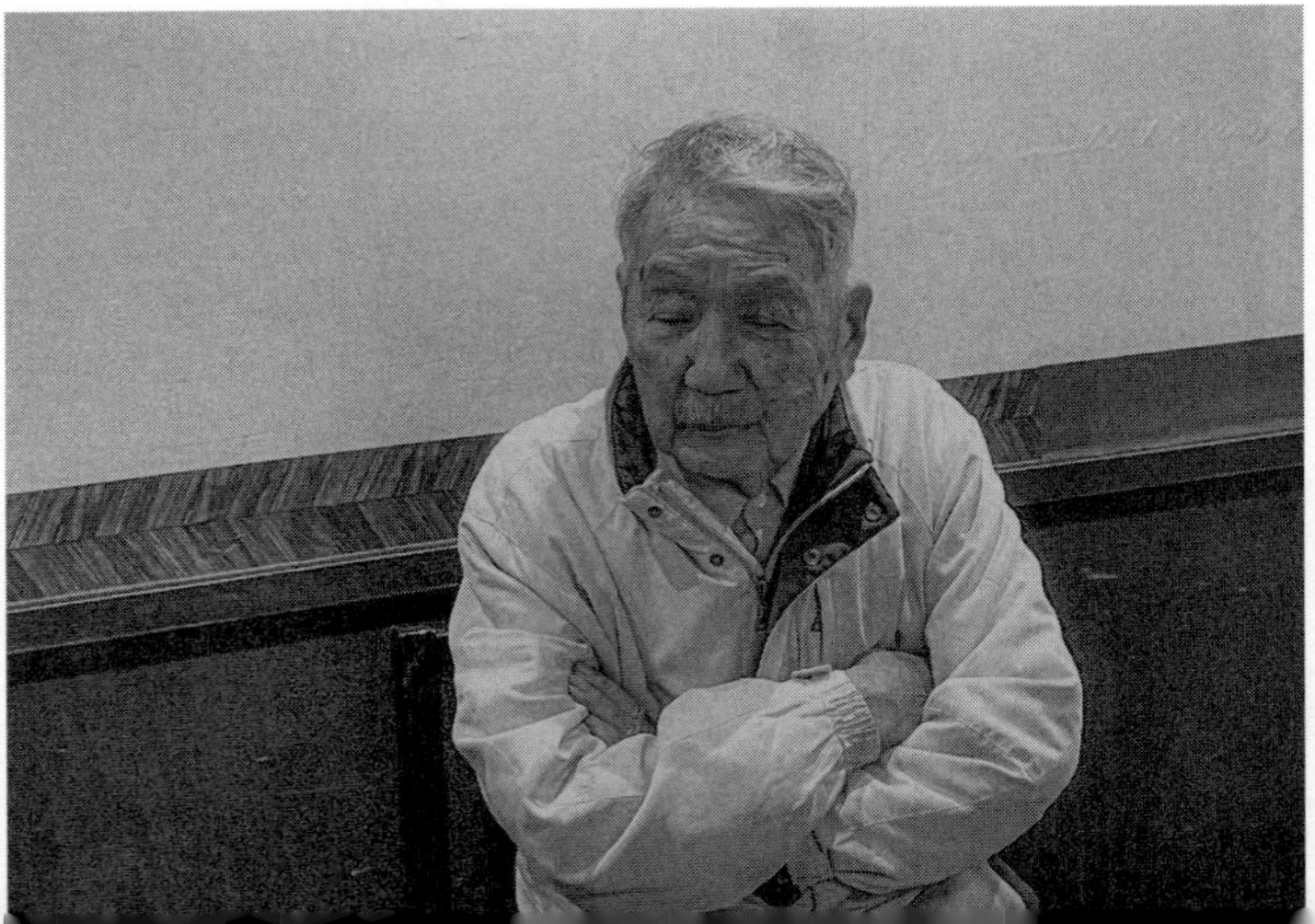

よみせ通りの団子坂に近いところに、山長《やまちょう》という魚屋さんがあって、いつも買い物客の人だかりだ。毎日来る近所の常連さんもいれば、谷中散歩の帰りに何か買っていこうという人もいる。

古いことをご存じの先代、窪田嘉徳《よしのり》さんに聞く。「帽子を取ったほうがいいの?」「マスクはどうすんの?」と気を遣ってくださる。今日はお仕事は手伝わなくていいんですか。

「ほんとは手伝わなくちゃいけないいんだけど(笑)」

私の実家とかみさんの実家、それぞれの頭文字をとって

――いつからやっておられるんですか。

「大正5年、1916年かな。長谷川長吉さんという人が創業者。そのころはまだ藍染川という川が流れていて、飯台《はんだい》を川で洗っていたそうです」

――それにしても海の物を扱うのに、山長というのは。

「昔は魚長といったらしいんだけどね。ここはかみさんの実家なんです。ところがかみさんはもう26年も前に他界しちゃってねえ。とてもよく働いた人です」

――そうすると長谷川さんの娘さんが奥さまで、婿に入って店を継いだわけですか。

「この話をすると長いんです。家内の家は男4人女4人の8人きょうだいなの。それで長吉さんの後、一番上のお兄さんがお店を継いでやってた。でも次男と三男は胸の病で死に、四男はかわいそうに、昭和20年3月の空襲の爆風でここで亡くなって」

——ああ、その話聞いたことがあります。よみせ通りのこの前が日本初のリボン工場で、そこで海軍さんのセーラー服や陸軍でも帽子など軍服につけるリボンを作っていた。軍需工場ということで3月4日に爆弾を落とされ、近所の人もたくさん亡くなられたのでしたね。悲しいことです。

「僕の知らない以前のことだけどね。それで四男も亡くなって。後の姉妹は嫁に行って、いまもみんな元気にしていますが。それで、次女の家内が後を継ぐことになったの。私が昭和48（1973）年にここを引き継いだときに、魚がつく店名はイヤだと思ってね。私の生家は山形屋という肥料問屋だったんです。こっちも8人きょうだいだ。昔は8人なんてざらにいましたよ。それで私の実家とかみさんの実家、それぞれの頭文字をとって山長にしたの。覚えてもらいやすい名前で、河岸《かし》にも一軒しかなかったな」

お客さんが言うんですが品数多くて品物がいい

——へえ、ご実家が肥料問屋って。

「肥料ったって肥《こえ》じゃないよ。昔は煮干しとか鰯《いわし》の小さいのを、安かったから畑にまいて肥料にしてたんです。店は日本橋の三越の前のはんぺんが有名な神茂《かんも》さん、ありますよね。その突き当たりにあって江戸時代からやっていたらしい。海苔の山形屋さんもたしか親戚ですよ。うちの父の伯父には何番目か知らないけど、黙ってロシア革命しに行って、そのまま帰ってこなかったのがいたそうです」

——へえええ。

「いまは鰯も高級魚になって肥料なんかにできないけど。私は昭和7(1932)年、品川で生まれたの。目黒不動のそばだね。近くの目黒川も最近台風で水が出たけど、あの畔《ほとり》のサクラはきれいだよ。屋形船が通るんですよ」

——じゃあ、最初から魚関係の仕事なんですね。

「いや、高校を出て最初は沖電気に入ったの。面倒くさがりでね。当時は高度成長の売り手市場で、学校から東芝か日本電気か沖電気かどこがいいかと聞かれた。けど、東芝は武蔵小杉で遠いしね、日本電気は田町で駅から歩いて遠い。

沖電気は品川の駅前にあったから、これは寝坊しても行けるやと思った。それは昭和23(1948)年。そのころ、会社はストライキばかりやっていて仕事になんない。給料のかわりに石鹸と羊羹を渡されて、それを売れって言うの。3年でいやになってやめた。

そのあと、おじいさんの妹が嫁にいった品川の『ととや』という大きな魚屋に奉公したら、そこに帳簿つけにきていたのがうちの家内。それで一緒になった。結婚したのは昭和33年か、そこいら。かみさんは昭和4（1929）年生まれ」

――ちょっと姉さん女房。それでここに来られたのが。

「昭和48（1973）年。ここをやっていた長男が亡くなったので、後を継がないかと。そろそろ独立しようかと思ってた。あのころは魚屋が多くて、同じ支部で30軒もあったんですよ。その付き合いもあったが、いまはないですね」

――谷中も山長さんぐらい。どうしてこんなに繁盛してらっしゃるんでしょう。

「お客さんが言うんですが、品数多くて品物がいい。でもそんなに高くは売らない。僕のころも安かった。そのころは魚がたくさん獲れたんです。いまは獲れない。秋刀魚《さんま》なんて今年はこの前まで獲れなかった。それで一本600円もしたんですが、きょうは300円と350円です」

――たしかにアジの刺身が400円で、中落ちが450円。本郷のうちのほうにもいい魚屋さんがあるにはあるんですが、ずっと高いです。

「うちの長男の総《さとる》、人が良すぎるんだね。親からするともう少し高く売ればいいのに、と思いますが、お客さんに悪いから、とそのまま。そのまた息子がふたり、僕の孫だね。いっしょに働いていてます」

もう70年近くやってんだからね。よくこの手が保ちますよ

――ここの前のホテルのところ、以前はなんでしたっけ。

「キジマという肉屋さんでした。その前は『オトメパン』という給食に出す大きなパン屋さんでした。うちもね、幼稚園や保育園などの給食用とか、水道橋の都立工芸高校にも長男が配達していますす。定時制がありますから、働いたあと来る生徒に給食を出すんですよ」

――それは大事ですね。いまはお父さんはどんなお仕事されていますか。

「外でアサリとシジミを量り売りするのが仕事です。シジミは宍道湖《しんじ》。あるいは青森。アサリは本当は千葉のがうまいんだけどね。ハマグリは千葉か、四日市のほうの養殖。昔はパイスケ一杯いくらといったもんだがね。竹で編んだ籠で量《はか》ってた」

――ご自分ではなんのお魚が好きですか。

「マグロだね。うちの生の本マグロはおいしいですよ。ほんとはいまごろは鰹《かつお》ですね。戻り鰹、でも今年はあまり獲れませんよ。ガソリン代が上がっているから獲れなそうだと船を出さないんだね。昔は生きているしこ鰯を撒《ま》いて、一本釣りをしたものだがね。

あまり長いものは食べないね。鰻《うなぎ》とか、太刀魚とか。自分で訓練して、やっと最近、穴子が食べられるようになりました。

隣の和食の居酒屋『彬《あきら》』は次男の昭《あきら》がやっている。僕の名前、嘉徳が難しいのでテストのときや、お習字もたいへん。だから息子たちには一字で簡単なのにしました。総と昭」

——ご自分でも呑まれるのですか。

「はい。ここは道を挟んで向こうが谷中、うちは千駄木三丁目南部町会。町会の方たちと『ときわ』とか、焼き鳥屋の『慶』とか『にしきや』には行きましたがね。コロナになってからは家にいます。

自分でなんでも作りますよ。魚を煮たり焼いたり、料理は簡単だもん。白菜の塩漬けね。茶碗蒸しも中身なにもなくてもおいしいですよ。昆布をつけておいたものを煮立たせて、けずり節を入れてだしをとって、卵かき混ぜてチンすりゃできるもん」

——へえ、すごい。休みの日になにかご趣味はないんですか。

「ないですね。商売が好きですから」

——まさにお魚一筋の人生。

「そうです。でも心配はありますよ。お客さんが魚を冷蔵庫に入れ忘れないといいなあ、なんて。もう70年近くやってんだからね。よくこの手が保《も》ちますよね。前は魚をさばくのもひとりでやってたんです」

店の間口が広い。右のほうはたくさんの刺身。左手にはイタリアの魚屋さんのように、ショーケースの氷の上にさまざまな種類の魚が並んでいる。まるで海を泳いでいるようだ。

「うちの息子はやさしいからね。刺身も作るし、煮魚にするならはらわたは取るし、刺身も生きがいいから次の日でも大丈夫です。そのときはツマを余分にちょうだいと言えば、大根の細切りとかを別にくれますよ。うちの場合はね」

――一族経営で仲がいいんですね。仲良く商売をやる秘訣は？

「売れることでしょうね」

なんともいえない、昔の東京の言葉。丁寧に話してくださって、さっとキャップをかぶって店に戻られた。

帰りにアジと中落ち、刺身をふたつ、鯛のあらは200円、それと秋刀魚を買った。心優しい息子さんは私が300円のを頼んだのに、「大きいほうを持ってって」と入れてくれた。

その夜は息子と新鮮でおいしい魚づくし。今年、秋刀魚は初もの。秋刀魚苦いかしょっぱいか。佐藤春夫の詩が懐かしい。大分で買ってきたスダチを振って、大根をすりおろして。

なんとか顔を覚えてもらえる常連にならなくちゃ。

ワイシャツにネクタイで大阪寿司をつくる

宝家

（取材日　2021年3月29日）

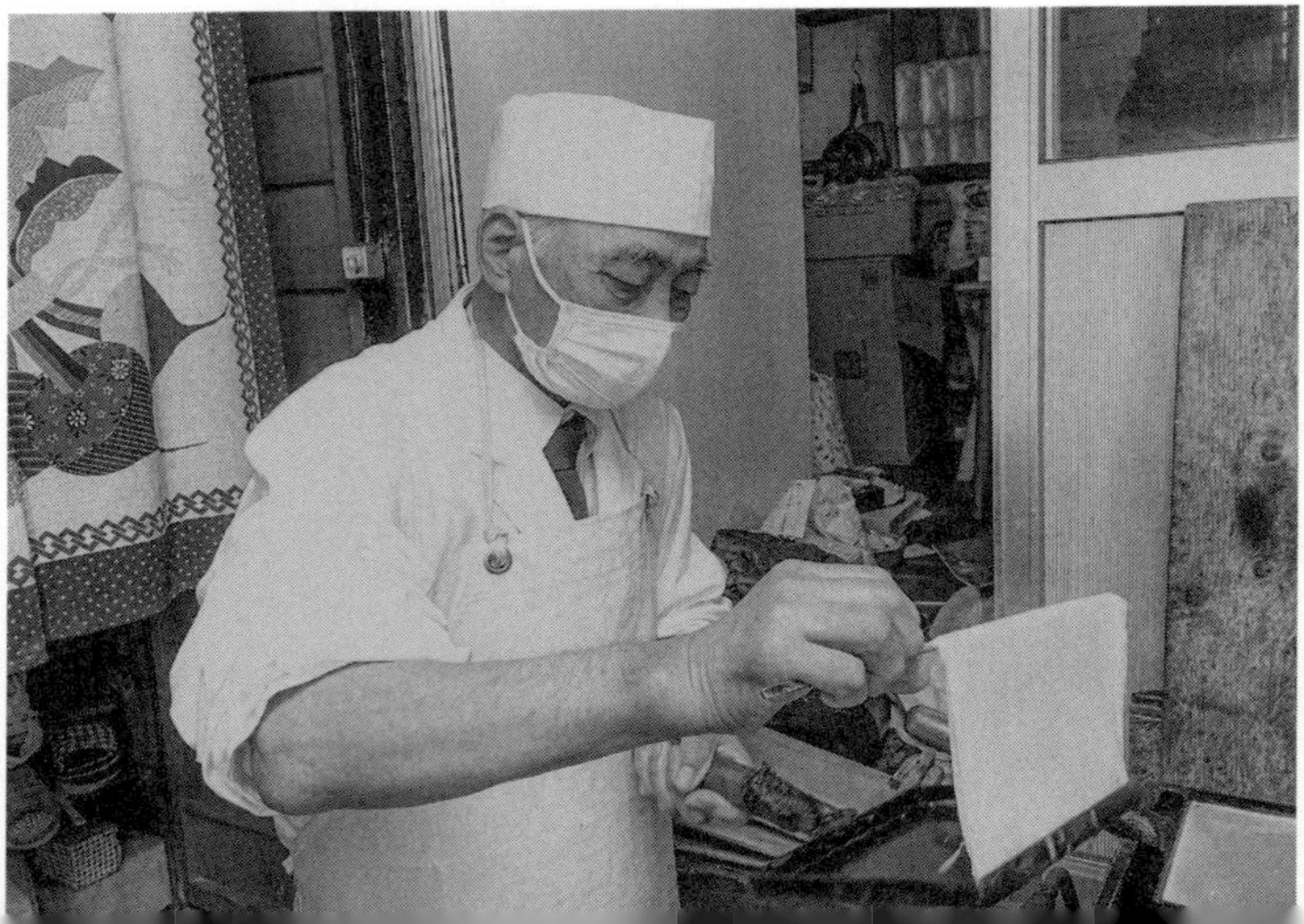

よみせ通りは谷中銀座に比べてずっと静かな通りだったが、谷中銀座が飽和状態になり、こちらもお店がにじみ出してきた。ただ、食べ物系でずっとある店はコシヅカハム、キッチンマロ、鰻の山ぎし、お好み焼きの小奈《こな》やほか、意外と少ない。

雑誌「谷根千」を早くから置いていただいたのが、持ち帰りの大阪寿司の宝家《たからや》さん。一間半間口の小さな店、目の大きな血色のよいご主人と髪を大きく結ったあでやかなおかみさんで切り盛りしていた。久々に店に伺い、「近いうち、お話聞かせていただけますか?」と声をかけると、「いまでもいいよ」と飛び込み取材となった。

独立時の貯金は10万9000円。まさか寿司屋になるとは

ご主人のお名前は高見勇さん、いつもきちんとネクタイを締めて白衣を着ている。静かに話す。

「昭和38(1963)年に、25歳でこの仕事を始めたんです。だから、半世紀以上やってる。生まれたのは昭和12(1937)年。もう83歳。私は富山の八尾《やつお》の隣町、大沢野町神通《おおさわのまちじんづう》の出身です。神通川ってあるでしょ。親父は富山で鱒《ます》寿司をやってました。7人きょうだいでしたから、中学を出てすぐ裸一貫、東京に出てきたんです。

蔵前に高見食品という、叔父のやってる店があって姉が養女で行っていたので、そこを頼っていった。豆腐や、おいなりさんに使う油揚げを作っていて、神田とか人形町の志乃《しの》多《だ》寿司に入れていました。そのほか銀座のすし栄さんとか、松坂屋と高島屋に入れていた八木食品にも卸してましたね」

——相当苦労もされたんでしょう。

「出てきてすぐ、ああ、このままじゃダメだなぁ、高校くらい出ておかないと、と思って両国の安田学園の夜学に通いました。いやあ、大変でしたよ。お店が終わってから学校に行って、店に帰ってきても食べ物はないしさ。若い衆がたくさんいたから、もうほとんど何も残ってないんだよね。

当時は24時間やっているコンビニもないからね。豆腐を食べてしのいだり。腹減ったら寝られなかったですよ。いまだから笑いながら言えるけどね」

——じゃあ、最初は油揚げを揚げていたんですか。

「ええ、それを配達に行くうち、人形町の志乃多さんから『休みのとき、手伝ってよ』なんて言われて、土日の休みに仕事を手伝っているうちに、自然と覚えちゃったんですよ。

でも、まさか寿司屋になるとは思ってなかった。豆腐屋になる予定でした。そしたら、出入りしていた浅草の大西油店のご主人が、『お前、いまから豆腐屋は立ちゆかないよ。寿司屋やりなよ。俺のとこで根津にマーケットがあるから、一日200円で貸してやるよ』と。

それで根津に来ました。そのときはね、忘れもしないんだけど、貯金は10万9千円だったの」

――根津のマーケットってどこですか。

「宮永市場といってね。宮の湯の近くの裏路地に鶏屋さんがあったでしょ。その隣が江戸前の寿司屋だったかな。いまは大きな喫茶店みたいになってるよね」

――あ、カフェ・ノマドは閉店しました。鳥勝も閉店しましたね。

「あ、そう？　マーケットはそのあたりにあって、そこの真ん中の畳3枚分、1坪半をね、貸してやるからそこでやれ、と。家賃はお金が貯まってからでいいからと面倒見てくれて。そこを知り合いの大工さんが8万100円で造作してくれたの。お金はできてからでいいから、と貸してくれてね。冷蔵庫は5万5千円。これも友達の、蔵前の後藤電気が買ってくれて、店を始めました。いま考えてみれば、おっかないよね（笑）」

――よく覚えてらっしゃいますね。畳3枚分の店。どこに寝泊まりしていたんですか？

「住まいは店の上の4畳半です。お風呂は目の前の宮の湯に行ったな」

谷中銀座は人が多くて、朝晩は歩けないくらいだったね

――独立されてからは順調でしたか。

「昭和38（1963）年ごろは高度成長で、品物はあれば売れましたよ。夜中の2時から働き通しで夜の9時、10時ごろまで、作っても作っても売れた。どこから話を聞いたのか、御徒町の二木の菓子にも、おいなりさんを卸しましたよ。朝の5時においなりさん卸してくれというの。

もう寝る暇なかった。本郷、神田、日本橋、銀座あたりまで、おいなりさんとか太巻きとか卸しに行きましたよ」

——根津からここに移ったのは？

「5年で自分の店を持とうと決めてました。そしたら3年でここを買えたんです。そう、最初はこの場所は、いま谷中銀座にある福島貝店さんだった。福島さんのあとが甘味屋さん、電気屋さん、靴屋さんと、何度か店が変わっています。うちが来たとき、内装変えるので地面を掘り返したら、甘味屋の看板とか、前の商売の跡がいろいろ出てきましたよ。

買ったときに築7年でしたから、もうこの家も60年以上経っているでしょう。直し直ししながら、建て替えてはいません。根津は人情があって、あのころのお客さんがいまでもずいぶん来てくれますよ。

店の外に置いてる植木鉢、あれ万年青《おもと》っていうんだけど、近所に住んでいたおばあちゃんがくれたの。縁起がいいからって。それが育ってこんなになった」

――宝家という屋号は?

「高円寺の宝家さんという同業者がこの名前をくれたんです。古い話ですねえ。茶巾の薄焼き卵の焼き方もそこで教えてもらいました。あと巣鴨の駅前には八千穂寿司という大阪寿司の店があって、うちの海苔巻きやいなりのサンプルなんかは、五十数年前に八千穂さんが作ってくださったんです。八千穂さんは、いまは移転されたようだけれど」

一生懸命な若い高見さんをみんなが引き立てて、応援してくれたのだろう。こういう店は寿司屋でなく「おいなりや」と呼ぶそうだ。私はここの茶巾寿司が大好き。よみせ通りを通るとたまに買って帰る。

――こちらに移ってからも売れたんでしょう。

「売れましたねえ。浅草のお寺が飯台で50台もとってくれたり。おいなりはお稽古事のおさらい会とかにいいし、法事だと桶に入れた寿司が出る。この辺のお寺さんもたくさんとってくれました。いまは個人のお客さんがほとんど」

――よみせ通りはずいぶん変わったでしょう。

「変わりましたよ。来たころはまだ夜店が出てましたもん。夜になると、本とか、おもちゃとか持ってきて、屋台を出して売る店があったんですよ。月に二度くらい日を決めて。昭和42、43年までやってましたかね。

ここに来たころはまだ西日暮里駅がなかったたし、地下鉄千代田線もなかったから、日暮里駅に向けて谷中銀座に人が吸い込まれていった。朝晩はもう歩けないくらいだったね」

――そのころもおひとりでやってたんですか。

「いや、一番多いときは従業員6、7人いました。寿司酢も、店のみんなにブラインドで味見してもらったら、キサイチさんのリンゴ酢がおいしいということで、それを使ってます。河岸《かし》へは毎日5時出発で、千住まで車で行っています。帰って自宅に車を置いたら、仕入れたものを自転車に載せて、朝7時前には店に来ますよ」

――「谷根千」も長年置いていていただいて。おかみさん、すらっとしてテキパキ働いておられましたよね。

「あの人、60になったら、店のほうはやめさせていただきます、と言って、それから出てきません。家で呑気にやってますよ。足が悪いからね。あれからもう20年、いろんな人が売るのを手伝ってくれました。いまいる方は前の煎餅屋の加賀屋さんに長年勤め、加賀屋さんが閉めたのでうちに来てくれたんです。本当によくやってもらってます」

――後継ぎはおられないんですか。

「息子はこの商売を見ててね、俺はいいけど、奥さんになる人が大変だから俺は継がない、とサラリーマンになりました。

あと、どれくらいやれるかわかりませんけどね。実は5、6年前、私も一回やめたんです。そうしたら体がおかしくなっちゃってね。医者に行ったら『お前、もう一回働け。無理はしなくていいから、少しずつやってなさい』と言われてねえ(笑)。それでまた始めちゃったの。自分でもびっくりしてるよ。

いまは週休2日にして、休みの日には茨城のゴルフ場に通ってます。この辺の店の友達と行くんですよ。そういえば、森さんのお父さんが亡くなったとき、お母さんからゴルフのクラブセットを形見でいただきました」

茶巾の卵の薄焼きができるまで

「はい、いらっしゃいませ」

表に出したお店では桜の盛りでどんどん寿司が売れていく。店員が、「みょうが、できますか」とご主人に聞く。

「5年ぐらい前から、みょうがの巻き寿司を始めて、これが結構売れているんです。四国産で、のなかストアーさんを通してみょうがを仕入れるんですが、一年中ありますよ。さっぱりしておいしいと言って、遠くからも買いに来てくださる」

取材がなかったら、ちょうど茶巾の薄焼き卵を焼くところだったという。オムライスの上にのせる卵すらきれいに焼けたことのない私、この薄焼き卵を作るところを見せていただくことに。

ご主人、ちょっと時間がかかりますよ、とまずは寿司飯を研《と》いで、仕掛けた。その次に、大きなあたりバチに魚のすり身を入れる。ゴリゴリ。次に目分量で砂糖をどっさり。

「これで2キロぴったりです」

ゴリゴリ。次に大きなボウルから卵を漉しながらそそぎ入れる。ゴリゴリと、滑らかないい音。これは、昨夜のうちに卵10キロ分を割って溶いておいたもの。ここではすべて手作業で手を抜かない。

四角い卵焼き器を3つ並べて火をかけ、丁寧に油を引く。手をかざし、焼き器の温度を確認した後、お玉ですくった卵液を流し入れる。

あざやかな卵色。焼けてきたら焼き器を傾け、菜箸1本で見事に卵を裏面に返す。木蓋《きぶた》で軽く押しながら卵焼き器をひっくり返し、中身を取り出して、脇に置いた木板に並べ、重ねていく。無駄のない美しい動きに見惚れてしまう。

——ところで、白衣にネクタイで仕事されるようになったのはいつから?

「もう何十年も前、ホテルオークラに出入りしてたんです。チャリティの会に寿司を届けてましてね。ほら、ああいうところってキチンとしてなきゃいけないじゃない? スニーカーなんかじゃいけなくて。この格好はそれ以来でね。習慣みたいなもんだよね」

「茶巾の薄焼き卵はけっこう難しいよね。教えてほしいという人、来ますよ」とご主人。すべてを焼きあげるのに1時間15分かかるという。なんだか、茶巾寿司を食べるのがもったいないような気持ちになった。

（閉店）

いつも満員、
鰻、そして地酒、つまみ

稲毛屋

（取材日　2021年3月29日）

いまや東京の鰻屋の中でも大人気の稲毛屋さん。鰻の名店は数多くあれど、いわゆる老舗のように、うな重だけが重々しく出される店ではない。

店構えも入りやすい雰囲気。久しぶりにランチに訪ねると、うな丼は4種類、蒸しの入った関東風うな丼、歯ごたえある関西風、海苔がたっぷり和風うな丼に白焼き丼、すべて1830円（取材時）というのが平等でいい。懐と相談で梅を頼み、隣の人が松とか言ってるのを聞くと、ちょっとうらやましくなる。とりかつ丼、焼き鳥丼などの鶏ランチもおいしい。

カウンターにはひとり客。テーブル席は昼から夫婦でお酒を楽しむ客など。銘酒を置き、つまみの種類も増えて、鰻とお酒を気軽に楽しめるお店として人気急上昇した。

いつも厳しい顔で入り口近くで鰻を焼いている三代目のご主人、當間《とうま》光浩さん。話しはじめると、ニコニコと優しい。

戦後、よみせ通りから引っ越してきました

――まずはお店の歴史を伺います。

「1927年、昭和2年からです。戦争前はよみせ通りでやってたらしい。祖母マツが長生きで聞いたんですが、そのころは鰻屋でなく食堂で、たくさん人を使い、魚も売っていた。なぜか金魚まで売ってたって。鰻屋専業になったのは戦後だと言ってましたね。よみせ通りは4のつく日には夜店が出て賑わってました。お母さん、前の店の場所はどこだっけ？」

「玉木屋さんと細い道を挟んで隣よ」

——わかりました。道灌山下から通りを入ってわりとすぐの右手ですね。

「祖父の名前は當間、なんてったけな……。昭和16（1941）年に若くして40歳くらいで亡くなっています。戦争中、店は閉めたんですが、配給をやっていました。母は埼玉に疎開したそうです。當間家の本家は、春日部近くの豊春というところなんです」

——あ、お母さんは家付き娘なんですね。

「はい、昭和13（1938）年の生まれでよし子。いまも頑張ってくれています。父の光雄は昭和7年生まれ、職人としてうちに入って、婿になりました。父は交通事故で2008年に74歳で亡くなりましたが、亡くなる日まで仕事していました。

——あらあ、まだまだお仕事できましたね……。それで戦後、よみせ通りからこちらへ。

「店は戦争で焼けてしまい、この店の2軒先の、元はリドという喫茶店だった場所に引っ越して、そこで30年ばかりやってました。いまは、その場所は仕込み場所にしていて、弟の雄次がそちらで仕込みを担当しています」

――光浩さんは、このあたりで育ったんですか?

「私は昭和36(1961)年の生まれで、千駄木小学校、文林中学です。昭和59(1984)年に大学を出て、3年ばかり丸井に勤め、1987年に同僚の知恵子と結婚して、ここを継ぎました。仕事は父から教わりました」

――就職したときから、いずれは店の後を継ぐっていう意志は強かったんですか?

「まあ、いずれ戻るだろうなと。本当は、もう少し勤めていたかったんですけどね(笑)。店に入ると、自分の時間っていうのはほとんどなくなっちゃうから。でも上司に相談したら、『自分の家業があるなら戻ったほうがいい。この業界は肩たたきや出向も多いよ』と。勤めと違って、お店は週一の休みで大変ですが、定年や肩たたきはありませんから」

関東と関西では大違い、鰻の蒲焼

――私は子どものころから鰻さえ食べていれば機嫌のいい子だったようで。家がご近所でしたから、母は時々、稲毛屋さんまで鰻を買いに来ていました。当時は普通の町中華ならぬ町鰻という感じでしたが。

「あのころは店頭での販売のほか、出前もけっこうあったんですよ。このあたりは病院や学校も多くて、けっこうまとまった数が出たんですけど、徐々に減ってきてしまって。両親も年をとってきて、出前がつらくなってきたこともあって、なんとかお客さまに来てもらうにはどうしたらいいだろうと家族で話し合いました。よほど魅力がないと難しいね、と。

両親はやはり出前の売上分をどうカバーするのかと心配していましたね。でも、もう出前と店頭で売る時代じゃないんじゃないかと。来店してくれるお客さんも次第に増えてきていたので、両親の了解も得て、思い切って2008年にいまのスタイルにしました」

——鰻と一緒に、おいしい地酒が楽しめるようになった。おいしいつまみも。そのあたりから、急激にお客さんが増えましたよね。

「おかげさまで。父の代は日本盛とか沢の鶴を置いていましたが、大学の同期に山形の『初孫』の息子がいて、よかったら置いてくれないかと声をかけてくれて。試飲会に行ったり、勉強しながら各地の銘酒を置くようになり、だんだん蔵元とのお付き合いも増えていきました。仕入れはできるだけ酒屋さんを通すようにしています。

鰻をつまみに、一緒にお酒を楽しんだり、家族や仲間と話したりして、楽しんで帰っていただけたらと。町の鰻屋はふつう閉めるのが早いですが、うちはコロナの前は9時半までの営業、8時45分ラストオーダーでしたね」

——この、おつまみの字もいいですよね。ポテサラ、そら豆、牛たたき、じゃこ天……そそられます。

「いまはだいたいフロアのことはカミさんの担当ですね」

——稲毛屋さんの屋号の由来は。

「川崎に稲毛神社というのがあって、そこと関係あるらしい。稲毛屋って鰻屋は結構あったんですよ。高円寺が最初で、そこで修業した人が暖簾《のれん》分けして、うちは3番目だと聞きました。一時は全国で70店舗くらいあって、毎年集まりがあったんですが」

——うちは母が浅草育ちで、昔はもっと鰻をいただいた気がするんですが、いまはなかなかありつけません。なんでこんなに値段が上がったんでしょう。

「鰻が獲れなくなっている、それにつきますね。うちなんかは、利益を抑えて上げ幅を少しにしたんですが……。私たちとしてもできるだけお手ごろに召し上がっていただきたいんですが、こればかりはどうしようもないんです。まあ、鰻の消費量自体は、昔よりは減っているんですけれど」

——そうなんですね。小さいころは、向丘の鰻屋さんの店先でピュッと割くのを面白ていつまでも見てました。関東と関西は違うんですよね。

「関東では蒸しを入れて、箸ですーっと切れるぐらいに軟らかいのがおいしいとされていますが、関西ではそれは鰻じゃないんですって。蒸しを入れずに歯ごたえがあるのが好まれるんです。うちは両方ありますので、おふたりで来られて違うのを頼んで、食べ比べする方もいますね。厳密にいうと、背開きか腹開きかも違うんです。関東は腹開きを切腹といって嫌いますね。

そこに名古屋からひつまぶしが入ってきた。うちでもお出ししていますが、最後にこれをひとつとってお茶漬けにして何人かで分けるお客さまもいます」

朝割いて、注文を受けてから蒸しています

――朝は河岸に仕入れに行くんですか。

「いえ、仕入れは鰻だけですから、久保田さんという末広町の問屋さんに前の日に電話を入れて、翌朝5時過ぎに届けてもらいます。もう1軒、銚子の問屋さんとも取引があります。だから店には、朝5時には出てきます。それから仕込みをして、お昼の営業が終わるとようやく少し休憩で、昼寝することもあります。

鰻は太いほうが脂はのっているので、太いのを丸のまんま載せると松。今日召し上がっていただいたランチは太いの半分ですね。細い場合は4分の3くらい使ったり、目分量ではなく、目方を量っています」

――十分でした。なんであんなにふんわりしているのですか。

「それは今朝、割いているのと、注文を受けてから蒸しているからでしょうね。ご注文い

ただいてから、蒸すのに15分、焼くのに5分、お出しするまで20分ほどかかります。以前は『そんなに時間かかるならいいです』って帰ってしまうお客さまもいらっしゃいました。

前もって蒸しだけ入れておけば、提供するまでの時間を短くできるんですが、やはり注文を受けてから蒸したほうがおいしいですから。自信を持ってお出しし、おいしい鰻を食べていただきたいという一心で、そうしています」

——もう店売りはなさらないんですか。

「はい、していません。うちは朝の5時に生きた鰻が届くと、それを割いて串を打って仕込むんです。それでお客さまが来てくださって、注文された分を焼いて、仕込み分がなくなったらおしまい。昔はね、なるべく余計に仕込んだものなんですよ。売り切れにするのはよくない、と。でもいまは、その日に仕込んだ新鮮なものをお出ししようと。それで喜んでまた来ていただければいいじゃないかと」

——お客さんにも変化がありますか。

「カウンターでひとり客が増えてきましたね。あと、以前は焼き鳥は一皿2本でしたが、あれもこれも食べたいお客さまのために、1本でもお出しするように変えました。よく『昼間でも夜のメニューは食べられますか？』『お酒は飲めますか』と聞かれるので、それにもお応えしています」

夜は鰻重、ひつまぶし、鳥そぼろ重のほか、鰻や鶏の串に鰻の酒肴。お酒が進みそうだ。

「蔵元さんもお招きしてお酒の会もはじめました。お客さんに伺うと、お酒の会で鰻が出ることって意外とないそうなんです。お酒は10種類ぐらいで、いつもはないつまみを出したり、締めには鰻のひつまぶしをお出しして、会費は8千円。2カ月前の1日からメールで募集しています。名古屋とか大阪とか、結構遠くから来てくださるお客さまもいますよ」

――やはり、コロナでお店への影響はありますか。

「この前、絶対行きますからといって10人の予約があって、見事にドタキャンされました。こういうの、裁判してキャンセル料をいただくのも面倒ですし、いまは『行く人にコロナ出ちゃったから』と言われたらおしまいですもんね。それで、『今日、突然のキャンセルがあり、空いてます』とツイートしたらさっそく、みんなテイクアウトやお店に来てくれて席は埋まり、ロスも出さないで済みました。

2階は畳席、前は座布団詰めて入っていただけたんですが、これからは変わるでしょうね。足の痛い方も増えてきたし、2階も椅子席にするかな。それだけ入れる人数は少なくなりますが。

四代目の娘の恵理はついこの間、結婚式を挙げたんですが、内輪ですませました。婿さんはいままで和食をやっていて、鰻は初めてなので、これから半年、銚子にある鰻の問屋さんで割きや串打ちなど仕込みの勉強をして、秋には戻ってきます。息子は自動車会社に勤めていて継がないと。いまは岡崎にいます」

「稲毛屋の恵理ちゃん」はすでに看板娘として有名。「ご新規さん、おひとり」と告げる声が透き通っている。

「うちも、娘に継ぐようにとは言わなかったんですよ。でも、本人たちが申し出てくれたから、『大変だよ』って答えたんですけど、でも、やっぱりうれしいね」

ご主人は焼きながらも、店のあちこちに目配りされている。おかみさんはお茶をいいタイミングで注ぎ足してくれる。トイレを借りたら生花が飾られていて、いい匂いがした。こういうところに店の心意気を見る。また、1階の壁は以前、蔵元の前掛けが飾られていたが、今回はご主人の撮った鉄道写真と、鉄道グッズがあった。

「僕は高校のときはテニスしてたんですが、大学に入って乗り鉄やってました。昔、日暮里に鉄道グッズを制作する店があって、私が中学のころ、もう捨てるから持ってっていいよ、と言われてもらってきたんです。やっとカミさんのお許しが出て、1階に飾らせてもらえるようになりました」とニコニコ。「いや、店はカミさんが強いのが一番ですよ」。はいはい、ごちそうさまでした。

＊2025年2月現在、ランチメニューは2080円。お酒の会は9千円～。

時代に即した伝統を育成にも力を入れる

原田左官工業所

（取材日　2024年12月2日）

左官とはもともと宮中の営繕にかかわる職位とされ、1190年に東大寺の大仏殿を再建した際に壁塗りをした人を左官、大工を右官と称したという説もある。とにかく古い仕事だ。

40年前、町を歩き出したころ、谷中の朝の路地から「行ってくるよ」と、弁当袋を持った左官屋さんが出ていくのを見た。その家は狭いながら余計な物ひとつなく、きれいに片付いていた。それからその路地をよく通り、おかみさんの味噌汁の野菜を刻む音を聞き、ピンと干された洗濯物を眺めるのが楽しみになった。

そんな個人営業、いわゆるひとり親方が谷中や根津には多くいたが、近頃あまり見ない。いま目立つのは道灌山近くにある原田左官工業所。創業は昭和24（1949）年。優しそうな若社長、原田宗亮《むねあき》さんが迎えてくれた。

「初代は祖父で、原田辰三といいまして、名前の通り、明治37（1904）年の辰年生まれ。その父親にあたるうちの曾祖父は道楽な遊び人で、飲んで身代を潰してしまった。子どもが5人いたんですが、彼らにとってはとにかくお酒が仇《かたき》で、一切飲まなかったですね。

祖父は戦中、いまの池袋の西武デパートのあたりにいて空襲に遭い、火の粉を避けながら、根津の親戚を頼って線路づたいに逃げてきたそうです。戦後、田端2丁目の水神稲荷神社のそばに家を持った。家はなくならないから食いっぱぐれはないだろう、と左官になり、ひとり親方になったんです」

――どんなおじいさんだったんですか。

「僕が小さいころにはもう現場には出ていなかったんですが、職人肌で、自分の好きな仕事しかしなかったそうです。たとえば、洋館のシャンデリアの周りの細工を漆喰《しっくい》でするのなんかが好きで。長唄を習っていたなんて話は聞いたことがあります。昔は建前とかの宴席で請われたら、何かしら披露できたほうがよかったですから」

――その後をお父さんが継がれたわけですね。

「父の宗彦は、継ぐなと言われてたもんで反抗して継いだと言ってましたよ。父は田端で育ったんですが、文京区の九中に行き、それから小石川工業高校で建築を学びました。祖父が肺を悪くして現場に出られなくなって、父が19歳で継いだんです。夜間の大学にも行きました。その後、古い左官屋を会社にして大きくしたのも父なんです。だんだん手狭になったので、昭和62（1987）年に千駄木のこちらに越してきました」

――今、従業員は何人おられますか。

「正社員が52人、そのほか、仕事を頼んでいるひとり親方が数人いますね」

――え、そんなにいるんですか。宗亮さんは小さいころから家業を継ごうと。

「うーん、思っていたような、思っていないような。僕は昭和49（1974）年生まれですが、田端にいたころは自宅と事業場が一緒で、住み込みの職人さんもいたし、家族以外の人がいるのが当たり前の家でしたね。左官の道具や荷物も置いてあって、小さいときから現場に遊びに行ったりしていました。家を建てることに関わっているけど、でも大工さんじゃないんだなというくらいの認識。高崎出身の祖母はわりとはっきりした人でしたが、景気がいいと『おまえ、継いだほうがいいぞ』、景気が悪くなると『やっぱりやめたほうがいい』なんて言ってましたね。姉と弟がいますが、誰も仕事は手伝ってくれない（笑）」

従来の左官の仕事は少なくなった

——そもそも、左官という仕事はどんな仕事なんでしょう。鏝《こて》を動かして壁を塗っているというイメージなんですけど。

「鏝一本で壁を塗ったり、土間《どま》打ち（床のセメントをきれいに塗る）をしたり。左官の仕事も時代とともに変わってきていて、たとえば、昔は家が建てば、外壁はモルタルを塗って左官で仕上げたり、吹きつけて塗装で仕上げたりするのが当たり前だった。家の中も漆喰壁とか、和風だったら土壁とか、左官で塗って仕上げるのが当たり前だったんですね」

——戦後、空襲で焼け野原になった東京でどんどんみんな家を建てましたから、仕事はいくらでもあったでしょうね。

「うちのおじいさんも家を建てる仕事がなくなることはないから左官の仕事もなくならない、と思ってなったわけですから。ところが時代を経て、家の外側はサイディング、パネルを貼って仕上げるようになり、家の中は石膏ボードにビニールクロスを貼って仕上げるのが主流になった。お風呂場もモルタル塗ってタイルを貼っていたのが、今はユニットバスとか、工場で作られてきたものを組み立てるというのが当たり前になった。そのほうが天候にも左右されず、手間がかからないから、と。壁を塗る仕事は減る一方でした。

いっぽうビル工事が増えると、今度はその床のセメントをきれいに塗るという左官の仕事が増えてきました。これも大きい面積だと土間屋《どまや》さんという専門の会社があります」

——それで、お父さんの代で方向転換を。

「父はアイデアマンで、時代に即して何か新しいことをしなければいけないだろうと。それで、従来の左官の仕事が減っていくのをカバーするように、店舗の工事に関わる左官の仕事が父の代から増えていきました。飲食店の内装を漆喰でやりたいとか。建設業界からいうと、店舗にかかわる仕事ってあまりメインではない。むしろニッチな部分で、どちらかというとインテリアみたいな。

インテリアと左官ってあまり結びつかないかもしれませんが、左官って独自性が出しやすいというか、格好よくいえば特注品がつくりやすいんですね。マンション工事のグレードの高いものの内装をやらせてもらったり。いまも、マンションの廊下に土壁を入れる仕事をしています」

——実は私もボードの上にビニールクロスを貼った家に住んでいますが、次の改修では壁を土壁にするのが夢です。体にもいいと聞きます。

「そうなんです。2000年ごろからシックハウス症候群が問題になりました。新築やリフォームした住宅に入居した人に、化学物質が原因でアレルギーが出る。いまは新建材の化学物質もかなり減ってはきたんですが、左官の性能の部分が見直されてきています。漆喰は自然素材ですし、湿気を吸います。臭いも吸い、空気を浄化することもできる」

——漆喰というのはどういう材料なんですか。

「漆喰は消石灰とスサとツノマタを混ぜて練ってつくります。スサというのは藁《わら》や麻などの繊維のことで、漆喰が乾いて割れるのを防いでくれます。ツノマタは海藻です。これを煮た汁を糊として接着に使います。

性能の部分のほか、人の手で仕上げるという手仕事のよさも見直されています。塗っている間にも、もっとなめらかにとか、荒々しくとか変えられますし。鏝の跡が見えるほうがいいというお客さまも。そういう人の手の温かみのあるところが好まれています」

——マンションの改装は大工事になりますか。

「いろんなやり方があるんですが、例えばクロスの汚れをきれいにして、その上に2ミリくらい漆喰を塗るという方法であれば、わりに手間も費用もかかりません」

――いいですね。私もこれにしたい。

「がんばれば自分でも塗れます。そのお手伝いもしますよ。ここはショールームにもなっていて、いろんな色やデザインのサンプルがあります。たとえば、これは中に抽出後のコーヒーを混ぜていたり、こちらは不要になった小さな鉛筆を壁に埋めたもので、学習塾に使っていただきました。最近は廃材を利用して床や壁を塗ることも増えています」

――左官をたくさん輩出する地方はありますか。能登杜氏《とうじ》みたいに。

「よく、石州《せきしゅう》左官といいますね。島根の石見《いわみ》地方の。昔は長子相続ですから、農家の次男三男は田畑をもらえなくて家を出る。東京へ出稼ぎに来て左官はいいぞ、となって、次々その村から出てきて左官になる、ということもあったようです。東のほうでは気仙《けせん》は大工で有名ですが、左官もいますね」

――地方に行くと、よく見事な鏝絵《こてえ》のついた戸袋とか蔵とか見ますね。

「蔵なんかは半年以上かかりますから、最後に仕事をさせてもらったお礼もこめて置き土産というか。龍とか鯉は家運上昇を、多産の兎は繁栄を表す模様です」

――なるほど、火事よけの波の模様とかもありますね。ところで、社長自身も壁塗り、なさるんですか。

「いえ、私は大学も経済学部で、半年ほどは習いましたが、職人仕事はやらないですね。この仕事は一人前になるのに10年かかります。うちには腕のよい、現場を仕切れる職人がたくさんいますので、現場はまかせています。福岡とか大阪などの現場に飛んでもらうことも。左官に定年はないですから、70過ぎて現役の方もいますね」

未経験で入ってきても全部教えます。向いているのは、コツコツ続けられる人

――このあたりの店舗も手がけましたか。

「はい、この近くでは、夕やけだんだんの下にある福ベーグルさんの内装もやりました。漆喰を塗ったり、カウンターにも漆喰で赤く『福』という文字を書いています」

――このところ、左官職人で著名な方も出ていますね。まるでアーティストみたいな。

「挾土秀平《はさどしゅうへい》さん、それより前の世代では久住章《くすみあきら》さんとか。この先輩たちが左官の可能性や広がりを示してくれた。左官の仕事でいろんな表現ができることを世の中に伝えてくれました。だから、こんなことができる、というのをうちもやれている、というのがあります。うちはうちなりの仕事があり、挾土さんの仕事は挾土さんしかできない。だからライバルではないし、時にはお会いして話を聞いていただく機会もあります。

ただ、仕事は階段状に難しくなればいいんですが、そのあたりは悩みでもあります。1、2年目の人に急に難しいことをやれと言っても無理ですから。いまはその都度カスタムメイドなので、もう少し中くらいの難しさの仕事が増えて、だんだんと極めていく、挑戦できていけるといいんですが」

——原田さんでは女性の左官職人の育成にも熱心だと伺いました。

「はい。昔もひとり親方で、おかみさんも手伝う、というのはあったと思うのですが、左官は男仕事の代表でした。うちの母や祖母も現場は手伝っていません。職人の世話をして、来たら何か食べさせる、帰る前にも何か振る舞うなど、裏方の仕事をしていました。

とにかくセメントの袋一袋が50キロだったので、それを女性が現場で担いで上がるというのはちょっと無理でした。いまは改良されて25キロになったので、女性でもどうにか担げます。男だらけで、結構みんな大声で怒鳴り合ったりしてる現場に、女性でも入っていけるように、チームを組んで。ものづくりがしたい女性がどんどん入ってきています」

——左官にはどうやったらなれるのですか。

「職業訓練校もありますけど、うちは未経験で入ってきても全部教えます。今年は5人入社しましたが、ひとりは訓練校から、ふたりは新卒の学生、あとは違う業種から転業です」

——どんな人が向いていますか。

「とにかくコツコツと忍耐強く覚えていく人。ずっと続けられる人ですね。手先の器用さというのもあるけど、最初の器用さよりは、何十年もかけて身につけていくことが大事なので。あと現場では、大工さん、屋根屋さん、水道屋さんや電気屋さんと一緒にやりますから、他業種とのコミュニケーションとか、調整能力も大事ですね」

——この仕事のやりがいはなんですか。

「やっぱり、お客さんに想像以上によかったと褒めていただけると、うれしいものです」

今春、新卒で入ったばかりの西村日菜子さんにも話を聞いた。

「私は鳥取で育ち、兵庫の大学を卒業しました。学生時代、演劇部で舞台美術をしていてものづくり系の仕事に就きたいと思い、この会社を見つけました。一度は東京に住みたいと思っていたので。家は尾久のほうに借りて、田端の社長の実家まで自転車で来て、そこに置かせてもらって歩いてきます。お昼はお弁当を持ってきます。

毎日新しい発見があってとても楽しいです。いまは東京タワー近くの共同住宅の壁をやっていて、親方と一緒に車で現場まで通っています。塗り版築という、地層のようにしまに仕上げていく塗り方で、砂利と粉はここで混ぜておき、現場で水を加えたら塗れるように準備していきます。現場に入るたびに違った塗り方をするので、学びが多いです。できあがった壁を見ると感動しますね。がんばっていい職人になりたいです」

動坂下にある
幼なじみの焼き鳥屋さん

鳥清

（取材日　2019年10月23日）

鳥清は千駄木の動坂近く、不忍通りに面した焼き鳥屋。ここの主人の保司《やすし》さん、やっちゃんは、私と文京区立第一幼稚園と誠之《せいし》小学校で同学年だった。同じクラスになったことはないが、家が近く、バスで一緒に通っていた。

そのよしみで地域雑誌「谷根千」の2号に広告を出していただいて以来、26年間、最後まで出してくれていた。ここでクラス会を開かせてもらったり、母とふたりで焼き鳥を食べに行ったり、淡い付き合いが続いている。

20代で後を継ぎ、40歳から岩手の造り酒屋に修業に行きました

——久しぶり。元気そうでなによりです。

「膝の骨を削ったんだよ。立ち仕事だからね。足が痛くて歩けなくなってた」

——じゃ、ゴルフもできないわね。

「とんでもないよ。いまはサックスを吹くぐらいだ。まゆみちゃんのお父さんにはずいぶん、ゴルフに連れていってもらったよ。紳士のきれいなゴルフをなさったものね。しかもシングル」

——体育2の私と違ってね。駒込病院の野球部のピッチャーだった人だから。ところで、鳥清さんは昭和2（1927）年ごろの創業なんですってね。もう90年以上か。

「初代は僕のじいさんで、鳥居清仁《せいじ》というんです。名古屋の人でね。きょうだいが池之端黒門町のあたりで三岩《さいわ》という名前で食堂を始めて、大井のほうでも支店をやっていたので、この動坂にも店を出したんだそうだ。ちょうど駒込病院が建て替えをしているころで、大工さんたちがみんな食べに来てくれて、とっても繁盛したんだって」

——清仁さんがひとりでここを？

「いや、おばあちゃんと。清仁さんの奥さんのきめさん。たぶん、名古屋から一緒に出てきたんじゃないかな。で、親父はここで生まれたの。昭和4（1929）年生まれ」

——お父さんも、やっちゃんに似て大柄な、二重まぶたのいい男だったわね。

「親父は鳥居秀雄。でも戦時中は商売なんてできなくてさ、愛知県にいたみたいだな。愛知県の碧南《へきなん》に、特攻隊に行く前の飛行場があって、じいさんがそこの厨房をやっていたみたい。兵隊さんたちは、まだ小学生だった親父に『坊主、行ってくるぞ』と。出撃する兵隊さんに、みんなで屋根の上から手を振っていた、と親父、言ってたもの。

ところが、借地だと空襲で焼けたとき、そこにいないと土地の権利がなくなると、突如、中学生になった親父がここに戻った。当時は小岩とか、駒込神明町にも家作を持っていて、それを親父が見回りに行ったりしていたらしい。空襲になると、駒込病院に怪我した人とか担架で運んだ話なんか、よく聞かされたもんだよ。親父も昭和20年に入隊になるところ、寸前に終戦になって」

――そう、うちの父も昭和2年生まれで、危ないところだった。じゃあ、お父さんは千駄木小学校？

「そうそう。作曲家のいずみたくさんが同級生で、亡くなる前、よくうちにカレーライス食べに来てたよ」

――そうなの。でも、お宅も焼けたんじゃない？　うちの母は昭和25年にここに来たとき、前っ側はみんな焼けて、田端駅が見えたと言ってました。

「三軒長屋の一部が焼けたって。親父も東京大空襲のときは家にいて、焼夷弾を消したりしていたらしいよ。戦後すぐ、親父は大塚のオーム針というレコードの針屋さんに勤めてたこともある。じいさんがバラックの掘っ立て小屋で、わりと早く営業再開したんじゃないかな。それで、親父は俺がやらなきゃって、針屋をやめて、昭和24（1949）年から焼き鳥の商売に入ったらしいから」

――お母さんも優しそうな方だったわよね。

「母の清子は本郷の『かねこ』という料亭の娘でね。いまは、いとこがやっている。父はあそこで日本料理の修業をしてね。そこの次女と一緒になったってわけ。うちも一時は折詰弁当なんかもやって、上棟式のお祝い用に鯛を焼いて入れたり。かねこで習ったみたいだよ」

——やっぱり、どこかで他人の家の飯を食わないといけないんですね。やっちゃんはどこで？

「僕もかねこ」

——最初から、後を継ごうと思っていたの？

「最初から、じゃないけどさ。しょうがないっていうか、やらざるを得ないっていうか。それで27で後を継いでから、この店を建て替えた。建て替えてそろそろ40年だもの。数千万の借金を背負ったけど、当時はお座敷の宴会も多かったし、いい時代だったんだねえ。毎月数十万ずつ返して、きれいに返し終わった。

必死になってがんばって、借金もだいぶ少なくなったから、そろそろいいかなと思って、40歳の時から4年半、岩手の世嬉《せき》の一《いち》酒造にお酒の修業に行ったの。まだ、親父が元気だったからね。俺、それまでお酒がまったく飲めなくてさ。お酒のことがわからないと、お客さんに聞かれても、説明できないじゃない」

——大きな蔵元よね。そこに行ったきっかけは何かあるんですか？

「きっかけは、ない。ハローワークで求人を見つけて、行ったの」

——そうなの？　家族も一緒に？

「うん、子どもたちも一緒に行ったよ。酒造りとか教えてもらって、利き酒の資格も取らせてもらったし、イベントをやるときには、中庭の屋台で俺が天ぷら揚げたりしてね。岩手の蔵元とはずいぶん仲良くなったんで、店ではいまもお酒は岩手のを出しているよ」

注文聞いて焼くときに刺す。それは親父から言われたこと

——じゃ、そろそろ一杯いただこうかな。

「竹筒に入った世嬉の一の冷酒、飲んでみなよ。おいしいよ。じゃ、とりわさとタレで3本ね」

とりわさは、旨みが詰まったささみにわさびの辛みがきいて、辛口の酒に合う。鶏肉、レバー、つくね。いつもは塩が好きだけど、今日はタレがきた。これまたなんともたっぷりな大きさ、ふっくらしっとり。

——鳥肉はどこから仕入れているの?

「それがうちなんて小さな店なのに、両国の鳥喜さんがいまだに配達してくれるんだよ。おばあちゃんのきめさんが懇意にしていたらしいの。ありがたいことだねえ」

まだ食べられそう。じゃ、塩で、砂肝とハツ。保司さんはカウンターの中に入って串を刺す。このハツがまた柔らかい。

「うちは、刺し置きはしないの。注文聞いて、焼くときに刺す。それは親父から言われているから。だから、どんなに忙しくても、なんにもしてないの。でも、お客さんはみんな出てくるまで待ってくれてる」

向こうの客は家族連れ。保司さんは「大きくなったね」「この前、運動会出たの」と子どもに話しかける。お父さんが「この子にどこ行く？と聞くと、鳥清って言うんですよ」と言う。

焼き鳥1本、あの大きさで200円。近所の人に愛されている店だ。また幼稚園、小学校時代の仲間もいまも通ってきて、誰がどうしているか、よくご存じ。

——最後に焼き飯、ください。

「あれはきめさん、おばあちゃんが作ってたもんで、母、ウチのかみさん、三代の女性が受け継いできた味なんだよ」

——保司さんの奥さんは？

「先輩が紹介してくれたの。久仁子といいます。向島から来たんだよ」

この焼き飯が、何気ないのだが、玉ねぎと醤油の味がこたえられない。

「やっぱりうちなんかさ、家族連れで来る方が多いのよ。だから、この前生まれたと思った赤ちゃんが、おっきくなって、小学校、中学校、そして大人になってお父さんと飲みに来てくれたりする。その姿をずっと追えるというのが楽しみだね。よその町に移っても、思い出してまた来てくれるのが一番うれしいね。姿かたちが変わって、小さいころの面影なくてびっくりしたりするけど、僕らには一番のお土産っていうか、楽しいご褒美じゃないの」

子どもは3人いるが、長男の大祐《だいすけ》さんが後を継いだ。スペイン料理店とかねこで修業し、ふぐの免許も持ち、うなぎも焼く。

「こいつ、なんでもやりますよ。11月から2月までは、ふぐもやります」

保司さんは膝の故障でゴルフを諦めたが、サックスを吹き、この前は日野皓正《てるまさ》との夢の競演をしたそうだ。

「もう、かっこよくてさ。俺、夢見てるみたいだった」

その後、母を連れて家族で再訪、ふぐをいただき、息子がご馳走してくれた。いい夜だった。

（閉店）

隣にあったら毎日でも通いたい

動坂食堂

（取材日　2021年3月29日）

山手線田端駅から徒歩7、8分、動坂の交差点にある町の食堂。明るい店内の壁際にはたくさんの品書きが短冊に書いて貼ってある。刺身も煮魚も野菜炒めも生姜焼きもとんかつも、みんなご飯と漬物と味噌汁付きの定食にできる。

隣のビルに我が弟のやっている歯科医院があり、同じビルの5階に92歳の母が住んでいる。訪ねて一緒にここの食堂に行くのが楽しみ。母はイワシの刺身が好き。新鮮なイワシが入るとお店の人が電話をくださり、いそいそと取りに行くという。動坂食堂はひとり暮らしの私の母の見守りもお願いしている感じだ。

ありとあらゆる人がいる。動坂食堂の歴史

相変わらずのお客さん。隅にはすでにビール瓶を2本立てている男性。新聞を読むおじいさん、女性ひとり客、作業員グループ、背広姿の会社員、携帯をいじっている学生さん、ありとあらゆる人がいる。

三代目の天野篤子《あつこ》さんに、お店の歴史を伺う。商いをはじめたのは昭和20（1945）年、戦争直後ですか。

「私の祖父の吉田左五郎がはじめました。新潟の出身で、北海道の缶詰工場で働いたりした。戦後すぐ、東京に移り住んで、最初はさつまいもを太い針金に通して、壺に吊るして

焼いて、売っていました。そのあとアイスキャンデー屋をやったり、焼きそば屋、お惣菜屋をやったり。そのころはバラック建てでした。おばあちゃんのスギさんは四国の人でね。左五郎の息子が私の父の健次、ミンダナオ島で戦死しちゃったの。タイヤメーカーに勤めていましたが。私は昭和20年の生まれ、父の顔は知りません。子どもが3人もいて、志願で行かなくてもいいのに。

でもそういう時代だったんでしょうねえ。向丘の大林寺にお墓があります。私は疎開先の福島で生まれて、4歳のときに兄や姉と千駄木に来ました」

——じゃあ、お母さんは戦争未亡人でご苦労なさりながら、左五郎さんを手伝ってらしたのですか。

「そうです。母のシゲ子は大正12(1923)年の生まれで、東京に戻って祖父の仕事を手伝うようになりました。祖父は、私が小学生のころに亡くなりましたが、その後を母が継いで。

そのうち、父の弟の吉田孝吉が進駐軍のコックをやめて店に入ってくれたんです。うちは料理は男の人、フロアは女の人の分担ですね。孝吉さんが店に入ってから、母は中野で一杯飲み屋をはじめて、58歳で亡くなりました」

——シゲ子さん、孝吉さんのあと、篤子さんが継がれたんですね。

「私も高校を卒業するちょっと前から、少しずつ店を手伝うようになりました。35年ほど前に叔父の孝吉も亡くなって、私たち夫婦が継ぐことになったんです。

主人は天野國男、昭和12（1937）年生まれ。主人のお父さんは菊坂で大工、お兄さんは家具職人をしていました。当時、隣にあった岡田美容室の裏の2階建てのアパートに先輩が住んでいて、そこに主人が遊びに来て知り合ったんです。

動坂食堂はそのころ、バラックでほんと汚くてね（笑）。先輩は平気で食べに来てたんですけど、神経質なうちの主人は『あんな店には行かない』と言ってたらしい。それが私と一緒になったので（笑）。

文具メーカーに勤めていたんですが、そちらを辞めて、調理師免許を取って店に入ることになった。お給料も4万5千円もらっていたのが、うちに来たら1万8千円になっちゃったの。会社からは、辞められては困ると言われていたんですけど。

主人は1年くらい前まで、洗い場なども手伝ってくれたんですけど、この3月に83歳で亡くなりました」

——それは大変なときにお邪魔してしまいました……。

「いえいえ。いまはたしかにちょっと寂しいところです。でも仕事はしなけりゃなりませんから、寂しがってばかりもいられません。幸せなことに孫が6人、ひ孫は8人いて、近々もうひとり増えますしね」

8割が常連さん。1日に2度見えるお客さんも

篤子さんが常連さんに呼ばれ、お話は四代目、次女の砂織さんにバトンタッチ。

「学生のころから、忙しいときは手伝っていたんですけどね。短大を出て、証券会社に勤めたんですが、辞めて習い事でもしようかなあと思ってた矢先、お店も手伝ってみれば、ということでそのまま……。だんだん私が継ぐしかないかなあ、という感じになりました。

朝は10時に店を開けます。1日3度来られる方はいませんが、2度見えるお客さまはいますね。8割が常連さんです。動坂食堂と名乗り、いまのようなメニューになってから、もう60年以上たっていますね。

この1年は、どこもそうでしょうが、コロナで大変でした。最初の緊急事態宣言のとき、ゴールデンウィークだけ1週間、お休みしましたけど、あとはずっと開けています。もともとは夜の10時まで営業していたんですが、いまは9時までになりました（取材時）」

――本当に町の住民においしいご飯を提供してくださるエッセンシャルワークだと思います。いやなお客さんていますか。

「酒癖が悪かったり、言うこときかない人ですかね（笑）。よそで飲んで酔っ払ってきて、

隣の人に話しかけるとか。いくら注意してもやめない。うちは食堂なんで、そんなにお酒を飲むなら居酒屋に行ってちょうだいと言いたくなるときもあります（笑）。ま、めったにいませんが。

好きなお客さん？　若くてイケメンな子（笑）。うそですよ。会話の弾むお客さまとは、接客していてほんと楽しいです。学生は東大の学生さんが多いですね」

——人気のメニューはなんですか。

「一番人気はミックスフライかな。海老フライ、白身魚のフライ、ヒレカツ、ホタテのフライなど。生姜焼きも人気ありますね。豚汁も。サバとかサンマはたいていあります。とくにお刺身や煮魚は、仕入れに行ってみないとわからないんですけど、メニューはそんなに変わらない」

——こんなにたくさんの種類を出すのは、大変じゃないですか。

「ひとりなら、ここまでは難しいと思うんですけど、人数がいるのでね。いまはフロアは母と私、娘の莉菜の三代で、回しています。

調理は私の主人と姉の旦那、娘の旦那、姉の息子と男性4人。夜の洗い場だけ、もう20年働いてくださっているパートさんにお願いしていますが、家族経営そのものです」

——定食屋さんって、女性にも人気がありますよね。

「24年前に建て直すまでは、お客さまはほぼ男性。明るくなって入りやすくなったせいか、女性のお客さまが増えました。

平日は会社員、土曜は家族連れが多いですね。日曜祭日はお休みです。両親が、平日を休みにすると子どもと休みが合わなくなっちゃうからと、ずっと日曜祭日休みでやってきたんです」

お話を聞き終わって、ビールを注文。一番人気のミックスフライを同行の編集者と分けた。自宅では揚げ物をしないので、つい揚げ物を頼みたくなる。

豚汁も頼むと、大きな人参、ごぼう、大根が入ってボリュームたっぷり。そこへ「旬のものですから」と筍とふきの煮物を差し入れてくれた。こちらも絶品。今日は桜も散りかけて蒸し暑い。冷たいビールが喉にしみる。

各テーブルの上には胡椒、ソース、醬油、塩と唐辛子など調味料。壁のメニューをつらつら眺めていると、刺身や煮魚、ゴーヤチャンプルーなどにも未練が残る。

——家族経営で喧嘩はないですか。

「そんなのはしょっちゅう。たとえば、自分の思っているやり方と他の人のやり方がぶつかるとか。家族だから言いやすいっていうのはありますよね。でもぶつかっても後に残らないのも、家族だからでしょうか」

店の男性陣にも、家族で仲良く仕事するコツを聞いてみる。根本和明さんが調理場から出てきてくれた。

「やっぱり、みんなで話をしながら仕事できているからでしょうか。言いたいことは意外と言い合えているので、大きな衝突にならないのかもしれないですね」

レジのところに「くる人も　又くる人も　福の神」と木彫りの額があった。

早乙女貞夫さん提供

いまもおっとりした
町の風景

カフェ　さおとめ

（取材日　2021年3月29日）

動坂下は谷根千地域の隅っこ。地下鉄千駄木駅からもJR田端駅からも遠く、それだけにいまもおっとりした風情。そこにある「さおとめ」はいまでこそ喫茶店だが元はパン屋さんだった。ご主人の早乙女貞夫さんは、今日もコックさんの着る白い上っ張りで現れた。

動坂は賑やかで、神明町には花街もあった

「長い話ですよ。ここに来たのは昭和22（1947）年。まだ戦後間もなくで、前っ側は空襲で焼けていました。

うちの父は早乙女一栄《かずえ》といって、女みたいな名前なんだよね。栃木県には早乙女という名字が多いんです。祖父の代で東京に出てきて、深川・木場で木材問屋をやってたんですが、これが酒飲みで、40そこそこで死んじゃった。

父はもともと和食の職人だったんですが、団子坂の菊見せんべいさんの斜め前で『オトメパン』というパン屋を始めたんです。枇杷《びわ》橋のたもとですね。本郷区坂下町7番地」

――懐かしいなあ、枇杷橋だなんて。

「父の弟が言い出しっぺで、一緒にやらないかというので、父も和食の料理人をやめてパン屋になった。パンを作るというより、パン職人を束ねて経営するほう。そのときの写真があります。昭和9（1934）年ですね。

その後、父の弟が亡くなり、そこはたしか娘さん3人で後継ぎがいなかったので、パンのほうはやめたんですよ。そのときの番頭さんだった方が落合さん、根津銀座で中華料理のオトメをやっておられます」

――はい、前にそのお店も取材させてもらいました。ご主人は何年生まれですか。

「私は昭和13（1938）年3月の生まれで、こないだ83歳になったばかり。幼稚園は慈愛幼稚園といって、谷中の瑞輪寺の門前にありました。戦争中に、最初、母方の実家のある鴨川に縁故疎開したんです。さらに、鴨川はアメリカ軍の軍艦の艦砲射撃があるから危ないというので、父方の栃木の実家に近い親戚に疎開。栃木の小学校に通いました」

――貞夫さん、ごきょうだいは？

「私は5人きょうだいの二番目。みんな亡くなって、すぐ下の妹しかいない」

――疎開先ではいじめとか、いやな思いはされませんでしたか？

「私が鈍かったんでしょうね。いま思えば、東京モンはこんなことも知らないのかなんて言われましたが。だから空襲には遭ってないです。父は東京にいて、もう材料もないのでパン屋はやらず、食料配給の仕事とか、警防団をしていました。自分のうちが焼けるのも見たと言ってましたよ。

戻ってきたのが昭和21（1946）年ごろ、小学校3年だったかなあ、学校給食が始まるちょっと前でした。創業した元の場所には戻れなくて、最初はよみせ通りで、またパン屋の商売を始めたわけです。その後、学校給食の初期から、文京区の区立小学校のパンを扱っていました。昭和小学校と千駄木小学校、追分小学校（いまの六中のところにあった）、3つくらいやってたかな。食糧庁から小麦粉とか脱脂粉乳とか、食材が配給になって、作り方のレシピというのか、こういう配合で作れとくるんですよ。でもね、給食のパンがまずいと、あのパン屋はダメだなんて評判が立っちゃうからね」

――そのちょっと後の私のころでも、学校給食は、クジラのコハク揚げとか、ちくわの天ぷらとか、パンとまったく合わない組み合わせでした。

「そうね。とにかく忙しくてね。そこも狭かったので不動産屋で探した。『東京でこれから伸びるのは、麻布十番か、上野広小路の赤札堂の裏のあたり、それと動坂か、この3つがいい』と言うので、ここにしたんですよ。駒込動坂町194番地。いまは文京区本駒込。映画館も動坂シネマと進明館とふたつあって賑やかだった。神明《しんめい》町には花街もあったので、ここがいいんじゃないかと」

朝4時から給食のパンを焼いた

――学校は千駄木小学校ですね。

「この近所は千駄木小学校学区なんですが、僕は疎開から帰ったときはよみせ通りの千駄木坂下町にいたから、汐見小学校に編入した。動坂に越してからも、歩いていけないわけじゃなし、そのまま汐見に通って、卒業しました。

親は商売で忙しくて、朝飯なんか作る暇はないしね。焼き芋なんかをかじりながら、坂を上がって、千駄木小学校の前を通って通学していたら、高台のおじさんに捕まって、『芋食いながら学校行くとはなにごとだ！　何年何組だ』と怒られてさ。それで汐見小学校の学級を言ったら、千駄木小学校に通報されて、そのクラスがお小言を食ったというんです（笑）。それから九中です。まだ文林はなかった。

そのころからもう家業の手伝いをしてました。朝4時に起きて、給食用に食糧庁から届く25キロある小麦粉の袋を2袋ずつ、何回も往復して倉庫まで運ぶから、背が曲がって大きくなれなかったね」

——この辺で古い方はどなたでしょう。

「横川の金物屋さんが古かった。あそこは建築金物、家庭金物、園芸用品と3兄弟でやってました。勉強堂薬局さんは娘さんがまだやってる。息子さんは2階で皮膚科の医院をされていいます。澤田写真館さんは戦前からの大地主でね。去年、ご主人が亡くなられて残念です」

——神明町の花街を覚えていますか？　坂の角に「二業地入口」と書いてあった。

「最後の芸者さんが、スナックのマスターと駆け落ちして、神明町の花街が終わりを告げたと聞いたことがあります。私があのあたりのスナックで飲んでた昭和50年代半ばの話ですよ。あの当時、池袋から上野までの間では、いまの駒込アザレア通りのあたりが一番賑やかでしたね。あの辺に神明町の花街から出てくる客をタクシーが待っていました」

——ところで、初期のころからずっと学校給食で、さぞ収益があったのでは？

「でもね、学校給食って、1年のうち200日もないんですよ。さらに、うどんだのスパゲティだの入ってきて、日数が少なくなって。そのうち、親父が町会長のときに文京区議になって、区議が区立の学校給食のパンを納入しているのはおかしいなんていう人が出て、父はすっぱり学校給食をやめちゃったんです。ちょうど潮時でしたね」

——他にどんなパンを作ってたんですか。

「クリームパンとか、カレーパンもありましたよ。菓子パンはまだあんまりなかったかな。とにかく食べ物がない時期でしたから、ご飯の代わりになるように、コッペパンとか食パンを買って、ご自分で焼きそばとか、ソーセージを挟むんですよ。私は裏の工場のほうにいたので、店のことは家内のほうが知っているでしょう」

——そうそう、奥さまはどこからいらっしゃいました？

「オリンピックの2年前、家内は台東区池之端七軒町から来てくれました。いまも新ふじというお蕎麦屋さんがありますが、その隣で『大黒屋』という食堂をやっていました。美智子といいます。自分ちも商売屋だから商売は好きみたいで」

——どういうことでご一緒に?

「高校生のとき都電の中で知り合ったんです。家内は池之端から乗って上富士まで。私は動坂から乗って早稲田の高等学院に通ってました。落語家の古今亭志ん朝さんも九中の同級生、同じ電車だった。彼は獨協に行ったんだね。あのころから人気があって有名だった。私は早稲田の文学部国文科に入ったんですが、ちょうど20歳のときにお袋が48歳で亡くなって、大学はやめてしまいました。学校給食も一番忙しい時期でしたからね。

あのころの早稲田は面白い子がいたの。高等学院のときの隣の席の玉井くん。国語や古典の授業には出てくるが、数学や理科は一切出てこない。単位が足りなくてそのうちやめちゃったんだけど、大学に行ったらまたいるんですよ。それでよく聞いたらね、『花と龍』で有名な、北九州の玉井組組長・玉井金五郎の孫、つまり作家の火野葦平の息子だった。『私のクラスに出るより、フランスの映画見たほうがいい』なんて言うフランス語の先生もいた。そうしたら、『じゃあ、行ってきます』って、新宿のフランス座に行った奴がいたな。ストリップ劇場ですよ」

――あら、面白い時代ですねえ。

「それどころじゃないの。忙しくて退学届を出しに行く暇だってないくらい。新婚旅行は熱海と南紀白浜に行ったけどね、あのころ、ブームだったから。夜行列車で帰ってきて、そのままカミさんと一緒に白衣に着替えてすぐ仕事を始めたな」

――喫茶店にされたのはいつからですか。

「1972年か73年ごろ。子どもたちが生まれたあとだね。このあたりには喫茶店がなかったので、徐々にお客が増えて、一時は朝開けると30分もしないうちに満席になって、『俺のほうが先だ』なんて、お客さん同士がケンカになったりしたね（笑）。

親父も夏場はミルクホールのようなことをやって、アイスクリームとかかき氷も出していた。パンは冬に比べると夏場は売れないので、その対策もあってね。

裏の工場を閉めてからは、ケーキはうちにいた職人の新宿の店から、パンはこれまたうちにいた職人から冷凍生地で仕入れて、うちで焼いています。まあ、ずっと忙しくて夢中でやっていたから、子育ての悩みなんてありませんでしたね」

いまは次女の友里子さんが中心になって喫茶店を経営、ランチのメニューも充実している。大倉陶園はじめ、美しいカップがたくさん揃っている。

父が工夫したパリの味、東京の味

ストレル

（取材日　2020年8月17日）

動坂下に生まれた私のソウルフード。それは都立駒込病院前の洋菓子店ストレルのケーキ。昭和30年代、本格的な生クリームを使ったケーキはほとんどなく、大抵バタークリームで、仁丹みたいな銀色の粒が振ってあるような硬いお菓子が多かった。

しかし、ストレルのケーキは違った。当時としては「小さくて高い」のだが、私は、この小ぶりなケーキの仕事の確かさ、繊細さに子どもながら驚いていた。

創業者は長谷川崇志さん、94歳。すでに一線を退き引退。妻の常《つね》さんは昭和3（1928）年生まれで、いまも店に立つ。ケーキを作っているのはひとり娘の紀子さんだ。

シベリア帰りの父、昭和の名パティシエから基礎を学ぶ

――まずは紀子さんにお話を。お父さまはいつごろ、お店を始められたんですか？

「父がストレルを開店したのは昭和33（1958）年、私が小学校1年生のときです。店の名前は父がつけました。父は神田の古本屋街が好きでよく行っていたんですけど、ちょうどお店の名前を考えていたとき、古書店で見つけた書物に、1730年創業で現在もパリの2区にある、パリで最古のパティスリー『Stohrer（ストレー）』が紹介されていて、その店名に近い名前をつけたんですって」

――お父さまはもともと、どちらの方ですか？

「大正15（1926）年に満州で生まれ、満州で育ちました。祖父は渡辺忠吉といってもともと東京の人。満州に渡って満鉄の機関士になり、汽車に石炭をくべる仕事をしていました。父は男4人兄弟の三男で、大連や奉天にもいたようですが、英語が敵性外国語になったのでロシア語を勉強したとか。戦後、シベリアに抑留され、極寒での捕虜生活を3年間送りました。ロシア語の通訳ができ、ほんの少しだけ優遇されてはいたようです」

――何が幸いするか、わかりませんね。それで、洋菓子のお仕事を始められたのは？

「満州から戻った祖父が、山口の宇部で和菓子屋を始めていたんですね。父は昭和23（1948）年に帰国したんですが、和菓子よりも洋菓子のほうに未来を感じたようです。まずは、外国航路でデザート菓子を担当していた宮本さんという方を紹介してもらい、洋菓子を教わりました。そのあと、神田のエスワイルの大谷長吉先生のもとで本格的に勉強しました。大谷先生は、横浜のホテルニューグランドの初代総料理長、サリー・ワイルさんに学ばれた方です」

――ワイルさんのもとで、たくさんのパティシエが育ったそうですね。大谷さんのエスワイル、元は神田小川町の靖国通り沿いにありましたが、残念ながら閉店してしまって。

「大谷先生は12、13歳から洋菓子の修業を始められたのですが、父は満州から帰ってから、早く仕事を覚えなければと、無我夢中だったそうです。

宇部の宮本さんに、エスワイルの大谷さん、それから、日本橋にあったトロイカというロシアケーキのお店の石橋さん。父はこの3人から洋菓子の基礎を習い、古書店でフランス菓子の本などを立ち読みしては、外に出てメモしたりして、独学を重ねたようです。フランス語はそんなにできないのですが、勘が働くのかしら。とにかく研究熱心でした」

——常さんにも伺います。東京のお生まれなんですか？

「私が生まれたのは、荒川の下町です。実家の高橋家は、荒川区の三ノ輪で牧場をやっていたのですが、明治43（1910）年の大水で荒川が氾濫し、牛が流されてしまった。その後、父・錦蔵の代になって、明治乳業の社長さんが声をかけてくださって牛乳販売店に。この前まで弟がやっていて、牧場時代から数えると150年ほど続いたそうです。

男5人兄弟で女の子は私ひとりなのに、生まれる前からの約束で、茨城の長谷川木之作という親友の大工の養女になったんです。その家は子どもができなくてね。本当に愛情たっぷりに育てていただきました。ところが、育ての父が亡くなって。小学校5年で実家に戻ったんです」

——長谷川のお名前はそのまま継がれたんですね。空襲のときはどうでしたか？

「実家は三ノ輪の都電の終点のすぐ前。3月10日の空襲で家は焼けなかったんだけど、強制疎開になってね。母のとしと一番小さい弟は、静岡の母の実家に疎開したんですが、兄ふたりと弟と私の4人は、葛飾の金町にいた叔父が疎開をするので、留守を守ってくれと言われて、そこにおりました。

東京服装学園という洋裁学校が大塚にあって、私はその女学部に通っていました。戦時中は兵隊さんの軍服や、傷病兵の着る白衣を縫っていました。特攻隊の兵隊さんの軍服は、ズボンのポケットに弾薬を入れるところをたくさんつけたりね」

この子を背負って上野広小路までお菓子を届けに

――崇志さんとはどこで知り合ったんですか。

「主人はね、シベリアから戻ってしばらく鹿児島にいたんですが、東京のGHQから手紙がきて呼び出されたんです。情報関係の特務機関にいたので、毎日取り調べを受けてね。でも日当もくれたというのよ。アメリカ進駐軍宿舎のある四谷から有楽町のGHQの庁舎まで、半年ほど通ったと言ってましたね。

そのあと、洋菓子を学び始めたのですが、私の弟が病気をして手が足りなかったので、主人が牛乳販売店の手伝いにきてくれたんですね。それで昭和25（1950）年に結婚して、長谷川の姓を継ぐことになりました。夫婦養子ですね」

――常さんのお話だけで一代記が一冊、書けそうなくらい。それで紀子さんが生まれて。

「はい、西尾久のあたりに小さな一軒家を借りて、洋菓子を作り始めたんです。最初は店舗もなく、上野広小路の交差点近くにあった『ダブリン』というケーキ屋さんに卸していました。主人のつくるモカロールを気に入ってくださって、それを売りたいから、と。けっこう売れて、番重《ばんじゅう》という木の箱にモカロールを並べて、主人が古い自転車に何段にも積んで、尾久から上野広小路まで運んでいました」

——番重というのですね。

「ええ。いまはアルミ製ですが、昔は木の箱でしたね。『ダブリン』は、裏でバーもやっていて、お客さんがお土産にケーキを買っていくので、夜になると足りなくなるんです。そうすると、私が赤ん坊の紀子を背負って、小さい番重に詰めて、追加のお菓子を届けに行ったりしました。田端まで歩いて、そこから省線電車に乗って、上野の広小路まで」

——遅い時間まで、大変でしたね。それから、動坂上にお店を？

「ええ。最初は二間間口の小さな店でした。ちょうどこのあたりにあった靴屋さんが売りに出た。弟があの辺は土地柄もいいからと教えてくれて。見に行ったら、土地だけで200万くらいしたのかしら。いったん諦めて帰ったんですが、しばらくしてまた来てみたら、建売が2軒建っててね。それで、病院に近いほうがいいだろう、ということで決めました。

高橋の父も荒川から自転車で来て、朝から晩まで立っていて、どのくらい人通りがあるかを数えてくれたりしてね。いい父でした」

――お客さんは、最初からわりと見えたんですか？

「最初に買いに来てくださったのは、神明町にあった外科病院の院長先生の奥さま、モカロールを800円ぐらい買ってくださったのを覚えています。ひとつ30円くらいのときでしたから。口コミでお客さまが広がって、電話で『何個持ってきてください』と注文をいただいたり。自転車で配達もよくいたしました。林町、千駄木町、神明町、大和郷《やまとむら》など、お屋敷街で、ハイカラな生活をしておられる方が多かったのもよかったんでしょうね」

「小さいときは、『紀子ちゃんのおうちのケーキはおいしいけど、小さくて高いからね』なんて言われたものです。父は本当にこの仕事に打ち込んで、材料を吟味して作っていました。いま、作る側になってみると、『材料は絶対、質を落としたくない』という父の姿勢があったからこそ、味が保てたのでしょうね」

子どもを連れて実家に戻ってパティシエに

――大学時代に、朴正熙《パクチヨンヒ》政権の戒厳令下の韓国を1カ月、ひとりで旅したとき、向こうで具合が悪くなってひどい目にあったんですが、「日本に帰ったらまず、ストレルのケーキを食べるぞ！」と思って、なんとか乗り切りました（笑）。紀子さんはいつごろから、この仕事を継ごうと考えたんですか?

「父は、私に店を継げとは言いませんでした。当時はケーキを作るパティシエは男性が主流でしたし、ケーキ作りはかなりの力仕事、女性には難しいのでは、と考えたんでしょうね。好きなことを思い切りやれ、というのが、父の教育方針でした。

大学は青山学院の英米文学科に進んだんですが、学生運動の盛んなころで、入学しても授業がなかったりね。その後、結婚し、3人の子どもに恵まれましたが、わけあって子どもたちを連れて実家に戻ったんです。

そうなると、店のことが気になりますよね。父も還暦を過ぎて、もう少しマイペースにやりたい、と言いまして。それで最初は手伝いのようなかたちで始めました。お菓子の基本を学んでおきたくて、1991年に代官山にできたル・コルドン・ブルーの製菓コースの一期生として通ったり。販売や喫茶の仕事のほか、やがて父と一緒にケーキ作りを中心にやるようになりました。子育てもしながら30年。あっという間でした」

――お父さまから教わったのはどんなことですか?

「父は『自分の頭で考えろ』というのが口癖でした。自分自身、ほとんど独学で、研究熱心なんです。味に対する父の探求心やセンスはすごいなと、舌を巻いていました。

とにかく究極の照れ屋で、あまり感情を口にすることはないんですけど、でも、私がケーキ作りを始めてしばらくして、父が合羽橋《かっぱばし》に特注して、急速冷凍庫でまとめて作るための業務用の小さめの型を買ってきてくれたこともありました。少しでも私が楽になるようにと考えてくれたんでしょうね。

4時、5時起きの父は、毎朝、窯にスイッチを入れると、1万歩くらい、近所をウォーキング。その間に窯の温度が上がりますから。午前中のうちにほとんど仕事を終えて、午後は本を読んだり、昼寝したりして過ごしていました。週に1、2回くらいは、家族においしい料理をつくってくれました。前日に自転車で材料を買い出しに行ってね。

味覚は一生残るものだから、いい味を覚えないとダメだと、孫たちが小さいときからおいしい店にも連れていって。私も小・中学生のころは、新しい話題の洋菓子店ができると、一緒に出かけたりしていました」

——いま、お父さまはどうしておられますか？

「88くらいまで仕事を続けていました。カスタードクリームやパイ生地をつくったり。仕事が生きがいみたいなものでしたから。いま94歳、私の仕事を見守ってくれています」

——紀子さんの次の世代は続きそうですか。

「子どもたちはそれぞれ、家庭や仕事を持っていますし……。ずっとストレルの味の『ファン』でいてほしいとは思いますが、どうしても看板を守ってもらいたいという気持ちは、正直あまりありません。それより、のびのびと自分の道を歩んでいってほしいです。

食べた人に喜びや幸せを感じてもらえるケーキ作りは、とてもやりがいのある仕事だと思っています。ただ、お菓子作りは、本当に体力勝負。週休1日で、毎日9～10時間労働、しかも力仕事ですから。ここまで続けてこられた一番の理由は、やはり私が、父の生み出したストレルの一番のファンで、永久会員でいたいためかもしれません。

いまはだいぶ休みも増やして、体力的に少し楽になりました。とにかくずっと木曜日しか休めなかったので……。ただひたすら真面目に頑張る後ろ姿だけでなく、幸せオーラも感じ取れる背中を、家族全員に見てもらえたらと、つくづく思っています」

店内には、思想家の吉本隆明・ばなな父娘の色紙もある。吉本隆明さんの色紙には「対なる幻想　共同の幻想」の文字。吉本さんは、ずっとこの辺を引っ越していた。ほかにも、山本益博さんの「わたしの20年来の恋人」はじめ、何枚もの色紙が並ぶ。一番ビンテージものは安藤鶴夫さんの「ＰＡＲＩＳの味　東京の味　ストレル」ではなかろうか。

かつての「小さくて高い」洋菓子は、スイーツブームのなか、さらに小さくて高い値段のケーキが出回るようになり、いつしか「普通サイズでリーズナブル」なものとなった。店内で懐かしのモンブランを味わい、お土産に懐かしのモカロールを持ち帰って、私は満足した。

駒形克哉さん提供

沼になる
江戸指物の世界

下徳

（取材日　2024年7月26日）

道灌山《どうかんやま》下の交差点から先は谷根千といっても、それほど観光客は来なくて静か。その不忍通りに広い間口を持つ「下徳」という和家具屋がある。江戸指物とは金釘を用いず、外側に組手《くみて》を見せずに組み立てられた木工品、それを主に扱っていて、私が子どものころからあった。

いまは代が変わって、駒形克哉さんが店主である。広い店内を立派な指物の簞笥、座卓、文机、鏡台が所狭しと並ぶ。老眼鏡でよくみると、ケヤキの和簞笥が280万円とか、座卓が78万円とか。イケアや無印良品に慣れた目からすると目玉が飛び出るとはこのことか。まずは、話を聞いてみる。

「指物師といわれる職人さんが高度な技術でこうした家具を作るのに3カ月はかかります。それぞれ分業ですから、木地を作って組み立てをする指物師のほか、漆の職人、金具職人、また木によっても唐木《からき》といわれる黒檀《こくたん》、紫檀《したん》の職人、桑の職人、桐の職人など、さまざまな職人が関わって作るものもあります。銘木はもう入手しづらいですし、日当を考えたら、この値段は当たり前だとわかります。しかも、これらは父の時代に注文して作ってもらったもの、いまではこの値段で買えることはまずないでしょう」

――このところ、お店が開いたり閉まったりしていたので、心配しておりました。

「父が2006年に亡くなり、母が2年前に93で亡くなって。母の介護がたいへんだったものですから、その間、お店は開店休業になってしまいました」

芝にあった母の実家の暖簾分けで千駄木へ

——いつからこのお店はあるのでしょうか。

「ここは、私の生まれる少し前、昭和31年に、母の実家の暖簾《のれん》分けで始めたんです。母の実家が下徳という家具屋で、芝の三田通りに店を構えていました。木造4階建てで、当時、そのあたりで4階建ての建物は、三田警察と下徳だけだったとか。

母の梅子は昭和4（1929）年生まれです。その父親、私の祖父が毛受《めんじゅ》清といいまして、愛知の出身です。明治10年代の生まれですね。祖母は葛飾の四つ木にある白鬚《しらひげ》神社の宮司の娘で明治20（1887）年生まれ、たねといいます。

森さんが見えるので、いろいろ探してみましたが、疎開先に持っていって助かったのか、結構昔の写真とかあるんですよ。清が東京に出てきて、親戚がやっていた店を継いだようで、祖父の代で店を大きくしたようです。母は8人きょうだいの末娘、長兄、次兄が店を継ぎ、三田のほうはいまはいとこが継いで、シモトクという洋家具の店になっています」

——あの芝区の新橋のあたりは家具屋の集積所だったようですね。西洋家具も横浜から新橋に入ってきたし。おじいさま、いかにも下町の旦那という感じ、ハイカラでおしゃれです。おばあさまも女優さんみたいにきれい。

「この写真は、祖父が卸している家具屋の旦那衆を招いて、たぶん、ここに写っている観光バスで、旅行に行ったんだと思います。当時まだ珍しかった冷蔵庫も扱っていたようなので、昭和のはじめごろでしょうか。

母も面白いんですよ。震災復興でできた芝区の赤羽小学校に通っていたんですが、愛宕《あたご》山のＪＯＡＫ、いまのＮＨＫのラジオ番組に出ているんですね。朗読劇で。ここにそのときの台本と、自分のセリフだけ母が書き抜いたものがあります。女学校は実践で、もう太平洋戦争が始まり、授業もろくになくて風船爆弾を作っていたようです。その後、伊那に家族で縁故疎開をしたんですが、疎開先での工場日誌も残っています。でも、祖父が山の中では魚が食べられないからと言って、岩手の山田町というところに移ったそうです。母は終戦が16歳でした」

――まさにうちの母と同じです。母は勤労動員で、浅草橋の縫製工場で落下傘を縫っていた。三田の下徳さんは空襲でやられたんですか。

「はい、全焼しました。これは戦前、母の兄が出征するところの写真ですが、この伯父は戦地に行かずに内地で終戦になったそうで無事でした。そして戦後、店を建て直して、長兄と次兄がそれぞれ店をやっていました」

——克哉さんのお父さまのほうは。

「うちの父は昭和6（1931）年生まれで、母よりふたつ下です。父の苗字は駒形といい、新潟の三条から上京して、明治大学の学生のとき、三田の下徳でアルバイトをして、この仕事が気に入り、母と結婚しました。最初はこの数軒先に、駒形の名前で店を始めたのですが、仕事柄、お店が広くないといけないので、こちらに移ってきたようです」

——私の家は父も母も焼け出されて、ここの並びの長屋を借りて歯科医を始めた。本当にご近所ですね。

「私は森さんより5歳遅れの1959年生まれです」

——ほら、この辺には矢部さんて酒屋さんがあった。反対側にはあとで「かに谷」という蟹料理の店ができましたね。その辺を入ったあたりに酒井先生の外科医院がありました。

「ええ覚えています。かに谷、懐かしいですね。酒井先生は立派なお顔の。もと軍医さんで、痛いなんて言うと『男の子だろ、がまんせい』とこわかった。加藤さんという鉄工所もありました。あとは動坂映画の2本立て、3本立てとか」

——動坂映画は松竹ですね。このへん、ほかにも家具屋さんがありましたよね。うちの隣は加藤さんという家具屋というより、古道具屋さんで、そこで勉強机を買いました。いま、「肉のハナマサ」になっているところにも大きな家具屋さんがあった。よく夢に見ます。

その家具の間をさまよって、かくれんぼしてる夢を。

「そこは杉野百貨店といって、家具以外も扱っていましたよ。2階もあって広かった」

――わあ、懐かしい。子どものころはどんな暮らしをしていましたか。

「父は指物職人のところに注文や商品の受け取りにいったり、忙しくしていましたね。こういうのはひとつずつ注文しても高くつくので、いくつか同時に同じものを発注するんです。デザインを考え、素材を選び、実際に組み、漆を塗り、金具を作って取り付けて、すべて手作業の工程ですから、時間がかかるんです。母のほうは戦後、杉野学園でドレメ式(「ドレスメーキング」という洋裁雑誌があった)を学び、洋裁を教えたりしていたのですが、店を持ってからは帳面を付けたり。きょうだいは妹がひとりですが、子どもたちはほったらかしにされていました。

高度成長期でしたからね。あのころは嫁に行くといえば、洋簞笥、和簞笥、鏡台など一通りそろえて中の着物を作って持たせたものです」

――嫁入り道具ですね。

「いまは、マンションだとクローゼットがあればそれですんでしまう。和室がないと座卓もいりませんしね。バブル経済だった1990年くらいまではまあ、繁盛していたと思いますよ。うちの父もものをつくるのが好きで、自分で家具をデザインして、職人に発注して、最後の組み立てや取っ手を付けるのは自分でして、お得意さんに納めたりもしていました。文京区の伝統工芸会にも積極的に参加していました。

ただ、うちは2回も火事に遭いまして、さすがに2回目のときは両親もがっかりしていました。1970年ごろですかね」

——あ、おぼえています。私は高校生で京都に行っていたら、母が「3軒先まで10軒焼けた」というので、慌てて帰ったら、10軒先まで3軒焼けたんでした。

「私は中学生でしたが、いや、たいへんな火事でしたよ。床屋さんが火元で数軒焼けて、品物も皆水浸しで、安く売ったのではないでしょうか。ま、保険に入っていたとは思いますが。それで1979年に建て直したんです。

1986年くらいからはバブルでしょう。うちは建て直したばかりなので地上げ業者の話は断った。自分の土地でしたし。それでこんな変な形のビルがうちを囲んでいるんです」

無垢の木のよさをわかる人が店に来てくれます

——最初からお店を継ぐおつもりがあったんですか。

「僕は小学校から私立に行かされたんです。遅刻しそうなときは飯田橋の学校までタクシーに乗ってってったり。面白かったけど、勉強のほうはおちこぼれもいいとこ。好きなことばかりやっていて、気がついたら父が倒れた。それから見よう見まねで、母を助けて働いて、気がついたら今度は母の介護。だから商売のほうはこのところ、ほそぼそです。職人さんたちも減っていますし、材料もなくなってきていますから。いまは実用というよりは趣味で、本当にこうした無垢の木のよさをわかる人が店に来てくれます。

インバウンドの観光客がなぜか谷根千から足を延ばしてうちにも入ってくる。この前はローマから来た絵描きさんが、茶席などで使う合曳《あいびき》という腰掛けを買ってくださいました。膝が痛かったりして正座のできない人には便利です。ほら、こんなふうにスライド式で組み立てられて、コンパクトなんですよ。

なかなか大きな箪笥などは売りにくいのですが、小さな手鏡、お盆、飾り台、茶托などの手頃な大きさのもの、持って帰れるようなものは人気があります。

すでにお持ちの桐箪笥の修理などの依頼も、ぽつりぽつりときます。桐は軽くて、でもでも火にも強いし、水をかけると膨張して中のものを守る。肌合いがよく、やわらかいので、周囲に硬い桑などの材を刀の先みたいに尖らせてはめる『剣先留め』の技術を用いたものもあります。桑は御蔵島の島桑がとくに珍重されていますが、山に入って材を切る人も少なくなりました。

いまは、船箪笥を直しています。長い航海をする北前船で、船員さんたちが私物や貴重品を納めておくための、いまで言えば、スーツケースのようなものですね。車が付いて運びやすくなっている。船乗りたちは、凝った船簞笥をつくるのが自慢だったんですね。新潟の佐渡でつくられたものだと思います。

ケヤキなので硬くて丈夫なんですけど、長い時間が経って、引き出しが閉まらないくらい、木が曲がっちゃっているんです。木が暴れるって言うんですけど。あちこちの職人に聞いてもケヤキは無理だと断られていたのですが、まあやってみましょう、と言ってくれる職人が見つかったので。歪んだ木を直すというのは、もう気力なんだとか。どんなふうになるか、楽しみなんですが」

店内にある和家具に触れるとなんとも波のような木目も美しく、光の当たり具合でまた別の模様が見えてきたりする。好きな人にはこたえられない世界だ。私は堆朱《ついしゅ》塗りの小ぶりの座卓にも惹かれた。樋口一葉が使っていたような文机もほしい。ただ、家はあまりに狭い。この前、母の使っていた桑の和簞笥を手放したばかりだ。着物も着ないしなあ。

小さな黒柿の美しい香箱があった。私は1秒見て、これ譲っていただけないでしょうか、と叫んでしまった。いいですよ。森さんなら。と買ったお値段は高いのか安いのか、それすら見当付かないけれど、その形の美しさ、木目の清らかさ、色目の妙。死ぬまで机の上で眺めて見飽きないものだ。

指物の本物を見たい方はぜひ、下徳さんに行ってみてくださ い。長らく「谷根千」に広告を出していただいて、本当にお世話になりました。じかにご両親にお伝えできなかったのが悔やまれるけれど、いろんな感謝で一杯だった。

追記。帰り道「克哉さんはおうちを継ぐまで何をしておられたのかしらね」と話した。編集者によれば、美大を卒業後、イタリアに留学し、国内外で個展やワークショップなども開く国際的アーティストのようだ。ただ者ではない感じは漂っていたが、そんな話、ちっとも聞かなかったなあ。

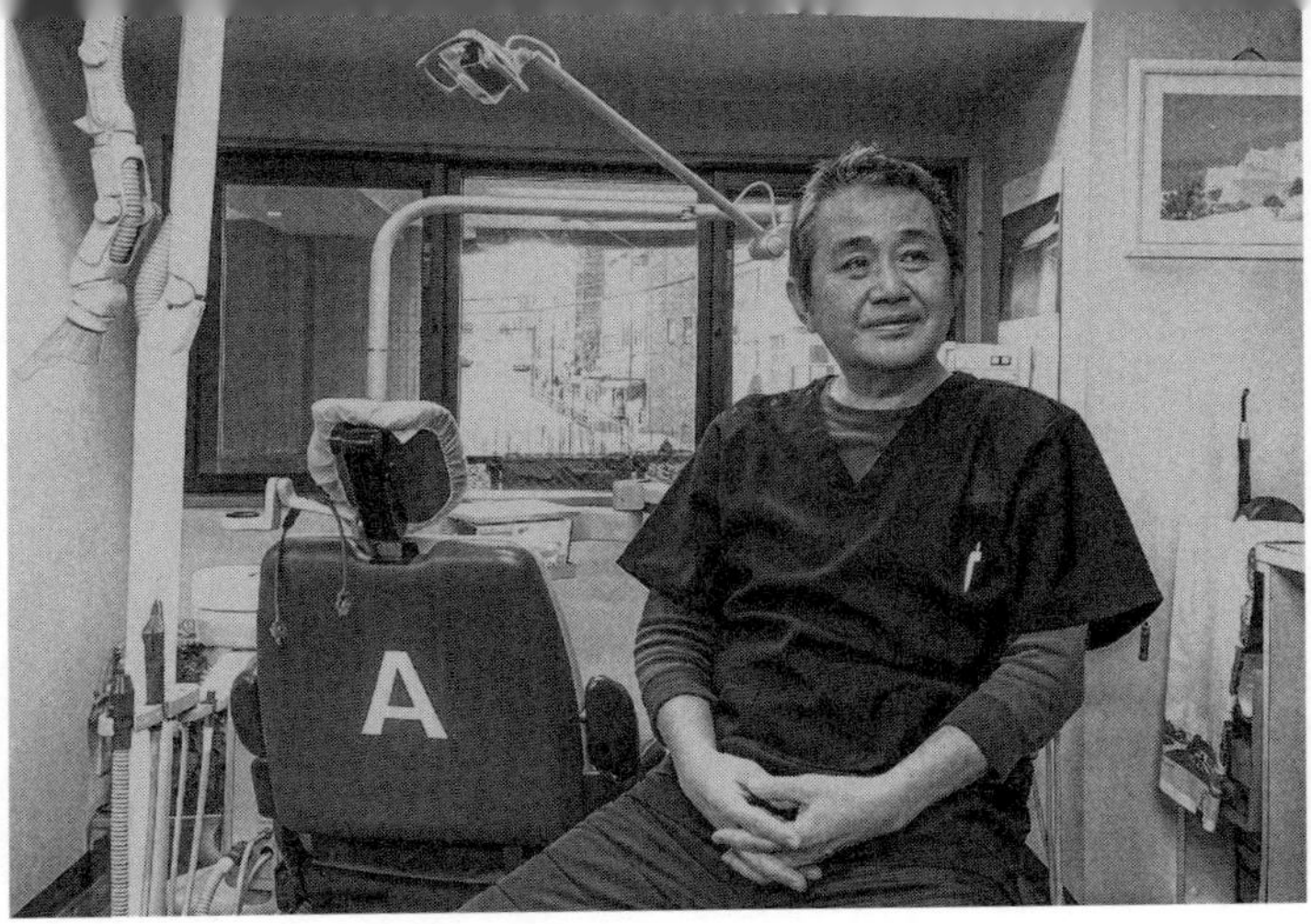

親子三代、歯医者さん 動坂のファミリーヒストリー

森歯科医院

（取材日　2025年1月25日）

森俊一さん提供

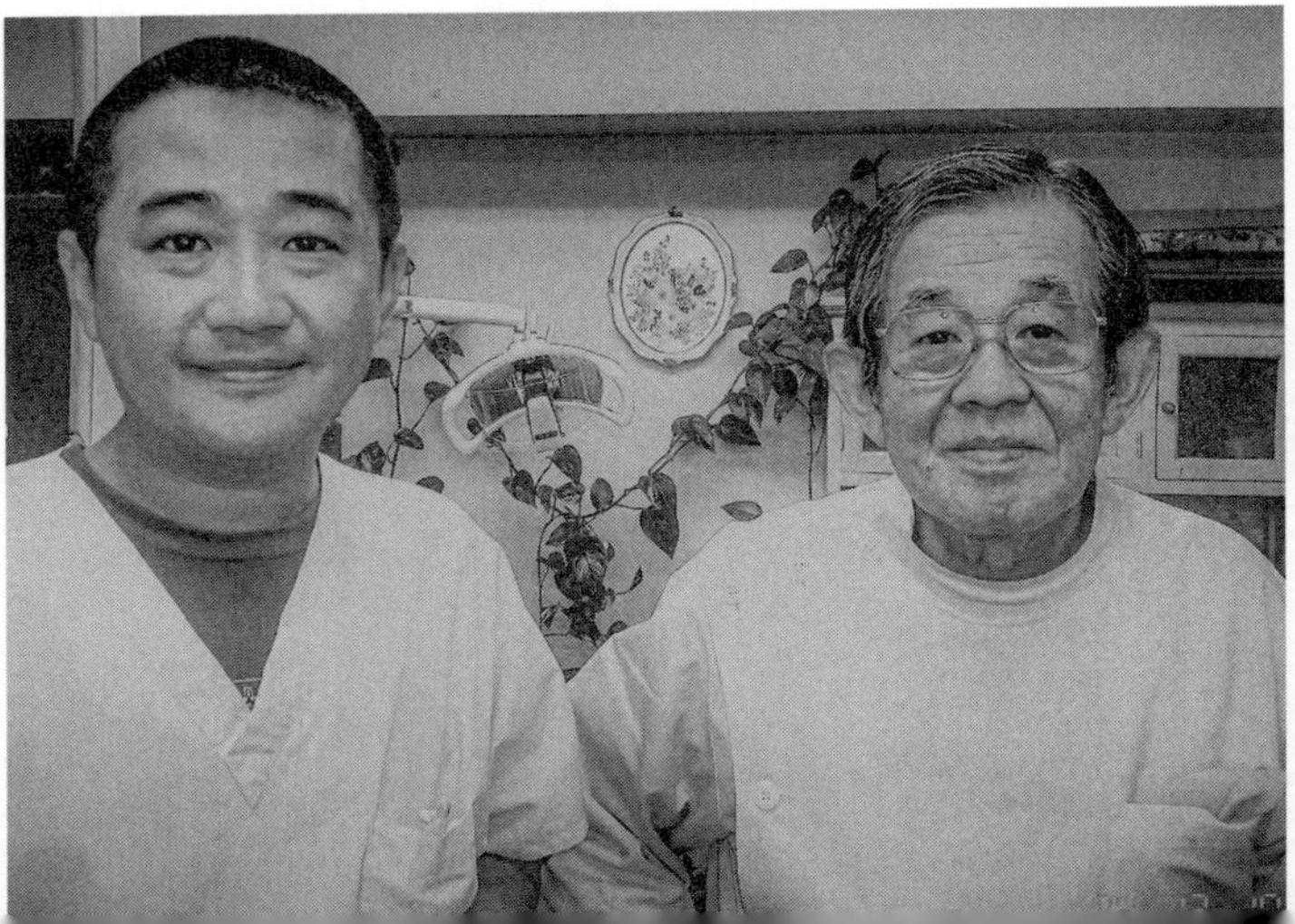

本書編集者が、千駄木の最後に森さんの生家に行くのはどうでしょう、と言う。恥ずかしいな、目立つのが嫌いだった父が生きていたらなんと言うだろう。でも実家の歯科医院はたしかに「谷根千」創刊より30年以上前からあり、雑誌を広めてもくれていた。医院を継いだ弟に電話すると、「いいよ」とあっさり答えが返ってきた。動坂下の交差点のビルの2階。土曜の診療のあとに訪ねた。

「診療してて、目の前が動坂、広々した坂を見ると気持ちがいい。坂上には両親が勤めていた駒込病院がある。たまに横断歩道のおばあさんが、車にひかれそうになったりして、目と手が止まるけど」

動坂はもともと不動坂。江戸市中に目赤、目黄、目白、目黒、目青の5つの不動が鎮座し、目白や目黒は地名に名を残す。残念ながら目赤不動は本駒込の南谷寺に移転した。

――お地蔵さまのお縁日に行ったわよね。

「9の付く日は、坂上の地蔵の縁日で、動坂に屋台が出るのが楽しみ。夕ご飯を食べるとワクワクして飛んで行き、金魚釣りとかしたけど、お好み焼きとかあんず飴とか、不潔だからと親に禁止されていた。あれ、食べたかったなあ」

歯科の開業は昭和25（1950）年ごろ。母方の祖父、橘《たちばな》樹俊三は浅草で大きな歯科医院を開業していたが、昭和20年、米軍による3月10日の下町大空襲で焼け出され、故郷鶴岡に疎開、東京に戻るのが遅れ、帰ったときはすでに借地権は消滅していた。

——お母さんの話によると、ここに来たときは田端駅が見えたとか。

「焼け残った二軒長屋の片方を借りて、祖父が橘樹歯科医院を開業。母の晃子も戦後、歯科医になって、GHQに接収された中央病院（現在の同愛記念病院の場所）に勤めていた。ところが1951年のサンフランシスコ条約によって病院の閉鎖が決まり、しかたなく近くの駒込病院の歯科の医局に入れてもらって、父、滋と出会ったというわけ」

——お母さんは無給だったみたいよ。

「いや、お父さんだってボイラーマンという名目で給料をもらってたらしいよ。野球がうまいので、駒込病院の野球部が欲しかったんだって。でも医局員に空きがなかった」

——で、ふたりは好意を持ち合い、母は橘樹家の一人娘だし、父は6人きょうだいの次男だから、婿になるのを覚悟していたら、「森君、娘はやる」と祖父が言って、危篤の祖父の枕元で三三九度の杯を交わしたって。結婚式したとは聞いたことないよね。

「父は俊三さんに恩義を感じて、名前はずっと橘樹歯科医院のままだったね。森歯科医院になったのは、僕が父から後を継いだ平成3（1991）年、もう30年以上前かな」

雑誌「谷根千」も手伝ったことあるよ

――私は昭和29（1954）年生まれ、理科も数学も不得意で、鮒《ふな》の解剖でもこわくて泣くほうだったから、後を継げと言われたらどうしようと。2歳下に妹が生まれ、それから6年経って俊ちゃんが生まれた。お父さん、すごく喜んだよね。私も助かった。

「母方の祖父橘樹俊三と、父方の祖父森一作《いっさく》から1字ずつ取って、俊一という名前は最初から決まってた。親父は結構ほら話が好きで、面白い人だったけど、根は超まじめで、ギャンブルもしない、女遊びもしない。唯一の趣味がゴルフで、シングルの腕前だった」

――お母さんは父のいない木曜日（休診日）には、セーターを編んだり、私たちの服を縫ったり、楽しそうだった。小学校のとき、俊ちゃんは野球やってたよね。

「うん、誠之小学校のときにリトルリーグに入って野球、文京六中ではブラバン、小石川高校ではバレー部とバンドをやってた。小石川は楽しい高校で、9月の行事週間には体育祭、芸能祭、創作展とイベントつづき。勉強ろくにしないで、酒飲んでたもん」

――あのころは緩かったもんね。バレーの試合も、文化祭で世良公則の「あんたのバラード」かなんか歌ったのも見に行ったわ。

医院は父と母、ふたりだけでやってたし、子どものころはずいぶん手伝わされたよね。朝は表を掃いて水撒いて、診療室の掃除と、器具の消毒とか。

「メスでも注射器でもあのころは熱湯消毒で、その湯気で夏なんかひどく暑かった。僕は、祖父ふたりと父が通った東京歯科大学に入学。大学時代はキャンパスが千葉の市川とか稲毛にあって、早朝から車で外房に行ってサーフィンをして授業に行ったりしてたな。

そういえば、俺、『谷根千』も手伝ったことあるよ。下の姉ひろみの手伝いで配達もしたし。35号の食の特集で、おいしいお店の紹介も書いたよ」

——えー、そうだった？　お父さんは「町で雑誌をやるなんてやめろ、迷惑だ」という感じで。お母さんは積極的な人だし、娘ふたりがやることならと応援して、医院に最初から雑誌を置いてくれてた。「谷根千」2号には「花電車の頃」、母の聞き書きが載っているわ。

「昭和44（1969）年に地下鉄が通るまで、この不忍通りには都電20番線が通っていた。この先には動坂映画もあったな。昭和45年ごろ、震災前の長屋の建物から、鉄骨3階建てに建て替えて。毎朝、ドアを開けると患者さんの行列できてた」

——あのころ、白いプラスチックの番号札が50枚あって、それが3巡したものね。

「患者さんは、坂上のお屋敷町からも、千代田線で綾瀬とか松戸からも、ＪＲで高崎や埼玉からも、遠くから通ってくださった。

面白い話があるのよ。33番の方どうぞ、と呼ぶでしょ。先生、あれだけはやめてくれと患者さんに言われた。『ムショにいたので、いつも番号で呼ばれてたんです』って。それであの方式はやめたの」

シンプルに普通の治療をしたい

――そのあとバブルのころは、この辺も地上げに遭ったのよね。

「お隣で家族同様に仲良くしていた地主さんが底地を売って消えちゃった。父にとっては生涯最大のショックだったんじゃない。借地権を売ったはいいが、三井不動産が責任を持って次のビルにも診療所をつくりますと言ってたのに、また別の業者に転売、その業者は約束を反故にして追い出しにかかる。しかたなくこの並びの民家を借りて再開したけど」

――俊ちゃんは大学出てすぐここに戻ったの？

「いや、いったんは開業医のところで修業したよ。僕らよりひと回り上の先生方は、高度成長期で初任給が90万とか言ってたけど、僕は初任給14万。そしたら父が『修業の身でそれだけもらえたら、ありがたいと思え』と。妻の玲子は東京歯科大の医局で助手をしながら、かけもちでバイトもしてた。それから平成3（1991）年に、近くのビルで両親と僕、妻の4人で森歯科医院を始めたけど、狭くてね。そのうち動坂下の角にビルが建つというので、信頼している先輩に相談に行ったら、『そこ、絶対に押さえて借りてやるべきだ』と言われて、平成9（1997）年からはここで」

――親子で一緒に同じ仕事して大変じゃなかったの？

「いや、一世代違うから、まるでやり方が違う。これ兄弟でやるとトラブル起こしやすい。うちは父は入れ歯とか、われわれは根管治療とか、棲み分けてたしね。そのうち母は受付とかに回り、父もだんだん診療時間が短くなって、自然に世代交代した。お父さんが80で亡くなってから15年経つのかな。母は一昨年（2023年）の11月に94で亡くなった。

近頃、団塊世代の先生方の廃業が多いんだ。レセプトオンライン、ネット予約システムとかについていけないんだね。僕もどっちかといえばそう。なら、いまの設備でシンプルに普通の治療をしたいね。まあ、祖父から三代続いている信頼はあると思う。息子ふたりも今度歯科医になるけど、こちらから継げとは言わないな。やりたいこともあるだろうし」

――俊ちゃんはいつまでやるつもり？

「父は77、78までやっていたけどね。コロナで会話が減って、僕も患者さんへの説明が下手になっちゃった。長年勤めてくれているスタッフの協力でどうにかやっているけど、いまくらいのペースがちょうどいいかな。本当は料理が好きで、居酒屋とかやってみたいけどね」

――それもいいと思うわ。やるなら応援するよ。

自分が谷根千と子育てにかまけていた時代、実家に起こっていたことをほとんど知らなかった。帰りに弟が行きつけの田端のイタリアン、エルバに編集者らと4人で行く。まったく違う業界の人同士の話は新鮮で楽しかった。

あとがき

2025年になった。もう「谷根千」終刊の2009年から16年もたった。

その間にも地域は変わり続けた。谷中銀座は休日には「黒山の人だかり」になり、谷根千を舞台に小説が書かれ、ドラマが放映され、新しい店がどんどんできた。「根津で居酒屋をするのが夢」と言う人が相談に現れた。2016年ごろから政府のインバウンド政策で、町には外国人観光客があふれた。成田空港から日暮里は36分である。民泊やいくつかの大きな宿泊施設もできた。

本書の取材をはじめたのは2018年11月8日。ずーっとある、いまも地道に商売を続けている店にこれからも残ってほしかった。2020年はじめからの、新型コロナの流行で町は火が消えたようになり、取材はちっとも進まなかった。町になじんだお店がコロナを潮時にして、閉店するのが悲しかった。5類になったころからまた町を歩いた。これを1冊にまとめたらどんなに厚くなるか、本の定価を考えると空恐ろしくなった。でも編集の山田智子さんは「こうなったらじっくりやって谷根千大全にしましょう」とおっとり構えている。なるようにしかならない。私も腹を据《す》えた。

というわけで、本書を最初から全部読む必要はありません。気になるところから1軒ずつ、折に触れて読んでください。

まだまだ載せるべきお店はある。この40年で銭湯は15軒が2軒に、豆腐屋は23軒が2軒に減ったが、たとえばなぜかせんべい屋は閉店した店は少ない。せんべい、おそるべし。紹介した店以外でも、言問通りの大黒屋などにも長らくお世話になった。

「あの店が載っていない」と思われる読者もいるかもしれないが、取材を断られた店もある。それはそれぞれの店の自由と見識であろう。取材はしたが、名前を出さないでほしい、家族のことは載せないでほしい、というお店も掲載を断念せざるを得なかった。この本は谷根千という舞台に生きた人々のファミリーヒストリーだからである。また取材後、閉店された店も数軒あるが、これも同様の理由で、やはり町の歴史の一部だからそのまま載せた。いまはなき個性的な店を懐かしんでほしい。

かつて配達していた谷根千マップを見ながら、あまりにたくさんのお店が閉店したことに呆然としている。40年前にはなかったチェーン店、ドラッグストア、コンビニエンスストアが増える一方、酒屋、米屋、魚屋、毛糸屋、本屋など、個人経営の店はどんどん減っていく。住民は、いまはスーパーや生協、個別宅配、ネットなどで買う。

かつては「一億総中流社会」といわれたが、この40年に中流層は消えたようだ。ひとつまみの富裕層、ひとつかみの個人経営者、少数の正規雇用者、大多数の非正規雇用者で社会は構成されている。それは町を見ていればわかる。コンビニやチェーン店には常に、時給1000円ちょっとの「アルバイト募集」の紙が貼られている。

いい悪いではない。が、個人経営者は、歯科医であったわが父もそうだが「一国一城の主だ」と胸を張って区役所や税務署とも渡り合ったものだった。余裕があれば地域の人々に目を向け、それとなく助けた。そういう自由が減ってきているような気がする。

長らく私どもの活動を支え、今回の取材に付き合い、快く掲載をお許しくださったお店のみなさまに感謝いたします。また、7年の取材の間に、亡くなられた方もある。心から冥福を祈るとともに、この世で束の間、会えた幸せを思う。空の上でまたお話ししましょう。

雑誌「谷根千」を一緒につくってきた山﨑範子、仰木ひろみ、川原理子《さとこ》、取材に同行し、丁寧な仕事をしてくれた編集の山田智子さん、装丁の矢萩多聞さん、ウェブサイトでの連載の場を提供し、時折取材にも付き合ってくれた編集者の河尻亨一さんに心から感謝します。

今回は、多聞さんが、私の大好きな谷中安規の作品をもとに、すてきなブックデザインに仕立ててくれた。作品のタイトルは「動坂」。私の生まれ育った町だ。ただ、これは団子坂からの景色ではないか……。谷中の五重塔は、団子坂からでなければ見えないはずだから。

最後に。グローバリズムを掲げて、外国でお金をばらまき、自国の大変な人々を助けない政府に対抗するには、「国のことなんか知っちゃいない」という横丁のローカリズムが大事だ、とかつて鶴見俊輔さんに聞いた。鶴見さんに最後に会ったとき、「森さん、大事なのはエクストリームリー・ローカル（Extremely Local）ということですよ」と繰り返し言われた。私はこの言葉を遺言だと思って抱きしめている。

戦後の団子坂風景。谷中の森に五重塔の先が見える（大竹新助氏蔵）

2025年2月
森まゆみ

装丁　矢萩多聞
装画　谷中安規
地図　たけなみゆうこ
写真　著者／編集部
内田靖之・河尻亨一（仕事旅行社）
＊右記以外は写真近くに明示

◎また、お世話になったこれらのお店については左記の本をご参照ください。

谷中　カヤバ珈琲『東京老舗ごはん　大正味めぐり』
日暮里　川むら（蕎麦）『手に職。』
中野屋（佃煮）『手に職。』『東京老舗ごはん　大正味めぐり』
根津　はん亭（串揚げ）『不思議の町　根津』『東京老舗ごはん　大正味めぐり』

森まゆみ
1954年東京都生まれ。早稲田大学政治経済学部卒業。84年地域雑誌『谷中・根津・千駄木』（通称・谷根千）を創刊、2009年の終刊まで編集人を務める。その後、集まってきた資料の整理とアーカイブ化を行う「谷根千記憶の蔵」を主宰。サントリー地域文化賞、日本建築学会文化賞を受賞するなど、地域にある懐かしい建物を残し、活用すべく奔走している。主な著書に、『鷗外の坂』（芸術選奨文部大臣新人賞）、『「即興詩人」のイタリア』（JTB紀行文学大賞）、『「青鞜」の冒険』（紫式部文学賞）、『谷中スケッチブック』『不思議の町　根津』『千駄木の漱石』『子規の音』『暗い時代の人々』『谷根千のイロハ』など多数。編著に『谷根千文学傑作選』など。

谷《や》根《ね》千《せん》、ずーっとある店《みせ》

2025年3月30日　第1刷発行

著者　森《もり》まゆみ
発行者　宇都宮健太朗
発行所　朝日新聞出版
〒104-8011　東京都中央区築地5-3-2
電話　03-5541-8832（編集）
03-5540-7793（販売）
印刷製本　株式会社シナノグラフィックス

◎定価はカバーに表示してあります
ISBN978-4-02-252042-5